인간관계의 심리

조한석, 김순향 지음

신아사

사진 최윤선 선생님
삽화 류나경 선생님

머리말

우리는 삶을 살아감에 있어서 행복을 주는 관계, 상처를 주는 관계들이 자신의 의지와 상관없이 선택되어지고 선택해야 하는 많은 관계속에서 연결고리를 갖고 살아간다. 인간은 누구나 태어나 사랑받고, 인정받으며 살아가고자 부단히도 노력한다. 하지만 삶에는 인고의 세월에서 걸림돌에 넘어지기도 하지만, 그 걸림돌을 디딤돌로 딛고 우뚝 일어서는 용기가 필요하다. 그러나 인생은 마냥 슬픈 것만도 아니다. 사랑하고 인정받으며, 더 큰 목표를 설정하고 하나씩 실천해 나가야 한다.

인간관계는 늘 자신의 노력과 주위의 도움으로 이루어진다. 모든 인간관계는 나와 나 아닌 어떤 대상의 도움 없이는 이루어질 수 없다. 우리는 언제나 그 대상들의 도움 덕분에 이 세상은 존재하는 것이기에 감사하며 다 같이 잘 사는 사회를 만들어가야 한다. 주위의 도움 덕분에 이 세상은 더 풍요로운 인간관계를 맺어 갈 수 있다. 이 세상에 존재하는 나라는 대상도 나가 아닌 대상도 함께 들여다봐주는 지혜로운 혜안을 찾아야 한다.

모든 인간관계의 기본은 덕행의 근본인 효에서 출발하고, 그 효심은 가정이란 기초집단의 관계형성에서 시작된다. 그러므로 인간관계의 첫 시작은 가족이다. 이 책은 실제로 가족 중심의 관계로부터 파생되는 문제들을 상담하면서 일어나는 일들을 중심으로 시작하여 대인관계까지 보여주는 것이다. 그 중에서도 인연법에 의한 언행을 중심으로 전개된다. 그래서 건강하고 훌륭한 자녀를 키우고 싶은 부모라면 누구나 한번쯤은 꼭 읽어봐야 할 책이다. 자녀를 둔 부모로서 자녀와 이웃과 사회가 다함께 잘 살기 위해 우리가 지켜야 할 원래부터 있던 법칙을 인정하고 존중하고 지켜야 한다.

인생을 살면서 가슴이 찢어지는 듯한 고통과 아픔 그리고 후회스러운 말을 가슴에 느껴 본 적이 있었는가. 아니면 그렇게 살아보았는가. 말 한마디에 손 쓸 겨를도 없이 순식간에 강둑이 무너지듯 푹 무너져 본 경험은 있었는가.

아마도 삶을 살아감에 있어서 언행 하나 때문에 떠오르는 아픔이나 기쁨 하나 정도는 누구나 간직하고 있을 것이다. 하고 싶은 말도 못하고 당할 수밖에 없었던 어린 날의 상처이건, 덕분에 고맙다는 인사조차 드리지 못하고 기쁨의 눈물을 흘린 날이건, 얼떨결에 당한 비난으로 남몰래 담벼락에 쪼그리고 앉아 분노를 삼켜야 했던 일도 있었을 것이다.

이 책은 인간관계나 심리상담 분야에서 일하시는 모든 전문가들이나 인간관계, 인사관리, 심리학, 교육학, 사회복지학, 경영학을 전공하는 수강자들, 아이를 키우는 엄마, 어린이들을 사랑하고 그들과 친밀한 관계를 맺고 있는 보육교사, 어린이집 및 유치원이나 초중등학교 선생님들께 깨달음과 감동이 되었으면 한다.

끝으로 이 책을 출판하는 데 있어서 원고 작성과 교정에 크게 기여한 아들 형철, 성목, 성원에게 감사함을 전한다. 많은 사진을 사용하게 허락해 주신 최윤선 선생님과 손윤주님, 그리고 삽화를 그려 주신 류나경 선생님께 감사드리며, 우리 연구소 신경자 실장을 비롯한 여러 선생님과 내담자들께 감사의 마음을 전한다. 또 이 글을 기꺼이 출판해 주신 신아사 가족 모두에게 감사드린다.

2015년 08월

창원심리치료연구소에서

인간관계의 심리

목 차

첫 번째 강의

심리적 태도와 인간관계

사람의 마음은 태어날 때부터, 선(善)에서 출발한다는 맹자의 성선설(性善說), 악(惡)에서 출발 한다는 순자(荀子)의 성악설(性惡說), 선도 악도 아니라 백지(白紙 Tabula rasa)라고 주장하는 존 로크(Lock John 1632-1704) 등은 인간의 마음을 각각 다르게 심성을 갖고 태어난다고 하였습니다. 프로이트(S. Freud)는 사람의 마음을 세 부분으로 나눠서, 본능(ID), 자아(Ego), 초자아(Super Ego)로 구분을 하여, 무의식의 세계에는 욕구가 있어 욕구의 성취와 좌절에 따라 정신적 건강과 불건강이 발생하는 요인을 제공한다고 하였습니다.

인간의 마음이란, 지(智), 정(情), 의(意)의 움직임의 근원이 되는 정신으로, 시비와 선악을 판단하는 힘이라 정의를 할 수 있습니다. 마음은 만가지로 변화하는 근원이요, 신체의 주인입니다. 괴롭다, 즐겁다, 죽는다, 산다 하는 것, 행, 불행이 달려 있는 것도 모두 마음입니다. 그러나 마음은 실체가 없습니다. 물리적인 현상만 있습니다. 마음은 우리의 생각, 즉 의식을 말합니다.

마음의 방향 그것은 심리적 태도입니다. 주체가 일정한 활동에 대해 미리 심리적인 준비를 하는 것을 말합니다. 인간은 일정한 활동 방향과 사전에 입력된 각종 정보를 통해 이미 형성된 욕구와 객관적인 환경에 반응합니다. 이러한 심리적 태도의 변화는 인간의 모든 심리활동에서 찾아 볼 수 있습니다. 미국의 유명한 심리학자 로버트 로젠탈 교수는 다음과 같은 흥미로운 실험을 했습니다.

로젠탈 교수는 한 학교에서 학생들에게 지능 테스트를 실시한 후 선생님들에게 각각 몇 명의 학생 이름을 종이에 적어주면서 '아주 우수한 학생들이라서 그들에게 적절한 교육을 시킨다면 성적이 크게 향상될 것'이라고 말했다.

명단을 건네 준 이후 로젠탈 교수는 단 한 번도 그 학생들을 만난 적이 없었으며 명단에 대해 언급하지도 않았다. 사실, 로젠탈 교수가 말한 아주 우수한 학생들은 임의로 골라낸 이름이었다. 그리고 8개월 후 로젠탈 교수는 또다시 같은 학생들을 대상으로 지능 테스트를 실시했는데, 그 학생들이 모두 처음보다 월등히 높은 점수를 받은 것이다.

그 이유가 무엇일까? 선생님들은 무작위로 선택한 학생들을 아주 우수한 학생이라고 생각하여 기대와 관심을 갖고 지도하게 되었고, 동시에 학생들도 자신에게 관심을 보여주자 공부하는 태도가 바뀌게 되어 결국 학생들의 능력을 향상시킨 것입니다. 이른바 교실 안에서 피그말리온 효과를 증명한 것입니다.

산업현장에서도 마찬가지로 많은 연구가 이것을 증명하고 있습니다. 리더가 조직원에게 바람직한 기대를 하면 조직원은 바람직하게 행동하고, 조직원에게 높은 기대를 가질수록 직원들은 더 높은 실적을 나타낸다는 것입니다. 즉 로젠탈의 실험결과가 보여주듯이 '높은 기대를 받으며 자란 학생(아동)들의 시험 결과가 좋다. 리더가 조직원을 대할 때 좋은 성과를 올릴 만한 능력 있는 사람으로 기대하고 대하면 조직원은 높은 성과를 낸다. 리더가 조직원에게 어떤 기대를 하고 있다고 솔직하게 이야기해주면 조직원의 성과가 올라간다.'는 것이 많은 연구에서 증명되고 있습니다.

이런 심리적 실험 결과에서 분명한 것은 바로 심리적 동기부여입니다. 리더가 조직원에게 긍정적인 기대를 많이 할수록 그 조직은 더 좋은 성과를 올린다는 것입니다. 결국 교사가 학생들을 어떻게 바라보느냐에 따라 긍정적 기대치를 향상시킨다는 것입니다. 학생에 대한 기대는 교사의 관심과 배려로 이어지고 칭찬이 더해지면서, 학생들의 학습 태도와 자세를 바꾸어 기대했던 결과를 얻도록 만드는 심리적 환경을 조성하는 것입니다. 가정에서 부모가 자녀를 어떻게 바라보느냐에 따라 긍정적 기대치를 향상시킨다는 것입니다. 부모의 관심과 배려, 공감과 인정, 수용에 따라 자녀의 긍정적 성장을 크게 향상 시킬 수 있는 것입니다.

왜 이와 같은 현상이 생기는 것일까? 심리학 용어를 이용해 설명하면, 인간의 뇌는 사전에 미리 입력된 정보에 의해 방향(태도)이 형성되기 때문입니다.

예를 들면 누군가가 나를 좋아하지 않는다는 소문을 들었을 경우, 설령 그것이 사실이 아니라 해도 당사자를 만나면 자연스럽게 대하기가 어려울 것입니다. 또 누군가 남의 말에 시비를 거는 것을 좋아한다는 이야기를 들으면 그 사람을 만났을 때 은근히 신경이 쓰여 평소처럼 유창하게 말할 수 없게 됩니다. 그 원인은 사전에 입력된 정보 때문에 뇌에서 이미 어느 정도 행동방향을 결정했기 때문입니다.

따라서 자신이 자신을 정말 괜찮은 사람이라고 인정해 주면 그 어떤 사람의 작은 말에도 흔들리지 않아 상대를 공격하지는 않을 것입니다. 내가 낳은 내 아이, 그리고 내 가족 그리고 주변인들을 먼저 인정하고 긍정적인 눈으로 보아야 합니다. 그러면 나도 행복하고 상대도 인정해 준만큼 성과를 내려고 노력을 하게 될 것입니다.

두 번째 강의

인간관계의 시작은 가족이다

당신의 가족은 지금 어떤 모습을 하고 있습니까? 당신이 좋아하고 신뢰하는 가족들 또는 당신을 좋아하고 신뢰하는 가족들과 함께 하고 있다고 생각하십니까? 만약 그렇다면 그 생각에 확신을 가질 수 있습니까? 당신은 가족의 한 구성원이라는 것이 재미있고 즐거운가요?

내 아이를 남의 집 아이와 비교하지 않고, 내 아이의 오늘을 어제와 비교하지 않고, 내 스스로를 타인과 비교하지 않는 마음, 그것은 내 마음의 평화를 남의 손에 두지 않겠다는 비결입니다. 서로 출발이 다르고, 방향이 다르고, 보는 것이 다르고, 생각이 다르고, 그리고 가야할 길이 다른 사람을 서로 비교하는 것은 무의미합니다.

그런데 우리는 자꾸 비교합니다. 비교하는 순간부터 열등감이 생기고 자존감은 낮아지고 갈등이 생기기 시작합니다. 갈등의 원인은 '가까움'과 함께 '자기만의 독특한 기준'이 있기 때문입니다. 자기와 함께 하는 가장 가까움이란 바로 나 그리고 우리가족(남편, 아내, 부모, 자식)입니다. 가족이란 자기와 가장 가깝기 때문에 누구보다도 더 깊은 '베풂'과 '이끎(애정과 관심, 걱정, 행복 등)', '근검'을 근거로 다양한 관계가 생기는 것입니다. 내 가족의 성격이 나빠서, 내 가족의 생각이 틀려서 갈등이 생기는 게 아니라, 나와 가장 가까이 있는 내 가족에 대한 베풂, 이끎, 근검 때문에 갈등이 생기는 것입니다. 그것은 나와 가장 가까이서 무엇인가 베풂과 이끎, 근검을 공유해야 할 사람들이기 때문에 갈등을 빚게 됩니다. 만약 이해관계에서 베풂과 이끎, 근검을 나와 나누거나 공유할 사람들이 아니라면 갈등을 빚을 이유가 없으며, 설사 갈등이 있다하더라도 그것을 돌아가거나 회피할 수도 있습니다.

또한 사람들은 누구나 다 자기중심성(自己中心性)이 있습니다. 이것은 인간이 갖고 있는 하나의 특징입니다. 자기중심성이란 사물을 인식할 때 자기를 기준에 놓고 인식하는 것입니다. 자기를 기준으로 옳다 그르다, 빠르다 느리다, 무겁다 가볍다, 즐겁다 기쁘다 행복하다고 합니다. 같은 물건이라도 어떤 사람은 무겁다고 하고, 어떤 사람은 가볍다고 합니다. 그저 자기를 기준으로 인식할 뿐입니다.

그러니까 자기는 자기 기준에서 세상을 인식하고, 남편, 아내, 부모, 자식은 모두 각자의 기준에서 세상을 인식하는 것입니다. 가족 구성원 모두가 자기를 중심으로 세상을 보는 데 습관이 되어 있기 때문입니다. 자기를 기준으로 시시비비를 가리기 때문에 서로 화내고 짜증내고 미워하고 원망합니다. 이러한 원인은 자기 자신을 중심에 놓고 자기 생각을 고집하고 자기 생각에 따라오기를 강요하기 때문에 일어납니다. 그렇다 보니 한순간 생각을 어떻게 갖느냐에 따라 가정이 행복하냐 아니면 불행하냐의 기로에 서게 되는 것입니다.

한 가정에서 가족들이 살면서 그것이 옳다 그르다, 좋다 나쁘다, 기쁘다 슬프다, 빠르다 늦다 하는 분별을 늘 합니다. 그런 분별의 기준은 무엇인가요? 그 기준은 바로 자기 자신입니다. 가족 구성원들도 마찬가지로 자기 기준에 따라 분별합니다. 이때 인식의 기준이 서로 다르니 분별이 서로 다를 수밖에 없어 갈등이 생깁니다. 인식의 기준은 자기이고, 분별을 일으키고 있는 사람도 자기 자신이라는 존재를 알고 나면 적어도 고집을 부리거나 자기주장을 받아들이게 강요하지는 않을 것입니다. 그

러면 서로 갈등은 해소될 것입니다. 여기서 예언자 무함마드의 일화를 한 번 보면,

> 무함마드가 제자와 함께 선교를 위해서 한 도시를 찾아 갔습니다. 한 추종자가 무함마드에게 찾아와서 이렇게 말했습니다. "예언자시여, 이 도시에는 어리석은 사람 밖에 없습니다. 거기에다 고루(固陋)하여 어떤 것도 배우려 하지 않습니다. 이런 냉담한 인간들을 개종시킨다는 것은 불가능한 일입니다." 이 말을 들은 무함마드는 부드러운 목소리로 말했습니다. "바로 보았구나!"
>
> 얼마 후 다른 추종자가 무함마드를 찾아 왔습니다. 그는 기쁨으로 가득차서 말했습니다. "예언자이시여, 왕림해주셔서 무어라 감사를 드려야 할 지 모르겠습니다. 이곳 사람들은 모두 진리의 말씀에 목말라 하고 있습니다. 예언자의 말씀이 이들에게 생명수가 될 것입니다." 무함마드는 또 다시 부드러운 목소리로 말했습니다. "그대가 바로 보았구나!" 이 말을 들은 제자가 의아해 하며 물었습니다.
>
> "예언자이시여, 지난번에도 '바로 보았다'하시더니, 어떻게 이번에도 '바로 보았다'고 하십니까? 두 사람이 전혀 다른 주장을 했는데 그렇다면 검은색이나 흰색이 모두 같은 색이란 말씀이신지요?" 그러자 무함마드가 이렇게 대답하셨습니다. "사람은 자신이 기대하는 대로 세상을 보는 법이네. 한사람은 악한 것만 보았고 다른 사람은 선한 것만 보았다네.
>
> 자네는 두 사람 중 어느 누군가 잘못 보았다고 말하고 싶은가? 다른 도시와 마찬가지로 이 도시에는 선한 사람이 있는가 하면 악한 사람도 있기 마련이지. 어느 누가 거짓을 이야기한 것이 아니라, 단지 진실의 반쪽만 본거라네."

중요한 것은 자기 기준만 고집하고 동시에 가족에게 자기가 원하는 모습을 강요하기 때문에 갈등이 더욱 심화됩니다. 그래서 가까이 있는 가족(부모는 부모방식대로 자식에게 강요하는 등)과 갈등을 빚게 되는 것입니다.

부부간의 싸움이나 부모가 자녀에게 화내는 일, 대인관계에 있어서 잘못에 대해 못마땅해 하는 일, 권위주의적 발상 등 사람들이 화내는 일

의 대다수가 자기가 원하는 것을 성취하기 위해 강요하는 마음에서 생겨납니다. 부부간이든 부모자식간이든 자기 방식대로 주장하고, 자기 생각에 따르지 않으면 짜증내고, 지시하고, 명령하는 이런 태도들이 모두 다 강요하는 마음입니다. 자식의 생각이 부모와 다르거나 의견을 제시했을 때 부모가 이를 못마땅해 하고 부모의 생각대로만 하려하는 것도 강요하는 자세입니다. 아이들은 아이들만의 세계에서 열심히 살아갈 것이고, 비록 아이가 지금 약간의 잘못을 저질렀다 해도 그것은 하나의 배움의 과정으로 여기면 될 것입니다. 부부간에도 마찬가지입니다.

아내는 남편에게 아내의 믿음을 강요하지 않고, 남편은 아내에게 남편의 생각을 강요하지 않아야 합니다. 서로에게 강요하기보다는 상대가 하고 싶어 '안달나게 만드는 것'이 더 큰 효과적입니다.

아무리 진실한 일일지라도 상대방을 인정해 주지 못하는 것, 배려해 주지 못하는 것, 강요만 일삼는 것은 인간관계를 오히려 파경에 이르게 할 수도 있습니다. 상대의 입장을 100% 이해하는 최선은 힘들더라도 그렇게 되기 위해 노력하여야 합니다.

소와 사자가 있었습니다. 둘은 죽도록 사랑했고 마침내 혼인을 했습니다. 둘은 최선을 다하기로 약속했습니다. 소는 최선을 다해서 맛있는 풀을 날마다 사자에게 대접했습니다. 사자는 풀이 싫었지만 참았습니다.

사자도 최선을 다해서 맛있는 살코기를 소에게 대접했습니다. 소도 괴로웠지만 참았습니다. 하지만 참을성은 한계가 있었습니다. 둘은 마주 앉아 서로의 불만에 대해 이야기를 하다가 다투게 되었고 끝내 헤어지고 말았습니다. 헤어지며 서로에게 한 말은 '나는 최선을 다했다'였습니다.

이들 소와 사자의 사랑은 무엇이 문제였을까? 죽도록 사랑했던 그들이 왜 헤어지게 되었을까? 그것은 바로 소는 소의 눈으로만 세상을 인식하고, 사자는 사자의 눈으로만 세상을 인식하였기 때문입니다. 나 위주로 생각하는 최선! 상대를 보지 못하는 최선! 그 최선은 최선일수록 최악을 낳게 됩니다. 가족 간에 자기 방법만 고수하다가 서로 상처주고 상처입고, 서운해 하면서 화를 내는 것은 아닌지 생각해 보아야 할 것입니다.

여러분의 최선은 어떤 최선인가? 자신만을 생각하는 최선인가? 아니면 가족을 배려하는 최선인가? 내가 사랑하는 가족이 진짜 좋아하는 게 무엇인지 '배려'에 대해 다시 한번 생각하는 것입니다.

역지사지의 입장에서 서로의 관계가 필요합니다. 이게 세상의 이치입니다. 각자의 삶은 각자의 것이고, 누구도 상대의 삶에 지시하거나 명령할 수 없습니다. 부부나 부모자식 사이에도 자신의 믿음을 주장하고 강요하는 것을 금기로 삼아야 할 것입니다. 자기가 '기대'하는 자기 배우자, 자기 부모, 자기 자식과 '지금 존재' 하고 있는 자기 배우자, 자기 부모, 자기 자식은 서로 다릅니다. 대부분의 사람들은 자기 가족이 당장 '이렇게 했으면 좋겠다', '저렇게 해주었으면 좋겠다', '앞으로 이렇게 됐으면 좋겠다'는 큰 기대감을 가지고 자꾸 간섭하면서 살아갑니다.

사람들은 자신을 받드는 옷, 집, 차 등 외물(外物)에 대해서는 좋기를 바라면서도 단지 하나 밖에 없는 자신과 가족의 마음은 좋기를 바라지 않는 세태인 듯합니다. 진실로 좋은 외물을 얻은 때에는 도리어 자신과 가족의 마음은 이미 병들었음을 깨달지 못하는 것입니다. 나의 가장 소중한 영역으로써 가장 아름답고 향기로워야 할 내 가족을 향한 마음과 행동에 정성을 다해야 합니다.

사랑하는 가족 간에 그 기대의 간격이 멀어지면 멀어질수록 갈등이

심화됩니다. 어떤 경우에는 하는 꼴마저 다 보기 싫습니다. 그러다가 보면, 자신의 내면 깊이 밀폐된 어둠 속으로 '화'와 같은 내밀한 욕망의 끈을 숨겨 둡니다. 문명과 문화가 발전될수록 물질세계가 팽배할수록 위협적이거나 부담스럽거나 권태로운 가정에서 살아가고 있습니다. 가정에 충실하지 못한 아내, 절망하는 남편, 정신분열증 증세의 아들, 우울증인 딸 또는 남편이 보기에 이기적인 아내, 아내가 보기에 일 중독인 남편, 부모가 보기에 공부를 안 하는 아이처럼 느껴집니다. 자식이 보기에는 늘 잔소리와 간섭만 하는 부모들뿐입니다.

그래서 가족 간에도 인간적이지 못하고 너무 엄한 규칙으로 타협이 불가능하고, 서로 미워하게 되고, 소통이 되지 않습니다. '당연히 가족이라면 이래야 된다'고 강요하는 것은 현실이 아닌 허상입니다. 그러니 가족의 '있는 그대로의 모습'을 인정하고 이해하여야 합니다. 그렇게 해야 하는 주체도 결국 자기일 뿐입니다. 자기를 한없이 낮추면 세상 만물 모든 것이 자기의 스승이 되는 것입니다.

세상을 자신의 눈으로 본 것만으로 평가하지 말아야 합니다. 너무나 많은 새로운 생각과 형태들이 있음을 인정해야 합니다. 그러면 내가 얼마나 작은가를 보게 될 것이고 앞으로 자신이 많은 것을 찾고 개발해 나갈 것입니다.

오늘날 시간과 공간의 한계를 넘어 원하는 것은 무엇이든 언제든지 누릴 수 있는 세상입니다. 그러나 가족 간에 '진실된 접촉'의 공간을 잃은 듯해 참 아쉽습니다. 가족 간의 소통이 직접적이지 않고 모호하며 솔직하지 못하여 타협이 불가능합니다. 그 어느 시대보다 진실된 접촉이 귀하고 어렵습니다.

그릇은 음식을 담아내고 돋보여 주듯 가족이란 행복을 담는 그릇입니다. 가족은 우리 사회의 가장 작은 하나의 울입니다. 행복한 가족의 맑고 그윽한 깊이가 최고의 아름다움으로 승화되어 큰 사랑을 이루어 냅니다. 그러므로 가족 안에서 일어나는 많은 문제들은 엉킨 실타래 풀듯이 하나씩 풀어내야만 합니다.

깊고 견고한 뿌리를 가진 나무는 베어도 다시 자라나듯, 가족의 울이 든든할 때 모두가 행복이 샘솟습니다. 가정의 행복을 추구하기 위해서는 가족 간에 서로 시기하거나 증오해서는 안 됩니다. 무의식중에도 자신의 주의나 주장만을 고집하는 말, 공격적인 말, 일방적인 판단과 평가가 앞서는 폭력적 대화는 서로에게 상처만을 남길 뿐입니다.

이런 폭력적 대화보다는 긍정적인 결론을 이끌어내는 향기로운 대화가 필요합니다. 가족을 대할 때마다 얼굴은 항상 밝고 온화하게 하고, 서로 멀리 떨어져 있어도 항상 믿고 생각하는 마음을 가져야 합니다. 이제 입안에 가득 차 있는 칼날 같은 폭력적 어휘들을 모두 내려놓아야 합니다. 오직 가족에 대한 사랑과 존중, 이해, 감사, 신뢰, 배려에서 나온 아름답고 향기로운 말을 가슴 깊이 차곡차곡 쌓아야합니다.

시대가 아무리 변해도 절대 변하지 않는 법칙이 있다면 그것은 아마도 자식이 '반듯하게' 자라주길 바라는 부모 마음입니다. 신분고하를 막론하고, 부모들은 자녀를 반듯하게 키우기 위해 끊임없이 훈육하고, 사람들과 조화를 이루고 슬기롭게 자기를 경영할 줄 아는 자식이 되기를 기원합니다. 부모자식 뿐만 아니라 가족 전체가 반듯한 마음가짐으로 함께 할 때에 '작은 울'의 가족이 아닌 보다 더 '큰 울'의 가족을 만들어 갈 것입니다.

육방예경에서 '아버지의 사랑은 무덤까지 이어지고, 어머니의 사랑은 영원까지 이어진다. 그러나 진정한 사랑은 영원까지 뛰어 넘는다'고 했습니다. 삶의 기본 토대인 가족에서부터 사랑과 행복의 첫걸음을 내딛어야 합니다. 참된 사람으로의 성장 가능성을 발달시키기 위해 변화를 새롭게 배우고, 깨닫고 인식해야 합니다. 맛있는 열매를 얻으려면 먼저 씨를 뿌려야 합니다. 그러나 그 씨를 뿌리는 마음을 반듯하게 가지면 가족의 행복은 스스로 찾아오게 됩니다.

아름다운 가족이란 무엇인가? 그것은 삶의 가장 근원적이고 향기롭고 신비로운 내면의 뜰 같은 것입니다. 그 아름다움이 먼 데 있는 것이 아닙니다. 우리가족의 일상 속에 함께 있는데도 그것을 볼 줄 모릅니다. 가족의 행복이란 결코 큰 데 있지 않습니다. 그저 사소하고 미미한 것 들 속에 행복은 보석처럼 박혀 있습니다. 눈앞에 있는 작은 것일수록 더욱 사랑스럽고 아름다운 가치를 지니고 있음을 되새겨 봐야 합니다.

날마다 조금씩 더 성장할 기회를 갖게 된 가족 덕분에 고맙고, 날마다 위대한 신비를 더해 주는 내 가족에 대한 믿음으로 보답하며 존중해야 합니다.

세 번째 강의

공부를 하는 이유와 관계형성

공부란 무엇인가

어제도 오늘도 늘 그랬던 것처럼 그리고 아마 내일도, 가정에서는 부모들이 자녀들에게 '공부해라, 공부해라'고 강요할 것입니다. 학교에서도 학원에서도 선생님들이 학생들에게 '공부해라, 공부해라'고 강요할 것입니다. 도대체 공부가 무엇입니까? 공부란 첫째, 공짜가 없습니다. 본인이나 부모가 내는 등록금이나 수업료 또는 주위의 도움이나 국민의 세금으로 부담되기 때문입니다. 둘째, 자신의 노력과 주위의 도움으로 다 같이 잘 사는 세상을 만들기 위해 부지런히 복과 덕과 지혜를 닦는 것입니다. 셋째, 인간관계와 세상살이를 아는 것입니다. 넷째, 공부를 하면 지금보다는 자기 생각이 더 넓어지고, 더 깊어지고, 더 높아져야 합니다.

공짜가 없는 이유는 인과응보의 원칙이 적용되기 때문입니다. 만약 농부가 씨를 뿌린 것에 대한 수확이 정확히 나오지 않으면 그것은 헛농사입니다. 만약 공부하는 사람이 인과응보를 믿고 의지하지 않으면, 헛공부를 하는 것입니다. 그래서 공짜가 없다는 말을 어릴 때부터 부모가 잘 가르쳐야 합니다. 그런데 세상에 공짜가 없다는 것을 제대로 가르치지 않아 헛공부를 하는 사람이 많습니다.

가정생활을 예를 들면 자기 방은 자기가 청소해야 된다는 것은 다 알고 있습니다. 그런데 엄마들은 공부하라면서 자녀의 방을 대신 청소해 줍니다. 자녀의 방을 엄마가 대신 청소해 주었으면, 자녀가 지어놓은 공부 중에서 엄마가 청소한 수고비를 지불해야 됩니다. 왜냐하면 세상에 공짜가 없기 때문입니다. 만약에 열 시간 공부한 중에 엄마가 청소한 몫으로 두 시간을 공제하고 나면 시험 점수가 노력한 열 시간 만큼 나오는 것이 아니라 여덟시간 만큼만 나옵니다.

그런데 부모가 인과응보의 원리를 모르니까 자녀가 해야 될 일을 대신해 줍니다. 그러면서 세상에 공짜가 없다는 사실을 가르치지 않고 자꾸 공부하라고만 강요합니다. 그러니까 자녀는 공부하는 노력에 비해서 성적이 낮게 나옵니다. 그러므로 건강한 자녀로 키우려면 공부란 공짜가 없음을 가르쳐야 합니다. 간단한 예로 자녀에게 용돈을 줄 때도 대청소를 하거나 심부름을 보낼 때도 반드시 어떤 방법을 정해놓고 공짜가 없음을 가르쳐야 합니다. 자녀가 해야 될 것은 스스로 하게끔 가르쳐야 합니다. 이것이 인간관계에서 제일 중요한 공부를 가르치는 것입니다.

그런데 힘들게 공부하면 쉽게 지치기 때문에 꾸준히 할 수가 없습니다. 그러니 공부를 할 때에는 재미있고 즐겁게 해야 됩니다. 왜냐하면 쉽게 공부하고 즐겁고 재미있게 공부를 하는 것도 하나의 기술이기 때문입니다. 공부가 재미있고 즐거우면 자기 나름대로 기술을 잘 활용하고 있기 때문에 반드시 창조가 일어나고 혁신이 일어납니다.

공부를 할 때는 쉽고 재미가 있어야 합니다. 가르치는 부모나 선생도 쉽고 재미있게 가르쳐야 하고, 배우는 아이들도 쉽고 재미가 있어야 합니다. 쉽고 재미가 있다는 것은 곧 즐겁다는 의미입니다. 공부는 쉽게 배우고, 더 재미있고 즐거워야 집중이 됩니다. 집중을 하게 되면 새로운 것을 생각할 수 있습니다. 배우기 힘들고 어려우면 아무리 집중하라고 해도 집중이 안 됩니다. 그런데 쉽고 재미있으면 저절로 집중이 됩니다.

중고등학교 때 자주 보던 만화책은 참 쉽고 재미가 쏠쏠했습니다. 그러니까 부모가 만화책을 보지 못하게 해도 자꾸 보고 싶어 합니다. 그 이유는 재미가 있고 쉽게 읽을 수 있기 때문입니다. 즉, 크게 노력해서 보는 게 아니라 옆에서 보지 말라고 해도 저절로 열심히 보게 됩니다. 심지어 화장실에 쪼그리고 앉아서도 보고, 이불을 뒤집어쓰고도 봅니다.

그 이유는 쉽고 재미있고 집중이 되기 때문입니다. 그러니 무엇이던간에 창의적인 생각이 나오려면 쉽고 재미있어야 합니다. 우리 뇌의 에너지가 이렇게 집중될 때 새로운 생각이 나오고 창조가 일어납니다. 창조의 밑바탕에는 가르치는 사람도 배우는 사람도 모두 쉽고 재미있고 즐거워야 합니다. 부모나 선생은 그 원리를 알고 아이들에게 가르쳐야 합니다.

나와 나 아닌 대상과의 관계

만약에 공부를 한다면, 지금보다 자기 생각이 더 넓어지고, 지금보다 더 생각이 깊어지고, 지금보다 더 생각이 높아져야 합니다. 그러나 지금까지 계속 공부를 했는데도 속이 더 좁아지고, 자기 고집을 더 강요한다면 헛공부를 한 것입니다.

사고의 확장

지금까지의 인간관계는 나만 알고 나를 중심으로 세상을 살았습니다. 생각이 넓어진다는 말은 나는 어떻게 존재하는지에 대한 사고를 확장하는 것입니다. "나는 공기의 도움을 받지 않으면 숨을 못 쉬네.

나는 물의 도움이 없이는 살 수가 없네. 나는 햇빛이나 바람의 도움을 받지 않으면 살 수가 없네. 나는 땅의 도움을 받지 못하면 살 수가 없네. 나는 밥의 도움이 없으면 살 수가 없네." 이런 것이 모두 자기의 생각이 넓어지는 것입니다. 내가 존재하기 위해서는 공기나 물, 햇빛과 바람, 밥과 같은 주위의 도움이 반드시 필요합니다.

내가 이 세상을 살아가기 위해서는 반드시 나와 나 아닌 대상이 함께 해야만 살아갈 수 있습니다. 결국 나는 나 아닌 것의 도움이 없으면 이 세상에 나도 존재할 수가 없습니다. 이렇게 생각이 넓어지는 것을 우리는 공부라고 합니다. 공부를 아무리 많이 하고 대학을 나오고 대학원을 졸업했는데도 아직도 여전히 '나'만 나라고 생각한다면, 공부를 했을지는 모르지만 사실은 자기 생각은 넓어진 적이 없습니다.

그러면 저 사람은 배우기는 많이 배웠다는데 자기밖에 모르는 사람으로 낙인찍어 버립니다. 적어도 우리가 공부를 했다면, 나 아닌 대상들이 없으면 나는 존재할 수 없다는 사실을 알아야 합니다. 특히 대학을 졸업했다면 물이 나고, 땅이 나고, 다른 사람도 나라는 생각이 들어야 생각이 넓어진 것입니다.

사고의 깊이

인간관계에서 생각이 깊어지면 상대를 탓하지 않습니다. 인간관계를 하다 보면 때로는 화가 납니다. 그런데 많은 사람들은 화가 나면 '상대 탓'이라고 책임을 전가시킵니다. 관계형성을 하다가 화가 나면, '화는 왜 났을까?' 하고 자기 생각을 조금 더 깊이 들어가 보면 됩니다. 그러면 화는 내가 바라는 대로 이루어지지 않아서 화가 나는 것을 알게 됩니다. '내가 바라는 대로 상대방이 해주지 않아서 화가 났구나.'를 알게 되면 생각이 조금 깊어진 것입니다.

대부분의 사람들은 상대방 때문에 화가 났다고 생각합니다. 그러나 원만한 인간관계를 위해 진짜 상대방 때문에 화가 났을까 하고 조금 더 깊이 생각해 봐야 합니다. 그러면 내가 원하는 대로 상대방이 해주지 않아서 화가 났다는 사실을 알게 되어 상대 탓은 하지 않습니다. 예를 들어 지방대학을 나와서 취업이 안 된다고 핑계를 댑니다. 그 이유는 대학을 졸업했더라도 공부를 제대로 해본 적이 없어서 생각이 넓어지거나 깊어진 적은 없기 때문입니다.

만약 어릴 때에도 상대를 탓하였고, 어른이 된 지금도 탓하는 것이 똑같다면, 그 동안 나이만 먹었지 헛공부를 한 것입니다. 그리고 공부에 대해서 진지하게 생각해 본적도 없이 그냥 지식만 습득하고 말았던 것입니다.

이제 내가 원하는 것을 해 주지 않아서 화가 났다는 생각을 좀 더 깊이 들어 가 봐야 합니다. 내가 바라는 것을 해 주기 위해서 이 세상에 태어난 사람은 아무도 없습니다. 배우자가 내 바라는 것을 해 주려고 태어났습니까? 부모가 내 바라는 것을 해 주려고 태어났습니까? 혹은 내 자식이 내가 바라는 것을 해 주려고 태어났습니까? 혹은 내 친구가 내 바라는 것을 해 주려고 태어났습니까? 이 세상엔 어느 누구도 내 바라는 것을 해주기 위해서 태어나지 않았다는 사실입니다. 그러니 상대방한테 내가 원하는 것을 해 달라고 강요해서는 안 됩니다.

따라서 상대방한테 바라지 않으면 화는 날 일이 없습니다. 그런데 대부분의 사람들은 인간관계에서 늘 상대 탓이라고 화를 내며 결별을 선언합니다. 부부관계에서는 당신 때문에 못 살겠다고 늘 갈등하면서 싸우다 심하면 이혼합니다. 전부 다 상대로부터 바라는 것이 있기 때문에 '화'를 냅니다.

특히 부부관계에서 배우자는 내가 바라는 것을 해 주려고 나와 결혼하지 않았다는 사실을 제대로 공부했더라면 지금 우리 사회가 그만큼 많이 헤어지고 못 살겠다고 하지는 않을 것입니다. 이런 기본적인 공부를 가정에서도 가르치지도 않고, 학원이나 학교에서도 가르치지 않습니다. 그러니 학교는 대학교까지 나왔는데, 정작 우리가 필요한 공부는 전혀 가르치지 않고 있습니다.

사고의 높이

우리는 자기 자신에 대해서 정말 신중하게 한번 생각해 볼 필요가 있습니다. 이 세상에 내가 바라는 것을 해 주려고 태어난 사람이 아무도 없다는 사실을 알게 되면 화를 낼 수가 없습니다. 그렇기 때문에 내가 원하는 것을 상대에게 강요할 수 없습니다. 내 바라는 것을 해 주려고 이 세상에 태어난 사람이 아무도 없는데 내가 원하는 대로 되지 않는다고 화를 내고 물건을 집어던지고 폭력을 휘두르는 것은 부끄러운 짓입니다. 문제는 그런 부끄러운 짓을 가장 많이 하는 사람들이 우리네 부모님이고 자녀이고 학교라는 것입니다. 그러면서 '공부해라. 공부해라' 라는 말을 계속하고 있습니다.

우리가 공부를 하면 지금보다는 사고가 더 넓어지고, 지금보다는 사고가 더 깊어지고 지금보다도 사고가 더 높아져야 합니다. 생각이 지금보다는 더 높아지는 공부가 되기 위해서는 생각이라는 도구를 자세히 관찰해야 합니다. 만약에 생각이라는 도구로 생각을 하면 생각하는 '나'가 하나 생기고, 생각하는 대상이 하나 생기게 됩니다. 만약에 생각을 하지 않으면 생각을 하지 않는 나도 없고, 그 대상도 없습니다. 생각을 해서 '나'가 생기고, 생각한 '대상'이 생긴 것만 공부하면 더 이상 발전이 없습니다. 우리가 생각하는 것만 진실인 줄 알면 한 차원 높은 공부를 할 수가 없습니다.

자신이 생각했다는 것을 가지고 마치 자기 수준이 높은 것처럼 '내 말만 들어. 그러면 아무 일이 없어.' 하고 자꾸 강요합니다. 부모가 자녀에게, 선생님이 학생들에게, 사장이 종업원에게 자기의 생각을 주입시키고 있습니다. 제발 내 말만 들어라고 강요합니다. '나'라는 것은 본래 없습니다. 그것은 내가 생각할 때 나온 것입니다. 이렇게 생각한 것을 우리는 '분별'이라 합니다.

우리의 공부가 좀 더 차원이 높아지기 위해서는 분별을 하지 말아야 합니다. 문제는 가정이나 학교나 학원에서, 심지어는 대학교나 대학원에서도 생각하고 분별하는 공부만 시키지 분별하지 않는 공부는 한 번도 가르치지 않습니다. 항상 생각을 통해서 뭘 알려고 하는 연습만 부지런히 가르쳤습니다.

그러니 우리의 사고는 전혀 높아지지 않고 있습니다. 생각하는 자기한테 속아서 평생을 자기 생각만 옳은 줄 알고 주장하고, 강요하고 억압하다가 헤어집니다. 자기가 생각한 것은 순전히 자기 생각인 줄을 모르고 있습니다. 이 생각을 우리는 '마음'이라는 말로 표현합니다. 마음이 나라는 생각과 대상으로 분별을 했을 때, 우리는 이것이 공부인 줄 알고 그 공부만 계속했습니다.

학교에 처음 가면 책을 '교과서'라고 이름을 가르쳐 줍니다. 책에게 '교과서입니까?' 하고 물어봐도 대답이 없습니다. 그런데 우리는 교과서라고 한번 가르쳐주면 습득이 되어 진짜 교과서인 줄 알고 있습니다. 그러니까 세상을 바르게 보지 못하고 있습니다. 금강경에 '칠판은 칠판이 아니라 이름이 칠판이다. 분필은 분필이 아니라 이름이 분필이다. 사람은 사람이 아니라 이름이 사람이다.'는 말을 반복하고 있습니다. 이것은 편의상 이름을 붙인 것 뿐입니다.

그래서 '산은 산이요, 물은 물이다.'고 하면, 많은 사람들은 산과 물이 따로 있는 줄 압니다. 그 이유는 그동안 분별을 통해서 습득한 기억 때문입니다. 그런데 공부를 더 깊이 해서 깨달은 사람은 산은 산이요 물은 물이라 해도 우리끼리 통하기 위해서 이름을 산이나 물이라고 정했을 뿐 산과 물을 같은 것으로 보게 됩니다. 그런데 분별하는 사람들은 산은 산이라고 하면 산하고 물이 다른 것인 줄 압니다.

분별하지 않으면 산이라 했든 물이라 했든 모두 하나로 통하게 됩니다. 계속 분별해서 공부하게 되면 없던 나를 만들고, 없던 대상을 만들고, 그러면 둘로 나누어집니다. 이렇게 분별하는 것을 공부인 줄 알고 시험점수가 높으면 공부를 잘하는 사람인 줄 늘 착각하고 살아갑니다. 분별하는 공부만 하다보니 지금보다 생각이 더 높아지지 않고 있습니다. 그러니 학교 다닐 때 성적이 좋다고 해서 반드시 성공하는 것이 아닙니다.

지금까지 우리는 계속 거짓말을 진짜인 줄 알고 살아갑니다. 교과서란 것이 거짓말인데, 진짜인 줄 알기 때문입니다. 학생이 학생이 아니라 우리끼리 통하기 위해서 편의상 우리가 붙인 이름이 학생일 뿐입니다.

그래서 생각이 더 높아진다는 말은 결국 분별하지 않거나 생각하지 않는 다는 것입니다. 그런데 우리는 가정에서도 학교에서도 이런 것은 한 번도 가르치지 않습니다.

나와 대상과의 관계형성

생각을 하는 것과 생각을 하지 않는 것의 차이는 무엇인가. 생각을 해야만 옳다 그르다가 있고 크다 작다가 있습니다. 그런데 우리의 관계는 늘 옳다 그르다, 크다 작다고 분별해서 서로 갈등합니다. 옳다 그르다는 것은 생각에서 나온 부산물입니다. 즉, 생각한 결과로 나온 찌꺼기를 가지고 옳다 그르다 하고 서로 다투는 것입니다. 그리고 생각에 의한 찌꺼기의 노폐물을 두고 서로 좋다 안 좋다고 갈등합니다. 자신의 한 생각 때문에 인간관계에 갈등이 일어나 서로 싸우다 헤어지면서 자신을 괴롭히고 상대도 괴롭힙니다.

이렇게 생각이 강하면 배곧은근육이 굳게 됩니다. 몸이 굳으면 마음에 또 생각이 일어나 호흡신경을 건드리고 중추신경을 건드리게 됩니다. 생물학적으로 이런 신경들이 긴장하여 굳게 되면 이완호르몬이 분비되지 않아 성질이 메마르고 말이 거칠어집니다. 우리는 이 분별하는 생각 때문에 인간관계가 원활하지 못합니다. 우리가 인간관계를 잘하기 위해서는 분별하지 않는 연습을 많이 해야 합니다. 분별하게 되면 상처가 생기지만, 분별하지 않으면 상처가 생기지 않습니다. 분별하게 되면 너가 나한테 그럴 수가 있느냐고 상대 탓을 하게 됩니다. 그러면 섭섭하고 화가 나고 원망이 일어납니다. 분별하게 되면 너는 너고 나는 나라는 고정관념이 생깁니다. 이렇게 되면 인간관계는 점점 힘들어집니다. 그런데 분별하지 않으면 섭섭한 생각이 일어나지 않아 원망할 일도 없고 화날 이유도 없습니다.

우리가 제일 먼저 해야 될 공부가 나는 누구인가 하고 자기 자신을 알아야 합니다. 우리는 공부를 한다면서 국영수 공부는 열심히 하는데 자기 자신에 대한 공부는 하지 않습니다. 자기 자신에 대한 공부는 나는 누구인가? 우리는 보통 '누구세요?' 하고 물으면 '김현철입니다'고 하면서 이름을 댑니다. 이름이라고 하는 것은 보이지 않을 때 자기를 알리려고 만든 것입니다. 그 이름 명(名)자를 보면 저녁이라고 하는 저녁 석(夕) 밑에 입 구(口)자입니다. 저녁은 잘 보이지 않는 시간입니다. 사람이 왔는데 얼굴이 보이지 않으니까 누군지 모릅니다. 그러면 누구냐고 물으면 이름을 대면 금방 알 수가 있습니다. 어떤 사람은 '누구세요?' 하고 물으면 '통장입니다. 택배입니다. 자장면 배달 왔습니다.'고 하면서 자신의 역할을 말합니다.

또 어떤 사람은 '나는 누구의 아버지다. 누구의 아들이다. 누구의 남편이다. 앞집이다. 401호입니다'고 말합니다. 이렇게 아버지, 아들, 남편, 앞집, 401호라고 말합니다. 이것은 순전히 다른 사람에 의해서 인식되는 것입니다.

다르게 생각하면 자동차를 운전하는 기사가 없으면 자동차는 움직이지 않습니다. 그럼 기사를 운전하는 것은 누구인가를 생각해 봐야 합니다.

공부를 더 편하게 그리고 좀 더 넓게 하기 위해 나는 어떻게 존재하는가? 나는 무엇인가? 나는 어떻게 살아가는가? 그런데 나는 나이지만,

공기도 있어야 되고, 물도 있어야 되고, 불도 있어야 하고, 밥도 있어야 합니다. 이렇게 하나씩 접근해 보면 여기는 인과 연에 의해서 만들어진 하나의 덩어리입니다.

나는 결국 인연 덩어리입니다. 나만 그런 것이 아닙니다. 꽃도 공기가 있어야 하고, 햇빛이 있어야 하고, 물이 있어야 하고, 바람이 불어야 하고, 땅에서 양분이 공급되어야 하고, 꽃도 똑같이 하나의 인연 덩어리입니다. 나도 꽃도 이렇게 하나의 인연 덩어리입니다. 이렇게 모든 관계는 하나의 인연 덩어리에서 이루어진다고 생각할 수 있습니다.

그래서 공부를 하게 되면 지금보다 더 생각이 넓어지고, 더 깊어지고, 더 높아지게 됩니다. 그런데 대학교까지 졸업했는데도 고집은 더 세어지고, 편중된 생각이나 고정관념이 더 강한 사람은 안타깝게도 인간관계를 원만하게 할 수가 없습니다. 이런 사람들은 인생 공부를 제대로 하지 못해서 늘 자기만 생각하고 자기 것만 생각하고 그리고 항상 자기를 먼저 생각하기 때문에 관계형성이 어렵습니다. 결국 자기도 아프고 상대도 아프게 만듭니다.

나는 어떻게 존재하는가

인간관계를 잘하기 위해서는 먼저 자기가 누구인지를 잘 알아야 합니다. 왜냐하면 자기를 모르면서 상대방과 인간관계를 잘 할 수가 없습니다. 그래서 제일 먼저 '나는 누구인가'를 스스로 관찰하고 분석해야 합니다. 만약에 그게 어렵다면 '나는 어떻게 존재하는가?'를 하나씩 분석해 보면 자신을 금방 깨달을 수 있습니다. '이것이 있으므로 저것이 있다'는 대자연의 법칙은 같은 공간을 살아가고 있는 이 우주의 모든 생명체와 무생명체들의 존재방식이 상호의존적이며 서로 연관되어 있음을 잘 보여주고 있습니다.

내가 살아 숨쉬기 위해서는 무엇이 필요합니까. 제일 먼저 나를 포함한 모든 생명체는 숨을 쉬고 살아가는 존재이기 때문에 공기가 없으면 단 십분도 살지 못합니다. 그러므로 공기가 있으므로 내가 있습니다. 공기는 나무와 숲이 만들어 냅니다. 만약 나무와 숲이 없다면 머지않아 모든 생명은 없어질 것입니다. 결국 나무나 숲의 도움 덕분에 공기가 있고, 공기 덕분에 내가 있고, 또 나무가 있으므로 내가 있고, 숲이 있으므로 내가 있습니다.

햇빛이 없어도 나는 살아갈 수 없으며, 물이 없어도 나는 살아갈 수 없습니다. 땅이 없어도 나는 살아갈 수 없고, 집이 없어도 나는 살 수 없습니다. 햇빛이 있으므로 내가 있고, 물과 땅과 집이 있으므로 내가 있는 것입니다.

사람은 밥을 먹어야 살 수 있습니다. 벼를 심어야 하는 땅이 있어야 되고, 햇빛도 있어야 되고, 물도 있어야 되고, 바람도 있어야 되고, 미생물도 있어야 되고, 구름도 있어야 하고, 나무도 있어야 되고, 농사짓는 사람도 있어야 되고, 방아를 찧는 사람도 있어야 하고, 전기나 가스를 생산하여 공급해주는 사람들의 도움이 있어야 밥을 먹을 수 있습니다.

다시 말해 농사를 짓는 분들과 그들을 돕는 분들과 농기구가 있으므로 내가 있고, 물과 공기, 강이나 바다, 과일과 채소, 육고기와 생선, 이웃과 직장, 도매상과 소매상, 옷과 집, 옷 만드는 사람과 집 짓는 사람들,

나아가 이 우주의 모든 생명체와 무생명체의 모든 존재가 있기에 내가 있습니다. 나뿐 아니라 우주의 모든 존재는 서로가 서로를 살려주고, 서로가 서로를 키워내며, 서로가 서로에게 도움을 주고받으며 살고 있는 상호의존적이면서 연관되어 있는 법칙 속에 놓여 있습니다.

모든 것은 이렇게 하나씩 서로 연관되어 있습니다. 이렇게 서로 연관된 이 세상의 모든 존재들과 그 존재들이 만들어내는 상황들은 어떤 것도 우연히 만들어지는 것이 없습니다. 그렇다고 홀로 독자적으로 생겨나는 것도 없습니다.

우리가 늘 타는 자동차만 봐도 자동차라는 이름으로 존재하고 있지만, 그것은 낱낱의 모든 부품들이 수많은 인연에 따라 서로 연결되어 있기 때문입니다. 만약에 수많은 인연들이 서로 연관되어 있지 않고 엔진이나 오일 따로, 조향장치나 바퀴 따로, 브레이크와 클러치 따로, 변속기나 실린더 등 이런 모든 부품들이 따로 따로 분리되어 있다면 그것을 '자동차'라고 하지 않습니다. 그것도 반드시 있어야 할 한 공간에 낱낱의 모든 부품들이 서로가 서로를 의지하고 연관되어 잘 결합되어 있을 때에만 자동차로써의 존재가치가 있습니다.

이렇게 자동차 하나만 봐도 각각의 수많은 부품들이 인연이 되어 서로 서로 의지하여 연관됨으로써 조화롭게 존재할 수 있습니다. 그래서 이것이 있으므로 저것이 있다고 합니다. 즉, 엔진이 있으므로 미션이 있고, 미션이 있으므로 변속기가 있고, 볼트가 있으므로 너트가 있고, 볼트나 너트가 있어서 휠과 타이어를 연결할 수 있으며, 타이어가 있으므로 휠이 있고, 휠이 있으므로 타이어가 있습니다.

이와 같이 자동차를 이루는 모든 부품들이 서로 서로 의지하며 연관되어 있습니다. 자동차의 모든 부품 하나하나를 서로 떼어내려고 해도 떼어낼 수 없는 관계입니다. 서로가 서로에게 연관되어 의지함으로써 자동차는 존재합니다. 거기다가 부품 하나하나의 원료를 생산하여 녹이고 다듬고 도색하는 데에는 땅도 있어야 하고 물도 있어야 하고 공기도 있어야 하고 전기도 있어야 하고 사람들도 있어야 합니다. 이처럼 나는 나 아닌 다른 대상들과 서로 연관되어 있습니다.

앞에서 말한 것처럼 사람이 존재하기 위해서는 똑같이 수많은 인연들이 있어야 합니다. 이처럼 모든 존재의 형성이 홀로 독자적으로 존재하는 것이 아니라 수많은 인연에 의해 서로가 서로를 의지하고 연관성을 유지해야만 존재됩니다.

따라서 나는 나 아닌 어떤 대상들의 도움을 받으면서 살아갑니다. 나 아닌 어떤 대상들의 도움이 없으면 나는 살아갈 수가 없습니다. 결국 지금 여기에 살고 있는 나라는 존재는 독자적으로 홀로 태어나 살아갈 수 있는 존재가 아닙니다. 시간적으로 공간적으로 수많은 생명체들과 무생명체들의 긴밀한 상호 연관관계 속에서만 존재할 수 있습니다. 모든 존재들은 서로 서로 더불어 살아가는 존재들입니다. 서로가 서로의 생성과 소멸에 영향을 주고받으며, 서로 연관되어 의존하는 한 몸, 한 덩어리입니다.

우리가 살고 있는 온 우주가 둘이 아닌 한 덩어리입니다. 그렇기 때문에 나 아닌 대상이 있기에 내가 있고, 나 아닌 대상이 행복하면 나도 행복하며, 나 아닌 대상이 사라질 때 나도 사라질 수밖에 없습니다. 따라서 나만 잘 먹고 잘 살면 되는 것이 아니라 다함께 잘 먹고, 다함께 잘 살아야 합니다.

왜냐하면 내가 곧 나 아닌 대상이며, 내가 곧 나 아닌 모든 존재의 대상들과 둘이 아닌 하나이기 때문입니다. 나 아닌 대상들의 행복이 곧 내 행복이 됩니다. 내 행복이 이렇게 수많은 존재의 행복에 전적으로 연관되어 있다면 나를 돌보는 것처럼 나 아닌 대상들을 돌볼 수밖에 없습니다. 이것이 바로 내가 존재하는 이유입니다. 이렇게 서로 연관되어 있는 자신의 존재를 알면 인간관계는 매우 쉬워집니다.

네 번째 강의

공부를 하는 목적과 인간관계

공부하는 목적

자녀 없는 부모는 있을 수 없습니다. 내가 있어서 자녀가 있는 줄로 착각하는 부모 때문에 자녀교육이 잘못되어 가고 있습니다. 많은 부모가 자녀 덕분에 잘 된다는 생각을 하지 않습니다. 학교에서도 마찬가집니다. 학생 없는 학교는 있을 수 없습니다. 학교가 있어서 학생이 있는 줄로 착각하는 선생님들 때문에 학교교육이 잘못되어 가고 있습니다.

그러면서 어제도 오늘도 늘 그랬던 것처럼 또 아마 내일도, 자녀들에게 학생들에게 늘 '공부해라. 공부해라' 할 것입니다. 세상에 공부란 공짜가 없음을 깨달아서 부지런히 자신과 나아가 가정과 세상을 위하여 복을 짓고 덕을 쌓고 지혜를 닦는 것입니다.

어릴 때부터 다니는 어린이집이나 유치원, 초등학교, 대학까지 세상에 공부는 절대 공짜가 없습니다.[1] 왜 공짜가 없느냐 하면 인과응보의 원칙이 적용되기 때문입니다. 농사를 지을때도 농부가 먼저 씨[2] 를 뿌려야

---

1 '2015년도 사립초 학교납입금(입학금, 수업료 등) 현황' 자료에 의하면 전국 사립초등학교의 학비가 연간 1,000만원에 근접하고, 전국 76개 사립초등학교 가운데 수업료가 가장 비싼 학교의 수업료는 약 1,200만원이었다. 입학금은 100만원으로 신입생의 경우 약 1,300만원을 내야한다. 의무교육에 의해서 교육비를 거의 내지 않는 경우도 있다. 하지만 우리네 부모들이 내는 세금으로 공부를 시키고 선생님이나 교육 공무원에게 월급을 주고 있다.

2 공부에서 씨라면 등록금, 책 값, 노력한 시간들……, 수확은 성적, 만족감, 행복, 성취감, 취업……..

열매를 수확할 수 있습니다. 뿌린 씨앗에 비하여 수확이 나오지 않으면 그 농사는 헛농사입니다. 씨를 뿌린 만큼 거두지 못한 것은 게을러서 농사를 제대로 짓지 못했기 때문입니다. 이를 실농(失農)이라고 합니다. 그래서 세상에는 공짜가 없다고 말합니다. 어릴 때부터 이런 이치를 잘 가르쳐야 합니다.

많은 부모들은 왜 공부를 해야 하는지를 모르고 공부하라고 강요합니다. 자녀들도 자신이 왜 공부를 해야 하는지를 모르고 공부를 합니다. 그것도 부모가 하라니까 그냥 합니다. 그러니 자녀들은 부모를 위해 공부한다고 합니다. 부모가 먼저 '공부를 왜 하는가'를 알아야 하고, 자녀에게 가르쳐야 합니다.

사람들은 누구나 잘 살려고, 행복하려고 공부를 합니다. 하지만 한 가지 분명히 해야 할 게 있습니다. 공기나 물의 도움 없이는 내가 살아갈

〈우주에서 본 지구〉

수 없듯이, 나 혼자만 잘 살려고 공부한다는 생각은 대단히 잘못된 것입니다. 공부를 하는 목적은 우리가 다 같이 잘 살기 위해서 해야 합니다. 비행기를 타고 가다가 육지를 내려다보거나 또는 우주에서 지구를 내려다보면 모두가 한 덩어리라서 우리는 서로 연관이 되어 있습니다. 그래서 나 혼자만 잘 살아서는 안 됩니다.

왜냐하면 가족관계에서 나는 잘 사는데, 가족 중에 동생이나 형님, 언니나 누나 중 누구 한 사람이 못사는 경우 괜히 신경이 쓰이고 안타깝게 느껴집니다. 그렇다면 우리 가족이 모두 다함께 잘 사는 세상이 되어야 합니다. 나아가 이 세상 모두가 다 함께 잘 살아야 합니다. 이게 공부하는 목적입니다.

결국 공부를 하는 목적이나 돈을 버는 목적, 대학을 가는 목적도, 취직을 하는 목적, 결혼을 하는 목적도 궁극적으로는 결국 다함께 잘 살기 위해서 합니다. 쉬운 말로 다같이 잘 먹고 다같이 잘 사는 것입니다. 결과적으로 나만 잘 되고, 나만 성공하고, 나만 잘 살려고 공부를 하면 결코 행복할 수가 없습니다. 왜냐하면 우리는 인연덩어리로 살아가기 때문에 다함께 잘 살아야 합니다.

공부의 목표

어떤 목적을 달성하기 위해 구체적으로 해야 할 것이 목표입니다. 우리가 공부하는 목적이 다함께 잘 사는 것이라면, 공부하는 목표는 '상대방부터 먼저 잘돼라'고 해야 합니다. 그래야 다같이 잘 먹고 잘 살 수 있습니다. 문제는 '상대방이 먼저 잘돼라'고 하니까 많은 사람들이 이해하지 못합니다. 나도 잘 살지 못 하는데 어떻게 상대방부터 먼저 잘돼라고 하느냐며 오히려 의문을 제기하는 사람이 많습니다.

이 세상을 살아가기 위해서는 본인이 아무리 많은 노력을 한다 해도 상대방부터 먼저 잘 돼라고 하지 않으면 상대방이 나를 도와주지 않습니다. 내가 먼저 상대방에게 도움을 주지 않았다면, 상대로부터 도움받을 일이 없습니다. 결과적으로 상대방이 나를 도와주지 않으면 실제로 내가 하는 일이 잘 되지 않습니다. 당장 내가 공기의 도움을 받지 않으면 숨을 쉴 수가 없습니다. 그렇기 때문에 공부를 하는 목표는 항상 '상대방이 먼저 잘돼라'고 해야 합니다. 이것이 공부를 할 때 가장 중요한 원리인데 많은 사람들은 이것을 잘 실천하지 않습니다. 이런 원리의 개념부터 먼저 하나씩 정리가 되어야 합니다.

'상대가 먼저 잘 돼라'고 실천하지 않으니까, 아무리 열심히 공부를 하는데도 하는 일들이 잘 풀리지도 않고, 대학을 졸업했는데도 여전히 취직을 못하고, 직장에서도 승진을 못하고 그 자리에서 머물고 있습니다. 그러니 인간관계가 원만하게 이루어질 수도 없습니다. 이제 상대방의 범위를 좀 더 넓혀서 '세상이 먼저 잘돼라'고 하면, 하늘도 나를 도와주고 땅도 나를 도와주고 햇빛도 나무도 주변 사람들도 모두가 나를 도와줍니다. 이렇게 전부 다 나를 도와주니까 본인이 노력한 것보다 훨씬 더 많은 효과가 나타납니다. 그래서 다함께 잘살기 위해 우리가 공부를 하는 구체적인 목표는 '상대방부터 먼저 잘돼라'고 해야 합니다.

공부를 하는 수단

우리가 다함께 잘 살고 그리고 상대방이 먼저 잘 되게 하려면 적절한 수단이 있어야 합니다. 상대를 먼저 잘 되게 하는 수단으로는 자기가 잘 되어야 합니다. 자기가 잘 되지 않고서는 상대방에게 잘 돼라고 할 수가 없습니다. 왜냐하면 상대방이 너나 잘 하라고 하면 할 말이 없어지기 때문입니다. 이렇게 모두가 다 하나로 맞물려 있습니다.

나는 좋은데 상대방이 손해를 보면 상대방이 가만히 있지 않습니다. 반대로 상대방한테는 좋은데 내가 희생하면 내가 참고 견딜 수가 없습니다. 이렇게 되면 인간관계는 오래 지속될 수가 없습니다. 그래서 나도 좋고 상대방도 좋아야 합니다. 그래야만 사랑도 행복도 인간관계도 모두가 오랫동안 지속됩니다.

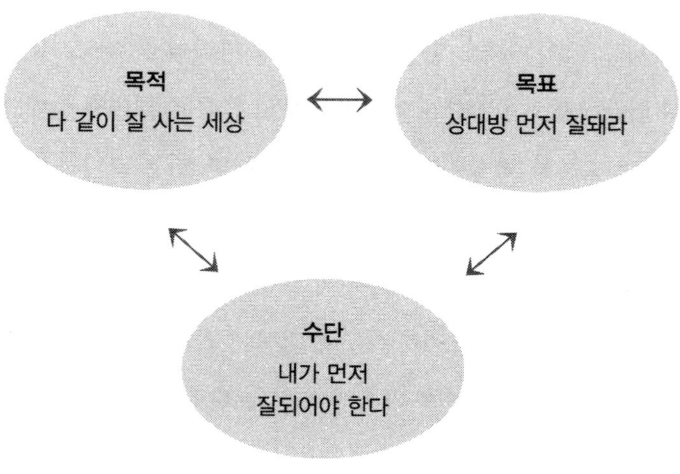

공부하는 목적

따라서 우리가 공부하는 목적은 다함께 잘살기 위한 것이며, 상대방이 먼저 잘돼라고 목표를 설정하고 그것을 이루기 위한 수단으로 내가 잘돼야 합니다.

자기가 잘 되려면 경쟁력이 있어야 합니다. 경쟁력을 더 쉽게 말하면 자신의 역량이나 능력을 말합니다. 그 역량이나 능력은 공부를 해야 나옵니다. 공부가 이렇게 전부 다 하나로 맞물려 있습니다. 따라서 이 세상을 다함께 잘 살기 위해서 우리는 공부를 해야 합니다.

따라서 우리가 공부를 하는 목적은 다함께 잘 사는 것이고, 공부를 하는 목표는 상대가 먼저 잘 돼라고 해야 하지만, 결국 공부를 하는 수단으로는 내가 경쟁력을 갖추어야 합니다. 그러기 위해 내가 역량과 능력을 길러야 경쟁력이 생기고, 내가 경쟁력이 있어야 잘 되고, 내가 잘 되어야 상대방을 잘 되게 해 줄 수 있고, 상대를 잘 되게 해주어야 다 같이 잘 살게 됩니다. 그래서 우리는 공부를 하는 것입니다.

왜냐하면 배우지 않고서는 지금보다 자기 생각이 더 넓어지고 더 깊어지고 더 높아지기 어렵기 때문입니다. 공부를 하여 경쟁력이 쌓이게 되면 우리의 삶의 질이 더 높아지고 더 행복해집니다. 경쟁력을 갖추고 있으면 좀 더 많은 사람들로부터 지지받고 존경받고 존중받게 됩니다. 그러면 자신의 신분도 더 높이 상승됩니다. 이 모두가 공부라는 하나의 과정을 통해서 이루어지기 때문에 우리는 공부를 꼭 해야 합니다.

그런데 삶의 질을 향상시키기 위해서는 오늘날 학교에서 배우는 교과서만으로는 해결할 수가 없습니다. 내가 또는 내 자녀가 학교에서 받는 성적은 비록 낮을지라도 공부를 잘 하는 사람들이 많이 있습니다. 예를 들어 우리가 학교를 다닐 때 성적은 비록 낮았지만, 사회적으로는 크게 성공한 사람들이 많이 있습니다. 우리는 이들을 눈여겨봐야 합니다. 사람 공부를 많이 해서 즉 인간관계를 잘해서 생각이 더 넓어지고 더 깊어지고 더 높아지고 있으면, 비록 학교 성적은 낮을지 몰라도 세상 공부는 훨씬 더 잘 하고 있는 사람입니다.

예를 들면 민철이는 학교성적은 좋은데 속이 좁아 자기 밖에 모릅니다. 그러나 동생 민수는 비록 학교 성적은 낮지만 항상 부모를 배려하고 형도 배려한다고 하면 장차 성장잠재력은 민수가 훨씬 더 큽니다. 이것은 누구나 다 아는 사실입니다. 그런데 부모들이나 선생님은 자꾸 성적 올리는 데에 더 관심이 많습니다.

단순히 학교 성적만 가지고 민수에게 너는 공부도 못하는 놈이라고 낙인찍어 버립니다. 문제는 우리가 살아가면서 사용하는 인생 공부는 그렇게 좁고 가벼운 것이 아니라는 사실입니다. 왜냐하면 인생살이 전체가 서로 맞물려 있기 때문입니다. 인생살이는 학교공부로만 해결할 수가 없습니다.

그래서 공부(功夫)라는 한자어는 학교공부와 같은 좁은 의미의 공부(工夫)만을 의미하지 않습니다. 공부(功夫)란 공(工)의 위(¯)의 것은 하늘, 밑(_)의 것은 땅, 그리고 중간(|)에는 세상살이를 의미합니다. 그래서 위로는 하늘의 이치를 알고, 아래로는 땅의 이치를 알고, 그 가운데에서 세상살이를 하는 사람들과 사물 모두를 힘써 노력해서 다 알아야 되는 게 공부입니다.

많은 강의를 듣고, 책을 읽고, 사람들을 보고, 자연을 보고, 세상을 보면서 공부를 잘 하고 있는 사람들은 지금보다도 생각이 더 넓어지고 더 깊어지고 더 높아지고 있는 사람입니다. 그런데 책을 읽고 강의를 듣고 세상을 보고, 사람들을 보고 공부를 하는 사람이 그 전보다 속이 더 좁아지고, 더 아는 체 하고, 더 잘난 체만 하고, 더 옳은 척하고, 내가 잘났으니 제발 '내 말만 들어라'고 강요하고, 고집을 피운다면 그것은 공부를 잘 하는 모습이 아닙니다. 이것을 우리는 꼭 기억해야 합니다.

사람들이 학교에 가서 다 배우지 못하는 공부를 학교 밖에서, 예를 들면 자연관찰이나 교회나 성당, 절, 인터넷 강의, 문화원이나 평생교육원, 독서 등으로 배우는 경우도 많습니다. 그 수많은 공부 중에서도 자신이 체득(體得)하는 공부가 최고입니다. 그러기 위해서는 우리 내면에 있는 다섯 개의 눈을 잘 활용하는 것입니다. 우리의 인체에 보이는 눈은 두 개밖에 없는데, 내 속에 있는 눈을 끄집어내서 사용하라는 의미입니다. 이것을 다섯가지 지혜, 즉 오안(五眼)이라고 합니다.[1]

1 금강경 18장에 나오는 육안, 불안, 법안, 혜안, 천안을 말합니다.

다섯 번째 강의

오안(五眼)의 활용법과 인간관계

다섯 개의 눈과 경쟁력

우리가 매일 성경을 읽고 팔만대장경을 읽고 코란을 읽고 탈무드를 읽고 사서오경을 아무리 열심히 읽어도 자기의 두 눈밖에 모릅니다. 하지만 우리는 자신에게 내재되어 있는 지혜의 눈을 잘 끄집어내서 사용할 줄 알아야 합니다. 그러나 문제는 자신에게 주어진 다섯 개의 눈이 있는지조차 모르는 사람이 대부분입니다.

이 다섯 개의 눈을 오안(五眼)이라고 합니다. 오안을 잘 활용하는 사람은 전 세계에서 가장 경쟁력이 높아질 것입니다. 경쟁력이 높아진다는 것은 자신의 실력이 향상된다는 것입니다. 문제는 우리가 다섯 개의 눈을 가졌다는 것을 가르쳐 주는 부모도 없고, 학교나 학원도 없고, 종교도 없기 때문입니다. 다만, 불교나 최근 심리학에서는 오안의 적극적인 활용을 이야기합니다. 우리가 이 다섯 개의 눈을 어떻게 끄집어내어 지혜롭게 잘 활용할 것인가 하는 것이 중요한 문제입니다. 인간관계에서 경쟁력은 자신의 훌륭한 성품과 최고의 역량을 얼마나 지혜롭게 사용하느냐에 따라 결정됩니다. 자신의 경쟁력은 지속적인 노력과 반복학습에 의해 크게 향상시킬 수 있습니다. 우리가 상식적으로 생각해도 두 눈을 사용하는 사람과 다섯 개의 눈을 다 사용하는 사람은 분명히 큰 차이가 날 것입니다.

육안(肉眼)

우리가 가진 육신의 눈으로 보는 것을 육안이라 합니다. 이 눈의 특징은 너무 가까워도 안 보이고 조금 멀어도 보이지 않습니다. 가려져 있는 것은 보지 못하고 보이는 것만 즉, 가시광선(可視光線)만 보입니다. 이 육안의 눈만 가지고도 생각이 넓어지는 공부를 잘 할 수 있습니다. 육안을 통해서 우리는 '관점을 바꾸는 능력'을 길러야 합니다.

공기가 내 코 속에 들어와야 숨을 쉬고, 물이 내 입에 들어와야 마시고, 내 입으로 밥을 먹어야 살고, 땅이 있어야 집도 짓고, 옷이 있어야 입을 수 있고, 햇볕이 있어서 따뜻하게 살고, 바람이 불어야 빨래도 말리고, 숟가락이 있어 밥을 편하게 먹고, 발이 있어서 걸어 다니고, 옷 만드는 사람이 있어야 옷을 입을 수 있습니다. 이렇게 수많은 대상(사람, 사물)의 도움으로 인하여 내가 살아간다는 사실을 어릴 때 밥상머리 교육에서부터 시작되어야 합니다.

다시 말해 부모가 아이들에게 제일 먼저 '나는 누구인가?', '나는 어떻게 존재하는가?', '나는 인생을 어떻게 살 것인가?'를 늘 교육시켜야 됩니다. 하지만 바쁘다는 핑계로 온 가족이 모여서 밥 먹는 시간이 점차 줄어듭니다. 어쩌다가 한 자리에 모여 식사를 할 때에는 핸드폰을 손에 쥐고 있습니다. 가족간의 식사 시간에 핸드폰을 만지작 거리는 나쁜 습관은 분명히 고쳐야 합니다. 이런 것은 누구나 육신의 눈으로도 충분히 공부를 할 수 있습니다.

부모의 마음자세가 곧 자녀교육에 결정적인 영향을 미칩니다. 부모가 먼저 눈을 떠야 자녀가 제대로 교육받을 수 있습니다. 그래서 부모가 먼저 '내가 어떻게 살아가고 있는가?' 하고 자신을 들여다보아야 합니다.

나는 나 아닌 것이 도와주지 않으면 나는 존재할 수 없다는 사실을 알아야 합니다. 그것을 알게 되면 '나는 나 아닌 것이 곧 나이다' 하고 관점이 바뀌게 됩니다. 공부하는 사람들은 이런 관점이 빨리 인지되고 가슴으로 느껴야 합니다. 문제는 머리에서는 분명히 이해가 되는데, 가슴으로 느끼지 못하니 실천이 되지 않습니다. 즉, 이해는 되는데 아직까지 관점이 바뀌지 않았다는 것입니다. 이렇게 세상을 보는 관점이 바뀌지 않으니 실천할 용기가 생기지 않습니다. 그래서 공기나 햇빛, 물에게 감사할 줄도 모르고 살아갑니다. 심지어 나를 낳아 준 부모에게도 감사할 줄 모릅니다. 만약, 내가 화를 내면 순식간에 옆에 있는 사람들의 기분이 나빠집니다. 나하고 상관이 없으면 기분이 나빠지지 않아도 되는데, 내가 화를 내면 당장 기분이 나빠집니다. 그것이 바로 나 아닌 것이 나라는 증거입니다.

아버지가 기분이 상해 화가 나 있을 때에 가족들의 기분이 묘하게도 다 나빠집니다. 그러니 나 아닌 것이 바로 영향을 미치니까 그게 '나'라고 확인할 수가 있습니다.

그러면 여러분들이 가진 육신의 눈으로 발상의 전환을 해야 합니다. 즉 보는 관점을 바꾸려면 '당연한 것을 부정'해야 합니다. 이런 발상의 전환은 자신의 내면 확장을 위해서 매우 중요합니다. 어떤 공부를 하던 간에 발상의 전환은 커다란 변화를 가져옵니다. 부모가 '당연히 학교에 보내준다'고 하면 거기에 감사한 마음이 나올 수가 없습니다. 발상의 전환이 일어날 수가 없습니다. 그러니 당연한 것을 먼저 부정할 줄 알아야 합니다.

이렇게 다른 관점으로 보는 것도 하나의 기술입니다. 관점을 바꾸는 것은 매우 쉬운 일입니다. 우리는 내 코로 공기가 당연히 들어오니까 감사함을 모르고 그냥 살고 있습니다. 그런데 '공기 덕분에 내가 살 수 있구나!' 하고 당연한 것을 먼저 부정해 봐야 합니다. 극단적으로 '공기가 없으면 나는 지금 당장 죽는구나. 공기 덕분에 살아있구나!'로 공기를 보는 관점을 바꾸어야 합니다. 따라서 당연히 들어오는 것과 나를 도와 준 덕분인 것의 차이점은 당연한 것을 부정하는 것입니다.

그래서 '아! 부모님이 나를 키워줬구나, 학교를 보내줬구나'를 당연하게 생각하면 '다른 부모들도 학교에 다 보내주잖아?' 하고 반응하게 됩니다. 이렇게 반응하면 학교 보내는 게 너무 당연한 것이 되어버립니다. 이 세상에 모든 발상의 전환은 이런 당연함을 부정함으로써 출발합니다. 학교를 보내지 못하는 부모들도 많은데, '이렇게 학교를 잘 다니게 해 주셔서 감사합니다.' 하고 생각이 바뀌어야 합니다.

공부를 하려고 방석 위에 또는 의자 위에 앉아 있습니다. 문제는 이 방석이나 의자를 당연히 깔고 앉는 줄로 알고 있습니다. 그러면 우리에게 어떤 변화도 일어날 수가 없습니다. 방석이나 의자 덕분에 내가 차가운 바닥에 앉지 않고 따뜻하게 앉을 수 있다는 것을 알아야 합니다. 이렇게 발상의 전환이 일어나고, 이 발상의 전환으로 관점을 새롭게 바꾸어야 합니다. 그것도 밝은 쪽으로 바꾸어야 내면에 상처를 받지 않습니다.

당연함에 대한 부정이 일어나고 그것을 감사하는 새로운 관점으로 바꾸어야 합니다. 관점을 바꾸면 상대가 하나도 달라지지 않아도 좋게 보입니다. 상대가 어떤 노력을 하지 않아도 좋게 보입니다. 왜냐하면 내 관점이 바뀌어 버리면 당연하게 생각하지 않기 때문입니다.

예를 들어 부부가 같이 식사하는 것을 당연하게 생각하지 않고, 그래도 '당신 덕분에 밥을 굶지 않고 먹게 되어 감사합니다. 당신이 없으면 나는 굶거나 김치 한 가지만 가지고 대충 때울 텐데, 그래도 당신 덕분에 따뜻한 밥도 먹을 수 있고 반찬도 서너 가지를 더 먹을 수 있어 감사합니다.' 이렇게 감사하는 마음이 생겨나면 엄청난 변화들이 일어납니다. 발상의 전환으로 몇 배의 기쁨이 나오게 됩니다.

지금 당연한 것들은 예전에는 당연하지 않았습니다. 세상은 끊임없이 자꾸 바뀌어갑니다. 예전에 당연하다고 생각하는 것은 점점 사라지고, 예전에 상상도 할 수 없던 일들이 너무도 빨리 우리 주변을 가득 채우고 있습니다. 당연한 것들을 아무 생각 없이 그냥 당연하게 받아들이는 사람은 항상 세상의 변화를 뒤따라 갈 수밖에 없습니다. 현재의 당연함을 부정하고 미래에 당연해질 것을 찾아가는 과정에서 생각이 자라나고, 다른 사람들과 차별화된 자신만의 특별한 생각이 생깁니다. 그러므로 앞으로 여러분이 공부를 할 때 핵심은 당연한 것부터 부정을 해야 합니다. 부정적인 생각을 하라는 것이 아니라 다른 관점으로 보는 발상의 전환을 해야 합니다.

불안(佛眼)

육안으로부터 관점을 바꿀 수 있다면 2단계로 가서 불안을 사용하여야 합니다. 불안은 간단하게 '상대부터 먼저 잘돼라'고 마음 먹을 때 보이는 것이 불안입니다. 상대에게 내가 먼저 '잘 해줘야지' 하는 마음을 쓸 때 하느님의 눈이 되고 부처님의 눈이 됩니다. 이를 자비심이라고 합니다.

TV를 볼 때 9번을 틀면 KBS가 나오고 11번을 틀면 MBC가 나오듯 여러분들의 주파수를 부처님이나 하느님의 주파수로 옮겨 맞추는 행동이 바로 부처의 눈, 하느님의 눈이 되는 것입니다. 이것은 굉장히 쉬운 일입니다. 이미 만들어진 주파수만 틀면 됩니다. 그래서 '상대가 먼저 잘 돼라, 상대가 먼저 행복하라'고 하는 발심이 일어납니다. 이렇게 마음먹는 순간, 즉 발심하는 순간 바로 부처의 눈, 하느님의 눈으로 바뀝니다. 이것은 마치 9번을 틀면 KBS1 방송이 나오는 것과 똑같은 이치입니다. 어떤 노력이나 수고도 필요한 것이 아니라 그냥 틀면 나옵니다.

상대를 위해 우리가 잘 해줘야지 하는 그 순간 바로 부처의 눈, 하느님의 눈으로 업그레이드(upgrade) 됩니다. 세상에서 '잘해줘야지' 하고 마음먹는 만큼 쉬운 것은 없습니다. 눈만 뜨면 오늘도 잘해줘야지 하고 마음먹는 게 바로 발심(發心)[1] 이고, 그 발심이 바로 부처의 눈 하느님의 눈이 됩니다.

그런데 '잘해줘야지' 하는 마음이 없으면 어떤 일이 일어납니까? 나한테 잘해주지 못하면 바로 화가 나고 불평불만이 나오고 원망을 하게 됩니다. 그 원리를 살펴보면, 잔에 내가 커피를 가득 채워두면 녹차나 물, 다른 어떤 것을 더 이상 담을 수가 없습니다.

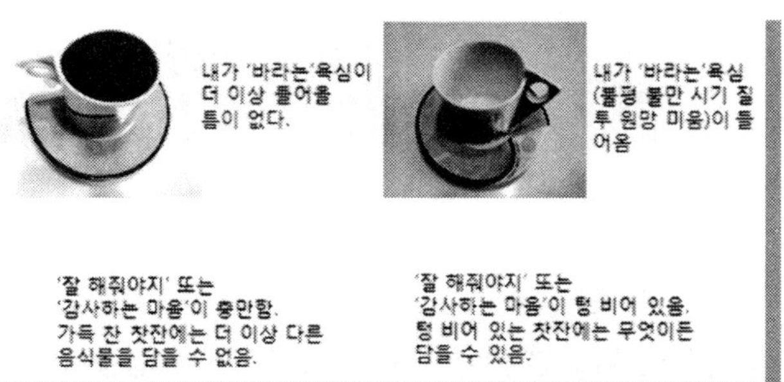

---

1 發心 : 무슨 일을 하겠다고 마음을 냄, 성불이라고도 한다.

마찬가지로 내가 '잘해줘야지' 하고 감사하는 마음을 가득 채워 놓으면 불평불만이나 원망이 들어올 틈이 없습니다. 그런데 내가 감사하는 마음을 가득 채워놓지 않으면 '내가 바라는 어떤 것을 또는 내가 원하는 것을 왜 해주지 않는데?' 하고 상대를 불평불만하거나 원망하거나 비난하거나 미워합니다.

따라서 내가 잘 해줘야지 하는 마음을 가득 채워놓으면 '내가 상대에게 바라는 것'이 더 이상 들어올 틈이 없습니다. 그래서 상대에게 먼저 잘해주겠다는 마음을 가져야 합니다. 먼저 고맙다고, 먼저 미안하다고 말한다면 인간관계는 나빠질 수 없습니다. 인간관계에서는 이기고 지는 것이 없습니다. '먼저 당신 덕분이다고, 먼저 고맙다고, 먼저 미안하다'고 해야 합니다. 중요한 것은 내가 먼저 상대에게 잘해주겠다는 마음을 가져야 합니다.

그래서 아침에 일어나면 '오늘은 내가 먼저 잘해줘야지' 하고 하루를 시작하라는 것입니다. 눈만 뜨면 감사와 잘해줘야겠다는 생각을 가득 채워서 다른 부정적인 감정들이 들어오지 못하게 해야 합니다. 이것을 발심이라고 합니다.

흔히 우리가 사랑하는 사람이나 의기투합으로 처음 만나 서로 변치 말자고 약속합니다. 이를 초심이라고 합니다. 이런 초심이나 발심은 누구나 제일 하기 쉬운 것입니다. 코를 만지는 것보다 더 쉽습니다. 자기 코를 만지려면 우선 코까지 내 손이 가야 합니다. 발심은 그냥 손이 갈 필요도 없습니다. 마음만 먹으면 되니까 발심하기가 제일 쉽습니다. 그 이유는 원래 발심되어져 있어서 그렇습니다. 그것을 요즘 말로 이미 프로그램화되어 있다는 것입니다.

이 프로그램은 새로운 것을 만드는 것이 아니라 원래부터 세워져 있습니다. 원래부터 KBS 방송국이나 MBC 방송국이 있어서 틀기만 하면 그냥 KBS나 MBC 방송이 나오는 것입니다. 이미 있는 것을 어떻게 잘 활용하느냐의 문제입니다. 이렇게 원래부터 세워져 있고 프로그램화되어 있어서 '잘해줘야지' 하고 마음만 먹으면 됩니다. 이렇게 쉬운 것인데, 이것을 하지 않는 사람들이 너무 많습니다. 몰라서 하지 않는 것이 아니라 너무 쉬워서 하지 않습니다. 알면서도 실천하지 않는 것은 자기 문제입니다.

법안(法眼)

3단계 법안의 눈은 법칙입니다. 법안은 원래부터 정해져 있는 법칙을 알고 쓰는 눈을 말합니다. 법칙은 인과 연, 즉 인연법으로 되어 있습니다.[1]

감씨를 심으면 감나무가 되고 거기서 감이 열립니다. 돌감나무가 인(因)만 강조하면 가을이 되면 돌감이 반드시 열려야 합니다. 즉, '돌감나무에는 돌감이 열린다'고 하는 인과법이 됩니다.

그런데 돌감나무의 주인이 돌감나무에 단감을 접붙이면 단감이 열립니다. 그러면 돌감나무에 돌감 나온다더니 돌감이 나오지 않고 단감이 나오더라고 하면서 믿지 않으려고 합니다. 그러니 연(緣)의 중요성을 빼놓을 수가 없습니다.

그래서 쉽게 말하기 위해서 '콩 심으면 콩 나온다'고 이렇게 이야기

---

1 인을 강조해서 인과법(因果法), 연을 강조해서 인연법(因緣法)이라고도 한다.

한 것입니다. 그런데 콩을 심었는데 쥐나 새가 와서 주워 먹어버리면 콩이 열리지 않습니다. 그러면 인의 결과로 당연히 콩이 나와야 하는데, 어떤 연이 나타나 콩을 먹어버리니까 더 이상 콩이 나오지 않게 됩니다.

그러니 여기서 연이 작용한 것입니다. 농부가 콩을 심으면 싹이 나서 자라다가 병충해를 입어서 죽어버리기도 하고, 가뭄이나 추위, 태풍이 와서 콩이 죽기도 합니다. 또 콩이 잘 자라고 있는데 토끼나 사슴, 멧돼지가 와서 뜯어 먹어버릴 수도 있습니다. 그러면 더 이상 콩이 나오지 않습니다. 이렇게 인과의 모순이 생기기 때문에 주인, 쥐, 새, 병충해, 가뭄이나 태풍, 추위, 토끼나 사슴, 멧돼지와 같은 연을 더 강조하여 연기법이라 합니다.

좋은 인연을 만나면 우리는 더 크게 일어날 수도[1] 있고 때로는 악연을 만나 망할 수도 있고[2] 그렇지 못할 수도 있습니다.[3] .그러니 좋은 연을 만나는 것은 정말로 중요합니다. 왜냐하면 우리의 인생을 완전히 바꾸어 놓을 수 있기 때문입니다.

간단하게 예를 들면 아프리카 낙타의 병원균인 메르스(MERS)가 죽었다 깨어나도 사우디아라비아나 요르단에서 한번 만에 서울까지 날아

1 돌감에 접을 붙이면 단감이 되듯이, 학생이 좋은 스승을 만나듯이, 운동 선수가 좋은 감독을 만나듯이 훌륭한 멘토를 만나 성공하는 경우.

2 콩을 심었으나 쥐나 새가 콩알을 통째로 주워 먹었거나, 콩이 자랄 때 토끼나 사슴이 완전히 뜯어 먹어버려 없어지기도 하듯이, 인간이 태어났으나 사고나 암, 살인 등 악연을 만나 사망하는 경우.

3 토끼나 사슴이 콩이 자랄 때 뜯어 먹긴 했으나 부분만 뜯어 먹어 제대로 자라지 못해 줄기나 잎은 있으나 열매를 맺지 못할 경우 또는 우리가 유유상종이라고 그저 그런 사람들과 만나 삶이 힘들지만 참으면서 그저 그렇게 살아가는 경우

올 수가 없습니다. 그런데 이 메르스가 사람에 옮겨 비행기를 타고 한숨 푹 자고나면, 서울까지 올 수가 있습니다. 또는 화물선을 타고 오면 한 달 이내에 서울까지 올 수도 있습니다. 이렇게 바이러스도 연을 잘 만나면 서울까지 그냥 올 수 있습니다.

우리는 부모를 연으로 만나 태어났지만 부모가 제대로 양육하지 못했을 경우, 훌륭한 스승이나 멘토를 잘 만나거나, 코치나 감독을 잘 만나 대성하는 경우가 많습니다. 이때 훌륭한 스승이나 멘토, 코치나 감독이 바로 연입니다. 자신이 비록 깨닫지 못했지만 깨달은 연을 만나면 바로 깨닫게 됩니다. 그래서 연을 강조한 이유입니다.

창원심리치료연구소가 어디에 있는지 몰랐던 사람이 잘 아는 사람의 뒤만 따라가도 창원심리치료연구소를 쉽게 찾아갈 수 있는 것과 같습니다. 따라서 깨달은 사람을 연으로 만나면 바로 깨달을 수 있습니다. 연을 잘 만나는 것이 이렇게 중요한 것입니다.

단적으로 어떤 학생이 아무리 취업준비를 열심히 했다고 해도 사장님이 채용하지 않으면 취업이 되지 않습니다. 그런데 성적이 아무리 낮은 학생이라도 연을 잘 만나면 바로 채용될 수도 있습니다. 이처럼 어떤 인연을 만나느냐에 따라 자신의 삶이 완전히 달라질 수 있는 것입니다.

그래서 법안은 인연법으로 되어 있다는 것을 알고 그것을 사용하여야 합니다. 인연으로 되어 있기 때문에 인연인 나는 있어도 고정된 나는 없습니다. 고정된 나, 따로 된 나, 독립된 나는 없지만 인연으로 된 나는 있습니다. 그래서 우리는 그 동안 '고정된 내가 있다. 따로 된 내가 있다. 독립된 내가 있다'고 생각하는 사람은 '내 것' 하나 더 가지려고 혈안이 되어 살아갑니다. 그러니까 인연의 법칙에 눈을 뜨지 못한 사람은 '내 것' 하나 더 가지려고 욕심 부리고 불평불만을 하면서 상대를 자꾸 비난하고 원망합니다.

그런데 인연의 법칙에 눈을 뜬 사람은 '내 것' 하나 더 가지려고 욕심을 부리지 않고 '우리 것'에 신경을 씁니다. 우리 '모두 잘 살자' 하는 '우리'에 신경을 씁니다. 그래서 이런 인연의 법칙을 잘 알고 세상을 살아야 합니다.

다시 말해 이 세상은 본인의 노력(인, 因)만으로는 되지 않습니다. 연을 잘 만나서 주위의 도움을 잘 받으면 훨씬 더 빨리 좋아집니다. 이게 법칙을 사용하는 사람의 특징입니다. 인연법(법안, 법칙)을 잘 사용하는 사람은 오직 연을 잘 만나는데에 많은 모든 노력을 기울입니다. 연을 잘 만나면 너무 빨리 좋아지기 때문입니다.

혜안(慧眼)

우주적 진리와 인간 세상을 밝게 꿰뚫어보는 혜안의 눈을 사용하여야 합니다. 혜안은 지혜(知慧)의 눈입니다. 지혜는 생각도 하지 않고, 마음을 일으키지 않을 때 아무것도 없다는 말입니다. 이때 '아무 것도 없다는 것'을 아는 것이 최고의 지혜입니다.

이것을 알고 나면, '옳다'도 없고 '그르다'도 없고, '남자'도 없고 '여자'도 없고, '내 것'이 없고 '네 것'이 없고, '맛있다'도 없고 '맛없다'도 없다는 것을 알고 분별합니다. 알고 분별하는 사람은 항상 '옳소, 그렇소, 맞소' 라는 말만 합니다. '옳다, 그르다'가 없다는 것을 아는 사람은 그것이 모두 다 자기 생각이고 자기 기준이라는 것을 압니다. 그래서 부인이 음식을 한 가지 만들어 줘도 다른 말은 하지 않습니다. '싱겁다, 짜다' 는 기준이 없으니까 '맛있다'는 말만 합니다. 그러면 다음에 더 많이 만들어줍니다.

누구나 지혜의 눈을 가지면 분별하더라도 오직 상대방을 기분 좋게 분별할 줄을 압니다. 이 지혜의 눈을 가지려고 우리는 공부를 합니다. 혜안이 한번 열리면 모든 것을 받아줄 수 있습니다. 원래 없다는 것을 아니까 어떤 이야기를 해도 다 받아 줄 수 있습니다.

그래서 여러분들이 평소에 '내려놓아라' '비워라'는 말을 많이 듣습니다. 이 말은 쉽게 '받아주어라'고 하는 소리입니다. 이렇게 받아주라고 하면 빨리 알아들을 수 있는데 꼭 '내려놓아라'고 합니다. 내려놓을 것도 없는데, 들고 있는 것도 없는데 자꾸 내려놓으라고 하니까 너무 어렵습니다. 아직까지 아무 것도 채운 것도 없는데 자꾸 '비워라. 비워라' 하니까 그 의미를 이해하기가 너무 어려운 것입니다. 그냥 받아 주라는 뜻입니다. 받아줘도 이 세상을 살아가는 데 아무 지장이 없다는 뜻입니다.

혜안의 눈으로 생각하기 이전 자리, 마음을 일으키기 이전 자리에 들어가 보면 '옳다. 그르다'도 없고, '너도 나도' 없습니다. 그래서 자기가 고집을 피우고 자기가 옳다고 주장하던 것을 더 이상 하지 않게 된다는 것입니다. 왜냐하면 아무 것도 없는 줄 알았기 때문입니다. 그래서 무슨 말을 해도 '알았소. 당신 말이 옳소' 이렇게 긍정으로 받아 줄 수 있는 힘이 혜안에서 나옵니다. 그러니 혜안의 눈을 끄집어내서 잘 활용하여야 합니다.

천안(天眼)

지혜의 눈이 열리고 나면, 천안(天眼)의 눈을 끄집어내서 활용해야 합니다. 천안은 마음과 마음으로 전한다는 것입니다. 김여사 마음과 조서방 마음이 통할 때가 있습니다. 이것을 우리는 이심전심이라고 말합니다. 그냥 '잘해줘야지' 하면 천안이 나옵니다. 앞에서 불안이 나올 때 천안은 부상(副賞)으로 따라 나옵니다. '내가 잘해줘야지' 하고 자기 마음에 받아 줄 준비를 하고 있으면 상대방이 무슨 마음을 먹는지가 다 보입니다. 내가 받아 줄 마음이 없고 '내 것'을 주입시키려고 강요하거나 내 말을 듣게 만들려고 상대를 억압할 때에는 상대방이 잘 보이지 않습니다. 상대방이 보이지 않으면 천안을 쓸 수가 없습니다. 상대방의 마음을 내가 알아서 이심전심으로 통할 수가 있어야 합니다.

서로 통하게 되려면 받아줄 준비가 되어 있어야 됩니다. 그러면 상대방의 마음이 잘 보입니다. 천안을 사용하지 못하면 화합이 되지 않고 소통이 되지 않아서 계속 갈등이 생겨 싸웁니다. 중요한 것은 항상 '잘해줘야지' 하는 마음이 불안의 눈도 만들지만, 이심전심으로 통하는 천안의 눈도 여기서 나옵니다.

그래서 항상 눈을 뜨면 '잘해줘야지, 잘해줘야지' 해야 됩니다. 그렇게 해보면 자기 속에 있는 다섯 개의 눈이 동시에 다 작동됩니다. 내가 상대(남편, 부인, 부모)에게 잘해줘야지 하는 발심의 마음이 중요합니다. 발심만 제대로 잘 하면 오안이 모두 다 작용합니다.

오안이 작용하면 능력이 없어서 고생하지는 않습니다. 경쟁력이 모자라서 탈락하지도 않습니다. 어떤 직장의 면접시험에서도 떨어지는 법은 없습니다. 오안을 가진 사람을 채용하지 않으면 그들만 손해이기 때문입니다.

그러니 회사의 사장들이 오안을 쓰는 사람을 빨리빨리 스카웃해 갈 수밖에 없습니다. 오안을 쓰는 사람을 불합격시킬 수가 없습니다. 승진에서 탈락시킬 수도 없습니다. 그래서 오안을 사용하는 사람은 평생 죽을 때까지 경쟁하지 않습니다. 왜냐하면 눈 다섯 개를 쓸 줄 아는 사람은 평생 2등이라는 것이 없습니다. 최소한 공동 일등만 있기 때문입니다.

왜냐하면 오안을 다 쓰는 사람은 늘 힘, 즉 경쟁력(능력)을 갖고 있기 때문입니다. 경쟁력은 곧 노후대책이고 사후보험입니다. 이 오안을 잘 활용하는 법을 자녀에게 물려주는 것이 부모로서의 가장 큰 선물입니다. 재산을 아무리 많이 물려줘도 지혜롭지 못한 자녀들은 모두 다 탕진합니다. 그러나 자녀들에게 다섯 개의 눈을 지혜롭게 잘 활용하도록 가르쳐주면 그들이 어디에 가서 먹고 살든 사는 데는 아무 지장이 없습니다. 결혼을 하지 않으려고 해도 줄을 서서 따라 다니며 기다립니다. 그러니 평생 걱정할 게 하나도 없습니다.

그래서 우리들이 공부하는 목적은 지금보다도 더 자기 생각이 넓어지고 깊어지고 높아져서 자기 삶의 질을 향상시키고 자기신분이 상승되기 때문입니다.[1] 따라서 자기의 신분상승을 위해 충분한 경쟁력을 갖추어

1 상품(上品)은 마치 100M달리기를 하는데, 하품이나 중품보다 벌써 50M 앞서 나가 있는 상황이다. 그러니 상품은 경쟁력을 충분히 가지고 있다. 태어날 때 부모가 일찍 죽었거나 가난한 집에서 태어났거나, 부모도 잘 모르고 태어났거나 원치 않은 임신으로 태어났거나 등등의 환경으로 태어난 경우를 하품이라 한다. 중품은 아이를 원하지는 않았지만 갑자기 아이가 생기니까 싫지도 않고 해서 출산까지 하게 된 경우를 중품 인생, 그리고 상품은 처음부터 임신출산 육아교육까지 완전하고 온전하게 자라길 기도하면서 태어난 아

야 합니다. 그러기 위해서는 공부를 해야 하고, 오안을 잘 사용할 수 있어야 합니다. 오안을 지혜롭게 잘 사용하면 너무너무 쉽게 신분상승을 할 수 있고, 삶의 질을 높일 수 있어 행복해집니다.

이이다. 비록 태어날 때에는 하품으로 태어났지만 자신의 노력과 주위의 도움을 받아 신분이 상승되면 중품, 상품으로 살아갈 수 있다.

여섯 번째 강의

원래부터 정해져 있는 인간관계 법칙

성인(聖人)들이 '공부를 했다. 혹은 깨달았다. 알아차리다.'고 할 때, 이것은 다 똑같은 말입니다. 사람들이 아무리 깨닫고, 공부하고, 마음을 알아 차렸다 해도 자신이 스스로 행동을 잘 해야 합니다. 못 깨달아도 행동을 잘 해야 되고 깨달아도 행동을 잘 해야 합니다. 그러니 상대의 마음을 알아도 상대의 마음을 몰라도 결국 행동을 잘 해야 됩니다. 인간관계는 그런 것입니다. 비록 오안의 지혜를 가지고 있으면서도 그것을 행동으로 실천하지 않는 것은 인간관계의 실패를 의미합니다.

따라서 우리가 공부한 결과는 행동으로 나타나야 합니다. 퇴계 이황 선생은 이것을 십선행, 십선도라고 말합니다. 십선도는 결국 실천하는 공부, 경험하는 공부, 원래 정해져 있는 법칙을 선행[1]으로 베푸는 공부이어야 합니다. 원래부터 정해져 있는 법칙을 지키며 실천하는 공부는 인간관계를 원만하게 하며, 행복지수를 향상시키며, 양성평등을 실현하는 것입니다.

사랑하고 존중하는 인간관계

자기가 건강하고 싶으면 사랑하고, 존중하여야 합니다. 이 세상을 살아가면서 가장 기본적으로 지켜야 할 법칙은 사랑과 존중입니다. 자기

1 십선행, 십선도라고 말한다.

자신을 사랑하고 상대방도 사랑하고 물건도 사랑하고, 일도 사랑하고 그리고 자기도 존중하고, 상대도 존중하고, 일도 존중하고, 물건도 존중하여야 합니다. 이것이 인간관계의 가장 기초입니다. 부부 간에도 부모자식 간에도 이웃 간에도 직장에서도 가장 기본적으로 지켜야 할 윤리이고 도덕이며 원래부터 정해져 있는 법칙입니다.

이처럼 모든 것을 사랑하고 존중하면 행복호르몬이 분비되어 건강하게 살아갈 수 있습니다. 이게 법칙이니, 건강하게 살고 싶으면 모두를 사랑하고 존중해야 합니다.

인간관계는 나누는 것

사람들은 누구나 부자가 되고 싶어 합니다. 부자가 되려면 건강해야 합니다. 건강하여야 부자가 되어도 의미가 있습니다. 부자가 되려면 많이 나누어 줘야 됩니다. 누구나 잘 알지만 실천이 잘 되지 않습니다. 우리는 많이 나누어 주는 방법을 알아야 합니다. 누가복음(6:38)에서도 "계속 주라고 합니다. 그러면 사람들도 당신에게 줄 것입니다. 그들은 누르고 흔들어 넘치도록 후하게 되어 여러분의 앞자락에 부어 줄 것입니다. 여러분이 헤아려 주는 대로 그들도 여러분에게 도로 헤아려 줄 것"입니다.

많이 나누어 줄 방법은 자기가 '가진 것'을 나누어 줘야 합니다. 예를 들면, 지금 돈을 만원 가지고 있습니다. 만원을 어디다가 쓰면 가장 빛이 날것인지를 먼저 생각해야 합니다. 그것을 알고 쓰면 가장 잘 나누어 줄 수 있습니다. 그 만원을 가지고 우리 주변에 결식하는 불우이웃에게는 하루치 식사가 될 것이고, 북한 어린이를 도우면 이틀 치 식량이 될 것이고, 아프리카 어린이를 도우면 삼일 치 식량이 될 것입니다. 치료받지 못하는 아이들에게 치료받게 하여 그들을 인재로 만드는 곳에 기부하는 것도 좋은 방법입니다. 분명한 것은 적은 돈이라 해도 어디에 쓰느냐에 따라서 효과는 달라집니다. 다시 말해 효과가 많이 나타날 수 있는 곳에 나누어 주면 보람도 커질 것입니다.

가진 것을 나누라고 하는 말은 꼭 돈을 나누라는 것이 아닙니다. 부자가 되려면 내가 가진 것을 많이 나누어 주어야 합니다. 그런데 자꾸 돈이나 재물로 주려고 하니까 가진 것이 없다고 말합니다. 재물만 나눠 줄 것이 아니라 마음을 많이 나누어 주고 가진 재능을 많이 나누어 주면 됩니다.

예를 들면, 직장에서 체육대회를 하는데 기도를 한다면, 이때 많이 나누어 주는 기도를 하면 효과가 커집니다. 모든 사람들이 다치지 않고 건강하게 100% 실력을 발휘하게 해줘서 덕분에 감사합니다. 이렇게 기도하는 것입니다. 그것은 모두에게 많이 나누어 준 것입니다. 나만 다치지 않게 기도 하면 그것은 많이 나누어 준 기도가 아닙니다.

찻잔을 비워두면 녹차로 담을 수 있고 커피도 담을 수 있고 물도 담을 수 있고, 뭐든지 다 담을 수 있습니다. 즉, 비워 둔 잔은 무엇이든지 다 받아들일 수가 있습니다. 그런데 커피가 가득 채워진 잔에 녹차를 부으면 더 이상 담을 수가 없습니다. 그래서 잔을 비우라고 하는 것입니다. 그래서 가진 것을 먼저 나누어 주어야 합니다. 마치 잔을 비워 두어야 다른 것을 받아들일 수 있는 것과 같은 원리입니다.

내가 먼저 잔을 비워두지 않으면 상대가 나에게 더 주려고 해도 나는 더 이상 받을 수가 없습니다. 잔이 가득 차 있으면 상대가 주고 싶어도 못 주는 것입니다. 그러니 내가 가진 것을 빨리 주어야 합니다. 내가 칭찬을 해야 상대가 나를 칭찬하듯, 내가 먼저 주어야만 내가 받을 수가 있습니다. 이게 엄청나게 중요한 것입니다. 문제는 내가 먼저 주지 않고 자꾸 먼저 받으려고만 욕심을 부립니다.

우리가 투자를 할 때에도 성장 가능한 곳에 투자합니다. 나누어 줄 때에도 성장가능성이 있고 동기부여가 되어 변화가 일어날 수 있는 사람에게 주어야 효과적입니다. 줄 때에는 준 바도 없고, 베풀 때는 베푼 바가 없는 사람이 되어야 합니다. 다만, 상대가 받아서 보다 더 성숙된 삶을 살아갈 가능성을 찾아서 동기부여를 해 주어야 합니다.

자녀에게 줄 때도 내재된 성장가능성을 찾아서 어떤 동기부여를 해야 합니다. 그래야 성장가능성이 점점 더 커집니다. 예를 들어 물고기를 잡아 줄 것이 아니라 물고기 잡는 방법을 가르쳐 주어야 합니다.

약속은 인간관계의 기초

가정이 화목하려면 제일 먼저 부부가 신의를 지켜야 합니다. 부부가 신의를 지킨다는 말은 약속을 서로 지킨다는 말입니다. 부부가 결혼을 약속할 때 서로 사랑하고 존중한다고 하객들 앞에서 약속했습니다. 그러면 부부는 서로 사랑하고 존중하는 것을 반드시 지켜야 합니다. 이것이 신의입니다. 혼인서약서에나 성혼선언문에도 돈을 많이 벌어 줄 것이라는 약속은 없었습니다. 그러니 부부는 서로 사랑하고 존중해야 되는 것입니다. 무엇보다도 부부는 서로 존중하는 것이 중요합니다. 만약 존중이 빠져버리면 사랑도 참사랑이 될 수가 없습니다.

존중이란 부부가 같이 살면서 자기 나름대로 성장하고 발달하라는 것이지, 내 마음에 들게 자꾸 '바꾸어라, 고쳐라.'고 강요하고 억압하는 것은 존중이 아닙니다. 부모 나름대로 자녀 나름대로, 부인 나름대로, 남편 나름대로 대부분의 사람들이 자꾸 '나한테 맞추어라'고 강요하고 억압합니다. 그래서 서로 존중하면서 사랑하는 것이 어렵습니다. 존중이 바탕이 되지 않으면 진실한 사랑이 아닙니다. 존중이 바탕이 되어야 화목해진다는 사실을 명심해야 합니다. 사랑이라는 명분 아래, 애정(愛情)이라는 이름 아래 억압과 강요의 기운으로 배우자를 마치 자신의 소유물이나 종속물로 가두어 놓은 것은 존중이 아니며, 서로 평등하지도 않습니다.

상대를 먼저 이롭게 하는 인간관계

신하가 군주와 다를 바 없는 권력을 누릴 때에는 나라가 위태로워지듯이, 부부가 서로 같은 힘으로 억누르거나 강요하면 불안하지 않는 집안이 없습니다. 마찬가지로 부모의 생각대로 자녀를 가두어 키우거나 과잉보호하면서 집착하면 집안에 늘 어두운 기운이 돌게 됩니다. 그래서 가정이 화목해지려면 독립적인 자아를 가진 동등한 인격체인 배우자를 존중해야 합니다. 또한 자녀도 진심으로 존중해주고 알아주고 안아주어야 할 대상자입니다. 그래서 하는 일이 잘 되려면 상대를 먼저 이롭게 해야 합니다. 왜냐하면 내가 먼저 상대를 도와주어야 상대가 나를 도와줍니다. 그러면 내가 하는 일이 잘 됩니다.

많은 사람들은 내가 하는 일이 잘 되기를 원하면서도 상대방을 먼저 이롭게 하는 일은 하지 않습니다. 내가 먼저 숨을 내쉬지 않으면 숨을 들이마실 수 없듯이, 내가 먼저 '상대가 잘돼라'고 도와주어야 상대도 나를 도와줍니다. 상대에게 좋은 것을 주면 준 만큼 더 좋은 것이 나에게 채워집니다. 이것은 하나의 법칙인데도 잘 지켜지지 않습니다. 인간관계는 상대를 먼저 이롭게 했기 때문에 내가 하는 일이 잘 되는 것입니다. 이것은 원래부터 정해져 있는 순리이며 법칙입니다. 우리는 이것을 그대로 실천하여야 합니다. 우리는 공부를 많이 했던 하지 않았던, 깨달았던 깨닫지 못했던 간에 반드시 행동으로 실천해야 합니다. 그게 살아 있는 공부입니다.

인간관계는 상대의 덕분이다

늘 우리는 습관적으로 상대방에게 감사하고 존중하는 마음을 가져야 합니다. 감사하고 존중하려고 하면 반드시 상대의 덕분인 줄 알아야 합니다. 덕분인 줄 모르면 감사하고 존중할 줄 모릅니다. 인간관계에서도 상대가 있기 때문에 서로 소통할 수가 있습니다. 상대의 존재 덕분에 인간관계가 이루어집니다. 부모의 존재, 부부의 존재, 자녀의 존재, 친구나 동료, 이웃이나 거래처, 사회가 존재하기 때문에 인간관계가 이루어집니다. 이런 상대의 존재 덕분에 감사하는 마음이 생깁니다. 감사하는 마음이 생기면 존중할 줄 알고, 존중하면 상대는 반드시 보답을 합니다. 그러니 인간관계는 도와 준 사람의 덕분임을 알아야 합니다. 그게 법칙입니다.

인간관계는 부부나 부모형제 나아가 이웃과 동료의 덕분인 줄 깨달았음으로 감사하게 됩니다. 감사하는 마음이 일어나면 보답도 하고 존중할 줄 압니다. 그러나 상대의 덕분인 것을 깨닫지 못하면 자기 기분대로 살아갑니다. 기분이 좋으면 하게 되고 기분이 상하면 그만 포기하게 됩니다.

어떤 일이든 마무리를 깔끔하게 잘 하려면 지혜롭게 판단해야 합니다. 지혜로운 판단은 무엇이든 될 수 있는 가능성의 상태를 포함합니다. 가능성의 상태를 알면 지혜롭게 판단할 수 있습니다. 왜냐하면 가능성이란 것은 맞다 틀렸다가 아니기 때문입니다. 그런데 우리는 자꾸 '그게 아니고, 이것이 맞다'고 주장하니까 마무리가 잘 되지 않습니다.

지혜롭게 판단한다는 것은 자기가 어떠한 생각도 일으키지 않은 상태에서 상대를 들여다보라는 것입니다. 마치 거울이 되어 상대방이 비치도록 해서 보라는 의미입니다. 그러면 '아! 이런 관점에서 이 이야기를 했구나!' 하고 이해할 수 있습니다. 상대를 정확하게 이해하게 되면, 인정하고 존중해서 마무리를 깔끔하게 할 수가 있습니다. 내가 거울이 되면 상대가 무슨 말을 하던 '당신 말이 맞소' 하고 지지해 주게 됩니다. 왜냐하면 상대의 입장에서 보면 다 맞는 말이기 때문입니다.

인간관계는 신뢰이다

인간관계는 서운함이 쌓여 실망이 되고 실망이 쌓여 믿음이 깨지는 법입니다. 신뢰는 잔에 담긴 물처럼 한번 쏟으면 주워 담을 수 없습니다.

검은 콩 한 말과 흰 콩 한 말을 섞는 데는 한 순간이지만, 그것을 다시 원래 상태로 되돌리려면 한 나절이 걸려도 부족합니다. 신뢰를 차곡차곡 쌓는 데는 여러 해가 걸려도 무너지는 것은 한 순간입니다. 따라서 우리가 장사를 하던 사업을 하던 상대의 도움을 계속 받고 싶다면 신뢰를 쌓아야 합니다. 신뢰는 약속을 잘 지킨다는 것입니다. 약속을 잘 지킨다고 해서 반드시 신뢰가 되지는 않습니다.

그러므로 신뢰는 예측이 가능해야 합니다. 어떤 일이든 예측가능하기 위해서는 원칙에 의해서 일을 시작하고, 처리한다는 것을 보여줘야 합니다. 그러면 다음에는 어떻게 진행되겠다는 예측이 가능하고 신뢰가 생깁니다. 그래서 계속 도움을 받고 싶다면 신뢰를 지켜야 합니다. 신뢰의 근본은 원래 있는 법칙을 원칙으로 삼아 약속을 지키는 것을 기본으로 합니다. 그래야 예측가능해집니다.

표현과 인간관계

인간관계를 좋게 맺어야 하는데, 좋은 관계를 지속하려면 솔직하게 표현하는 것이 중요합니다. 인간관계에서 실수를 하더라도 우리는 솔직하게 사과드릴 수 있어야 합니다. 우리가 평생을 사는 동안 항상 자기 잘못이라는 것을 먼저 솔직하게 말할 수 있어야 합니다. 어떤 일이든 한 번도 자기 잘못이 아닐 때가 없습니다. 인간관계를 형성할 때 자기는 잘못이 없다고 말하는 사람들과는 그냥 아는 체만 하고 더 이상 친밀하지 않는 것이 좋습니다. 왜냐하면 그런 사람은 전혀 도움이 되지 않기 때문입니다.

대인관계를 잘하기 위해서는 먼저 무엇이 자기 잘못인가를 생각해야 합니다. 첫째는 숨 쉬고 살아 있지 않으면 자신에게 어떤 일도 일어나지 않습니다. 그래서 내가 살아 있어서 잘못입니다. 둘째, 살아 있더라도 상대를 만나지 않았으면 아무 문제도 생기지 않습니다. 그러니 상대를 만난 것이 또한 자신의 잘못입니다. 셋째, 상대를 만났더라도 무엇이든지 내가 먼저 '옳소' 하고 긍정을 해주지 못한 것이 잘못입니다. 그러니까 오직 자신의 잘못입니다.

그러니 상대방의 잘못보다는 자신의 잘못이 크다는 것을 알고 먼저 사과드려야 소통이 됩니다. 왜냐하면 진심이 담겨 있기 때문입니다. 그래서 먼저 고맙다고 말하고, 먼저 미안하다고 말한다면 소통되지 않을 것이 없습니다. 그러면 더 이상 인간관계는 나빠지지 않습니다.

인간관계를 형성하다 보면 진심이 담긴 사과는 하지 않고 꼭 꼬리표를 달고 나옵니다. '네가 그렇게 했기 때문에 내가 그랬다'면서 미안하다고 사과를 합니다. 또는 '네가 그때 그렇게 하지 않았으면 내가 그렇게 하지 않았을 것인데', '너만 안 그랬으면 나도 화가 안 났을 텐데.' 하고 꼬리를 물고 있는 사과는 진정한 사과는 아닙니다. 그것은 벌레 먹은 사과일 뿐입니다. 우리가 선물을 해도 온전하고 좋은 사과를 줘야 받는 사람의 기분이 좋아지듯, 벌레 먹은 사과를 주면 상대는 선물을 받고도 마음이 개운치 않습니다.

다름을 이해하고 인정하기

서로 화합해서 잘 지내려면 서로가 다름을 이해하고 인정해야 합니다. 부부는 각자가 독립된 인격체를 가진 사람으로서 서로 다름을 이해하고 인정하고 존중할 수 있어야 화합할 수 있습니다. 남녀는 서로 다른 특성을 가지고 있습니다. 남자와 여자는 생긴 것부터 시작해서 95% 이상 다릅니다. 남자와 여자가 이렇게 다르면 생각이 다르고, 의견이 다를 수 밖에 없습니다. 그러니 부부가 서로 다름은 당연합니다. 부모자식도 다 다릅니다. 부모의 나이도 다르고, 이름도 다르고, 가정환경도 다르고 체질과 체형도 다릅니다. 태아 때도 다르고, 태교도 다르고, 형제자매도 다릅니다. 그러니 우리는 서로 다른 것은 당연한 것입니다. 누구나 생각이 같으면 '이상하네. 달라야 하는데 왜 같지?' 하는 생각이 되어야 합니다. 그런데 생각이 다르다고, 성격이 안 맞아 못 살겠다고 말합니다. 부부는 서로 다르니까 사는 것이지 같으면 같이 살 이유가 없습니다.

다시 말해 생긴 것이 다르니까 생각도 다릅니다. 그런 생각부터 하면 화합하는데 아무 지장이 없습니다. 같은 사람끼리 결혼한 것도 아닌데도 서로 달라서 못살겠다고 말하는 사람이 너무 많습니다. 생긴 것도 다르고, 보는 것도 다르고 심지어 달린 것도 다르고 남녀는 분명히 다릅니다. 그러니까 생각도 다릅니다. 다르다는 것을 이해하고 인정하고 존중하여야 합니다. 그러면 화합하는데 아무 지장이 없습니다. 모든 인간관계에서도 나와 상대는 다 다르다는 사실을 인정해야 합니다. 이 지구상에 모든 생명은 각자의 세상에서 다 다르게 살아갑니다.

이 지구상의 73억 인간의 숫자만큼 각자의 세계가 따로 있습니다.

인간의 숫자만큼 각자의 우주가 존재합니다. 서로 좀 비슷할 수는 있어도 같을 수는 없습니다. 그러니까 서로 다르다는 것을 인정하여야 합니다. 상대를 인정하게 되면 칭찬하게 됩니다. 인간은 칭찬을 하면 할수록 더 잘 하는데, 꼭 지적을 하는 사람이 있습니다. 상대를 자꾸 지적하면 대인관계는 원만하지 못합니다. 인간관계를 잘하기 위해서는 상대의 덕분임을 솔직하게 표현하고 감사하며 칭찬해야 합니다.

일곱 번째 강의

인간관계로 보는 사람의 종류

성품과 역량

인간관계에서 첫인상은 매우 중요합니다. 우리는 첫인상에 의해 상대를 좋은 사람과 나쁜 사람으로 대충 평가하기도 합니다. 인간관계를 잘하기 위해서는 상대의 표정이나 말씨 그리고 성품을 잘 구분할 수 있어야 합니다. 이제마 선생님께서는 몸의 체질에 따라서 소양인과 소음인, 태양인과 태음인으로 구분했습니다. 문제는 쌍둥이조차 체질이 다르다는 사실입니다. 사실은 한 사람, 한 사람 모두 다 체질이 다릅니다. 성품 또한 모든 사람이 다 다릅니다.

해수욕장에 있는 모래 알 하나하나를 살펴봐도 똑같은 것은 하나도 없습니다. 심지어 같은 줄기에서 나온 꽃이나 나뭇잎조차도 같은 것이 하나도 없습니다. 하늘에서 펑펑 쏟아지는 눈이나 비도 같은 입자가 하나도 없습니다. 모든 생명체의 체질은 다 다르지만, 서로 비슷한 성향을 가지고 있습니다. 그래서 이 사람은 대충 이렇고, 저 사람은 대충 저렇다 하고 파악할 수 있습니다. 그래서 전체적인 큰 맥락으로 상대를 알아 볼 수 있어야 합니다. 그러면 그 상대를 이해하는 데 도움이 되고 인정하고 또 존중해서 조화를 이룰 수 있습니다.

우리들은 다양한 방법으로 상대를 살펴볼 수가 있습니다. 흔히 우리는 '그 사람은 성품이 참 좋다'거나 또는 '그 사람은 역량이 매우 뛰어나다'고 말합니다. 또 어떤 사람들은 '그 사람의 성질은 고약하지만 일 하나는 똑부러진다'고 말합니다.

그래서 성품과 역량으로만 보면 첫째, 성품도 좋고 역량도 좋은 사람, 둘째, 성품은 좋은데 역량이 좋지 못한 사람, 셋째, 성품은 좋지 못한데 역량이 좋은 사람, 넷째, 성품도 좋지 못하고 역량도 좋지 못한 사람도 있습니다. 이렇게 네 종류의 사람으로 크게 나눌 수가 있습니다.

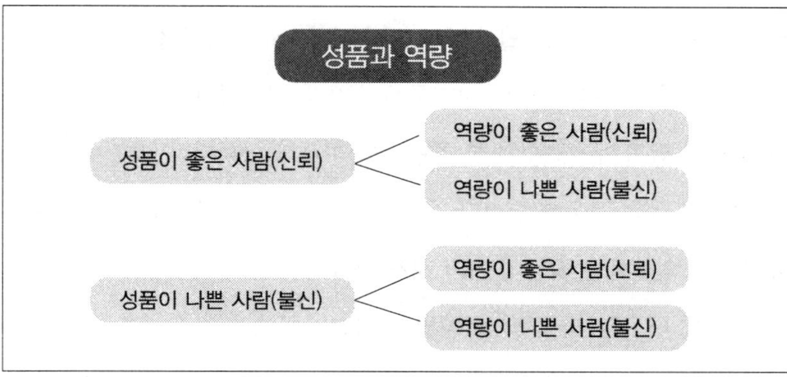

이런 기준으로 자신의 주변 사람이나 직장동료들을 한번 주의 깊게 관찰해 보면 어떤 유형의 사람인지 대략적으로 알아 볼 수 있을 것입니다. '저 사람은 성격이 참 좋은 사람'입니다. 또는 '저 사람을 만나면 반갑고 기쁘고, 늘 편안하다'고 말합니다. 그리고 어떤 일을 시켜보면 두뇌 회전이 느려 이해력이 부족한 사람들도 있고, 또 어떤 사람들은 다음에 일어날 일까지 알아서 척척 준비하는 사람도 있습니다. 이렇게 한 수 앞을 내다보는 사람들을 역량이 뛰어난 사람이라고 합니다. 지난 인간관계론 중간고사에서 이런 질문을 해 보았습니다.

김 선생님은 매우 정직하고 도덕적이며 성품이 참 좋은 의사인데, 수술 실력은 보통입니다. 반면에 이 선생님은 정직하지도 않고 비도덕적이며 성품도 좋지 않은 의사인데, 수술 실력은 매우 뛰어납니다. 여러분이 이 병원의 환자라면 어떤 의사한테 치료를 받고 싶습니까? 하고 질문을 했습니다. 또 다른 대상에게는 직장 상사가 괴팍한 성격에 인격적으로는 늘 상대를 무시하거나 비난을 일삼지만 기술 하나는 세계에서 인정하는 탁월한 사람이고, 다른 직장 상사는 기술 수준은 보통이나 매우 인간적이며 친절하고 양심적인 사람입니다. 여러분이 이 회사의 신입사원이라면 어떤 상사에게 기술을 배우고 싶습니까? 하고 질문을 했습니다.

지금까지 우리는 이런 시험문제에 항상 취약하다는 사실입니다. 왜냐하면 꼭 답을 두 개 중에 한 개만 선택하려고 합니다. 인생길에 정답이 꼭 하나만 있는 것은 아닙니다. 원리와 원칙, 이치는 정답이 하나일 수는 있겠지만, 인생에는 정답이 여러 개가 있을 수 있습니다.

이럴 때 환자가 선택할 방법은 예방차원에서 건강검진을 할 때는 정직한 의사를 선택하고, 만약에 위급하게 수술을 받아야 할 상황이면 수술 잘하는 의사를 선택하는 것입니다. 또 지금 내가 긴급히 기술을 배워야 할 때에는 상대가 나에게 온갖 모멸감을 주더라도 그것을 감수하고 배워야 합니다. 하지만 양심적이고, 평범하고 무탈하게 살려고 하면 도덕적인 사람에게 배우면 될 것입니다. 여기서 우리는 사람마다 각각의 장단점을 가지고 있다는 사실입니다. 그러니까 사람은 어떤 부분에 한 가지 장점이 있으니, 그 장점을 보고 그 사람과 조화를 이루도록 하면 됩니다.

한송이 꽃을 아름답게 피우기 위해서는 적절한 양분이 있어야 합니다. 햇빛, 공기 물, 온도, 바람 등 이 모든 것을 골고루 잘 갖추어야 하듯이, 어떤 분야에서 최고가 되기 위해서는 건강과 성품과 역량과 환경이 함께 조화를 잘 이루어야 하며 나아가 끌고 밀어주고 하는 시스템이 잘 갖추어져 있어야 합니다. 성품이 좋은 사람은 먼저 성실성과 성숙성, 풍요로운 심리를 갖추어야 합니다. 그리고 역량이 뛰어난 사람은 기능이나 기술력이 뛰어나야 되고, 개념능력이 뛰어나야 되고 마음의 자세나 태도가 상호의존적 창의력이 있어야 됩니다.

건강한 자녀 훌륭한 자녀로 키우기 위해서는 부모가 먼저 성실하고, 성숙하고, 풍요의 심리를 갖추어야 합니다. 그러면 자녀가 부모를 똑같이 본받아서 이런 성품이 되도록 노력합니다. 윗물이 맑아야 아랫물이 맑다고 합니다. 결론적으로 부모님이 자녀들보다 먼저 노력해야 합니다. 그래야 자녀가 보고 듣고 따라 배웁니다.

자녀들이 보고 배우는 데는 어떤 기준이 있어야 합니다. 먼저 성품이 좋은 자녀로 키우려고 하면 부모가 무엇을 해야 되는지를 알아야 됩니다. 부모 자신이 어린 시절에 그들의 부모로부터 교육받아 왔었던 대로 자기도 모르게 사용합니다. 그러므로 부모는 항상 약속을 잘 지키고, 정해져 있는 자연의 법칙을 하나의 원칙으로 삼아 성실하고 성숙한 사람이 되어야 합니다.

그리고 성숙하려면 배려도 잘해야 되지만, 확인도 잘 하고, 거절도 잘해야 합니다. 배려와 확인, 거절을 잘하는 용기가 서로 균형을 잘 이루어야 성숙한 사람이 됩니다. 성숙은 경험이나 습관이 쌓여 익숙해지는 것입니다. 마치 풋과일이 점차 익어가는 것입니다.

우리의 부모세대는 유교적인 영향과 대가족적이고 온정적인 사회에서 서로 배려하고 살았습니다. 그런데 지금의 2030세대에 비하여 부모세대는 충효문화가 강하였고 인간적인 정이 있었던 시대였습니다. 그리고 대인관계는 대면함으로써 이루어지는 것이었습니다. 그러니 부모나 어른들을 그냥 믿고 따를 수가 있었습니다. 그러나 문제는 우리의 부모세대는 배려는 잘 하는데, 확인하거나 거절하는 것을 잘하지 못합니다. 특히 확인이나 정중히 거절하는 방법을 제대로 배우지 못했습니다. 확인하고 거절하지 못하는 것은 용기가 부족하기 때문입니다. 또한 자기 내면 속에 열등감이 많은 사람들과 자존감이 낮은 사람들도 확인하고 거절하지 못합니다. 확인하고 거절하지 못하는 사람은 스트레스를 많이 받습니다. 결국 나이는 먹었지만 성숙한 사람은 되지 못한 것입니다.

또 이 세상은 단 한 사람의 승자만 있는 경쟁이 아닙니다. 곳곳에 수많은 기회가 있고, 자원과 부가 넘치는 공간입니다. 내가 신뢰받을 수 있는 경쟁력을 갖추고 있으면 나한테도 수많은 기회가 오고, 자원도 오고, 부도 따라옵니다. 이런 마음의 여유를 풍요의 심리라고 합니다. 풍요의 심리는 밝은 마음, 긍정의 마음을 갖추었을 때 이루어지는 것입니다.

역량은 기능적으로나 기술적인 역량 그리고 개념 능력을 갖추어야 합니다. 역량은 자신의 경쟁력입니다. 경쟁력은 실력입니다. 실력은 나이나 직위로 하는 것이 아니라 경험으로 하는 것입니다. 진짜 실력은 작고 세세한 것으로부터 자신이 스스로 경험하고 터득하고 체득한 것에서 나옵니다. 세세한 것은 큰 것에서부터 나오는 것이 아니라 작은 것에서부터 나옵니다. 세세한 것으로부터 하나씩 체득하면 경쟁력이 생깁니다. 경쟁력을 가지면 앞으로 일어날 징조와 조짐을 읽어나갈 수 있습니다.

이렇게 경쟁력 즉, 역량이란 첫째, 성공적 수행과 성과에 기여하는 인적 필요능력이며 둘째, 행동으로부터 지식, 기능, 태도, 가치관, 자아의식 등 개인의 행동적, 심리적 요인을 의미합니다. 역량의 특징은 성공한 사람들로부터 안정적이고 지속적이고 일관되게 나타납니다. 그리고 개념

능력은 지성과 판단과 이성을 가지고 알기 쉽고, 따라 하기 쉽고, 재미있어야 합니다. 그래서 역량이 뛰어난 사람은 상대방을 잘 이해시키고, 설득도 잘 시킬 수 있습니다. 따라서 역량이 뛰어난 사람은 자신의 경쟁력과 개념 능력을 갖추어야 합니다.

상호의존적 창의력은 내가 속한 팀이나 부서를 통해서 창의력을 잘 발휘하여야 합니다. 개인적으로는 아주 탁월하게 뛰어난 능력을 갖추었는데, 내가 속한 팀이나 부서 속에서는 자신의 능력을 전혀 발휘하지 못하는 사람들이 의외로 많습니다. 그래서 팀과 함께 조화를 이루는 능력을 상호의존적 창의력이라고 합니다. 조직에서 상호 협력이 잘 이루어지면, 그 조직은 매우 효율적일 뿐만 아니라 아주 조화롭게 보이며, 결과적으로 창의력도 향상됩니다. 그래서 오늘날 융합이니 복합이니 통섭이니 하는 말을 많이 하고 있습니다. 면접시험에서 집단 토론이나 합숙을 하거나 여러 가지의 짧은 인터뷰를 통한 다중미니면접(Multiple Mini Interview, MMI)을 통하여 인성면접을 시키거나 팀별 경쟁력 향상을 위한 대안을 찾게 합니다.

이런 면접에서의 인성검사는 주로 윤리, 정직성, 도덕성 검증과 공감능력과 의사소통능력 검증, 자아성찰과 자기이해 검증을 하고 있습니다. 따라서 자녀를 훌륭하게 키우기 위해서는 부모가 먼저 성품도 훌륭하고 역량도 뛰어나야 합니다. 그리고 성품과 역량이 제대로 균형 잡힌 부모가 인간관계의 길을 잘 안내해서 가르쳐야 훌륭한 사람이 됩니다.

그리고 역량이 뛰어난 사람들은 대체로 일이 우선이거나 일이 중심이 됩니다. 반면에 성품이 더 우선인 사람은 사람이 우선이고 사람이 중심이 됩니다.

일을 중심으로 하는 사람들 중에 역량이 뛰어난 사람들은 어떤 일을 하는 데 있어서 아주 세밀하게 계획도 짜고 분석적으로 사고하는 사람들이 있습니다. 이런 사람을 분석형이라 합니다. 또 어떤 사람은 과업이 정해졌다 하면 일사천리로 밀어붙이는 주도형도 있습니다. 이런 사람들은 다른 사람들보다는 더 많은 역량을 발휘하지만, 일이 우선이고 일이 중심이기 때문에 자신이 많이 상하거나 상처받습니다. 그렇게 되면 인간관계에서 다른 사람의 감정을 상하게 하거나 다치게 하는 일이 많이 생깁니다. 왜냐하면 사람이 중심이 아니라 일이 중심이기 때문에 그렇습니다.

반면에 어떤 사람들은 일보다는 사람이 더 중요하다고 생각합니다. 이런 사람들은 안정형이라 합니다. 안정형의 사람은 예측가능하고 일관성 있게 일을 수행합니다. 매사에 참을성을 보이며 다른 사람을 돕고 지원합니다. 윗사람에게는 충성심을 보이며, 남의 말을 잘 듣습니다. 흥분한 사람을 진정시키며 안정되고, 조화로운 업무환경을 만듭니다. 이들은 다른 사람의 마음을 상하지 않게 하려고 노력합니다. 그렇다보니 뭐든지 자신이 감수하고, 자신이 좀 참으면 편안하다고 생각합니다.

한편 자유분방한 사교형의 사람들도 있습니다. 이 사람들의 특징은 좋은 게 좋은 것이라고 항상 생각합니다. 사교형의 사람들은 많은 사람들과 접촉하기를 좋아하며, 호의적인 인상을 줍니다. 말솜씨가 좋으며, 열정적이어서 다른 사람들을 즐겁게 합니다. 이들은 사람들과 상황에 대해 낙관적이며, 그룹활동을 좋아합니다. 이런 사람들은 항상 즐겁고 기쁘고 신나게 사람을 우선으로 생각하면서 살아갑니다.

이렇게 큰 맥만 짚으면 이 사람이 일 중심인가 또는 사람중심인가를 알아볼 수 있습니다. 인간관계에서 누구나 조금만 관심을 가지면 상대방을 이해할 수 있습니다. 상대를 이해하기 시작하면 상대를 인정하고 상대를 배려하고 존중할 수 있습니다. 또 상대방이 어떤 역할에 적합한지를 파악하여 적재적소에 인재배치를 할 수 있습니다. 이렇게 큰 맥만 알아도 인간관계를 하는 데 크게 도움이 됩니다.

그래서 사람을 만나는 것을 좋아하는 사교형이라면 사람과 많이 만나는 영업 분야에 배치하면 직무를 잘 수행할 것입니다. 그리고 항상 다른 사람들의 뒤에서 감수해야 되는 안정형인 사람은 비서 역할을 맡겨두면 책임을 충실히 이행할 것입니다. 반면에 주도형은 주로 CEO나, 사장이나 회장과 같은 중요한 역할을 주도적으로 할 것입니다. 또 분석형의 사람들은 참모 중에서도 회계나 총무나 기획부서에서 역할을 충분히 발휘할 것입니다.

예측능력과 인간관계

우리가 역사공부를 하는 이유는 예측능력을 기르기 위해서 하는 것입니다. 과거를 통해서 현재를 보고, 현재를 통해서 미래를 보는 것입니다. 마찬가지로 사람을 볼 때, 그 사람이 앞으로 어떻게 살아갈 것인가? 그걸 예측하는 능력이 필요합니다.

사회적 문화적으로 볼 때, 동양에서는 늘 전체를 우선으로 하는 통합된 사고가 작용하도록 이미 우리의 성격 안의 DNA에 훈련이 되어 있습니다. 서양은 개인을 우선으로 사고하도록 DNA에 훈련되어 있습니다. 중요한 것은 오늘날의 인간관계에서는 전체가 이로운 것에 우선적인 사고를 해야 될 때입니다.

인간관계에서 전체가 아닌 내 위주, 나한테 이로운 것, 내 이익을 위해서, 혹은 내 집단의 이익을 위해서 욕심을 부리는 것은 우리가 반드시 개혁해야 할 부분입니다. 전체가 이롭고 전체가 이익이 될 수 있는 것을 우선으로 해야 합니다. 왜냐하면 비행기를 타고 하늘에서 육지를 보면, 모두가 한 덩어리입니다. 한 덩어리인 육지 전체가 우선 살아야 그 속에 포함된 우리도 건강하게 잘 살 수 있습니다. 지금 우리는 이런 하나의 인연 덩어리 속에서 살아가고 있습니다.

자신의 내면에서 내 위주로 살고 있지는 않는지, 내 방식 위주로 살고 있는 것은 아닌지, 내 집단의 이익을 우선으로 살고 있는 것은 아닌지 한번 돌아봐야 될 때입니다. 그리고 내가 무엇을 더 소중히 해야 하는지 예측가능해야 합니다. 신뢰받는 인간관계는 예측가능해야 합니다.

출발과 가는 길이 다른 사람들

밝음과 어두움의 관계

대인관계를 하다보면 사람은 크게 네 가지 유형을 볼 수 있습니다. 첫째, 이 세상에 태어난 환경이 어두움인데, 계속해서 어두움을 향해서 가고 있는 사람이 있습니다. 둘째, 이 세상에 태어난 환경은 비록 어둠으로 시작했지만 그동안 본인의 노력과 주위의 도움으로, 즉 멘토나 인연을 잘 만나서 다시 밝음을 향해서 가는 사람들이 있습니다. 셋째, 이 세상에 태어난 환경은 밝음에서 시작했는데, 세상을 살아가면서 본인이 노력도 하지 않고 주위의 잘못된 친구나 좋지 않은 인연을 만나 어두움으로 가는 사람도 있습니다. 즉 건강한 환경에서 태어났는데 결과는 어두움으로 가는 사람입니다. 넷째, 건강한 환경에서 태어나서 계속해서 건강한 환경을 향해 가는 사람이 있습니다. 이렇게 4가지 종류의 사람들이 서로 인간관계를 하고 있습니다. 우리가 조금만 관심을 가지고 살펴보면 주위 사람들의 성향을 쉽게 파악할 수가 있습니다. 상대방을 쉽게 파악할 수 있어야 인재를 활용하기도 쉽고 거기에 따른 적절한 처방을 제대로 할 수 있습니다.

여기서 이 세상에 태어난 환경에 대한 어두움의 의미는 만약에 아이가 태어나자마자 부모를 잃었거나 너무 가난한 집이거나, 큰 사고를 당했거나 정상적인 가정에 비하여 어린아이의 성장환경이 좋지 못한 것을 말합니다. 그리고 어두움으로 가는 환경은 지금 현재를 기준으로 지나간 과거를 돌이켜 보는 것입니다. 즉 1년 또는 10년 전, 20년 전부터 지금까지 늘 불평불만하거나, 부정적으로 생각하거나 비난하면서 살아왔다면, 그 사람은 계속 어두움을 향해 가는 사람입니다.

중요한 것은 지금부터 이 어두움에서 밝음으로 갈 것인지, 계속 어두움으로 갈 것인지는 자신의 선택입니다. 지금 자신이 매사에 불평불만하고, 부정적으로 생각하는 것 때문에 어두움에 봉착해 있지만, 자신이 주위의 인연을 잘 만나 도움을 받으면 삶의 질이 완전히 바뀌게 됩니다. 주위의 좋은 인연을 만나면 세상을 보는 눈을 크게 뜰 수가 있습니다.

세상에 눈을 뜨면 불평불만을 할 수가 없습니다. 불평불만을 하려면, 최소한 주위의 어떤 도움도 받지 않아야 합니다. 그런데 우리는 당장 자신의 주위에 있는 공기한테 도움을 받아야 살고, 물의 도움, 햇빛의 도움, 땅의 도움, 바람의 도움, 나무의 도움, 부모의 도움, 친구의 도움, 이웃 경비아저씨의 도움, 경찰아저씨의 도움을 직접적으로 간접적으로 받고 살아갑니다. 그러면서 불평불만을 하며 인간관계를 하고 있습니다.

인간관계의 법칙

인간의 탈을 쓴 사람들이 주위의 도움을 이렇게 많이 받으면서도 자꾸 불평불만을 합니다. 그러면 인간관계는 점점 어려워집니다. 인간의 탈을 쓴 사람이 모든 것을 자기 힘으로 다 할 때는 큰 소리를 치든, 잘났다 해도 설득력이 있습니다. 그런데 당장 공기로부터 시작해서 거의 모든 것을 주위에서 도움을 받으면서 마치 자기가 다 했던 것처럼 말하는 것은 인간관계의 법칙에 어긋납니다. 그리고 자연을 무시하고 상대방을 무시하는 난동입니다.

우리는 적어도 이 세상으로부터 도움을 받고 있다는 사실을 잊어서는 안 됩니다. 지금 당장 내 몸 속에 공기가 들어오지 않으면 사망합니다. 물 한 방울을 마시지 못하고 밥 한 그릇을 먹지 못하고 전기나 가스가 들어오지 않으면 살아남을 수가 없거나 살아가기가 매우 힘듭니다.

이렇게 많은 도움을 받고 살아간다는 사실을 어릴 때부터 가르쳐야 합니다. 밥을 먹든, 우유를 먹든, 젖을 먹든 먹을 때마다 도와준 사람들 덕분에 이렇게 먹을 수 있다는 사실을 가르쳐야 합니다. 그러면 감사하는 마음이 저절로 심겨집니다. 그래서 세상에서 제일 좋은 학교는 가정이고, 세상에서 가장 최초의 선생님은 엄마이며, 세상에서 가장 훌륭한 선생님은 엄마라고 합니다. 이것보다 더 큰 가르침이 없습니다. 이것보다 더 큰 유산도 없습니다.

이렇게 중요한 것을 자녀에게 가르쳐 주지 않는 부모는 부모로서의 역할과 임무에 대한 직무유기입니다. 다시 말해 부모로서 해야 될 도리를 다 하지 못한 것입니다. 자기의 자녀를 최소한의 사람 모습으로 만들지 못한 것입니다. 하물며 짐승도 은혜를 아는데, 인간이 도움을 받고도 은혜를 모른다는 것은 도리가 아닙니다. 부모는 최소한의 인간의 도리에 대해 자녀에게 잘 가르쳐야 합니다.

만약에 자신이 오늘도 불평불만하고 부정적인 생각을 한다면 밝은 쪽으로 생각을 바꿔야 합니다. 그렇지 않으면 내 자녀가 그대로 본을 받습니다. 그리고 자녀가 늘 불평불만하고 부정적인 생각을 한다면 부모가 얼른 반성해야 됩니다. 내가 자녀를 정말 잘못 키웠구나가 아니라 내가 부정적으로 살았기 때문에 자녀가 본 받았구나 하고 반성해야 합니다. 왜냐하면 자신도 모르게 배우자에게 늘 하는 불평불만이나 혹은 부모에 대한 불평불만, 내 자녀나 내 이웃에 대해 불평불만 하는 것을 갓난아기 때부터 보고 듣고 배워서 습관이 된 것입니다.

따라서 부모가 해야 할 역할 중에서 가장 중요한 것은 자녀에게 밝음을 주어야 합니다. 어두움을 드리우면 자녀의 장래는 어둡습니다. 먼저 밝음을 향해서 나아가야 하고, 지금이 어두운 상황이라면 밝음을 향해서 갈 수 있도록 도와줘야 합니다.

만약에 지금도 어두운 상황에서 공부만 하라고 학원을 보내고, 학교를 보내고, 등록금을 대어주면서, 이 자녀가 장차 부모에게 효도하고, 나라에 큰 일꾼이 될 거라고 믿고 있다면 착각입니다. 지금 어두움으로 향해 가고 있는데, 이 자녀가 밝아질 거라고 기대하는 것은 어리석은 짓입니다. 이런 경우에는 공부가 중요한 것이 아니라 생각이 밝아질 수 있게 돕는 것이 더 중요합니다.

인간관계에서 늘 불평불만을 계속하는 사람, 입만 뻥긋하면 거짓말을 하는 사람, 어떤 것이든 부정적인 시각으로 보는 사람, 일단 거절이나 거부부터 하는 사람, 상대를 비난하고 헐뜯는 사람들은 지금 어두움 속에 살고 있는 것입니다. 또 지금까지 계속하고 있다면 어둠을 향해서 가고 있는 사람입니다.

실제로 우울증이라든지 자살이라든지 묻지마 식의 폭행 같은 것은 지금까지 어둡게 살았기 때문에 생기는 현상입니다. 이런 불행한 일들은 어두움에서부터 시작된 것입니다. 이 불평불만, 부정적인 생각과 같은 어두움은 주위의 도움에 감사할 줄 몰라서 생긴 것입니다.

이렇게 부정적이고 어두운 생각을 하는 사람들은 신체적으로 나타나는 반응을 보면 배곧은근육이 단단하게 굳어 있으며, 호흡은 짧고 날숨이 길어집니다. 즉 의식이 한 쪽으로 치우쳐 있기 때문에 생기는 반응입니다. 어두운 생각을 많이 하는 사람들은 배곧은근육이 굳어지면서 갈비뼈가 안으로 축소되어, 폐가 심장을 압박합니다. 그래서 우울증이 걸리고 심장 관련 질병이 생깁니다.

이런 현상은 주위에서 도와준 덕분에 숨도 쉬고, 밥도 먹고 이렇게 살아갈 수 있다는 것을 부모도 선생님도 가르쳐 주지 않아서 생긴 일입니다. 인간관계는 인연들이 모여 이루어집니다. 내 마음대로 내 혼자서 절대로 이루어지지 않습니다. 그런데 내 맘대로 되지 않는다고 불평불만하고 부정적으로 생각하는 것은 가정교육이 잘못 되었기 때문입니다.

이 세상에 태어날 때부터 이 세상은 네 마음대로 되는 세상이 아니라 네 노력에 주위의 도움을 받아야 한다는 것을 그리고 이 세상에 너를 위해 태어난 사람은 아무도 없다는 사실을, 너를 위해 대신 밥을 먹어주는 사람도 없고, 너를 위해 대신 죽어주는 사람도 없다는 사실을 가르쳐

줘야 합니다. 그러니 '네 맘대로 안 된다고 떼쓰지 마라.' 인간관계는 그렇지 않다는 것을 가르쳐 줘야 합니다.

밝음에서 어두움의 길을 찾는 사람들

비록 이 세상의 첫 출발은 어두움에서 시작했더라도 밝음으로 가는 자녀들이 많습니다. 반대로 출생은 밝음에서 시작했지만, 계속 어두움을 향해 살아가는 사람도 많습니다. 만약 자녀들이 매사에 불평불만하고 부정적인 생각을 계속하고 있다면, 1분 동안만 숨을 못 쉬게 하면 깨달을 수가 있습니다. 단지 1분만 숨을 못 쉬게 하면 죽을 것 같다고 헉헉거립니다.

그럴 때 '공기의 도움 없이는 숨도 못 쉬고, 반대로 네가 숨을 쉬고 싶다고 쉴 수 있는 것도 아니란다.' 그러니 매사에 공기한테 고마워해야 하고 감사해야 할 것이라고 깨우쳐 줘야 합니다. 자녀가 지금도 어두운 곳에 가 있다면 그 자녀가 계속 어두운 곳으로 갈 수밖에 없습니다. 따라서 콩 심은 데 콩이 나고 호박 심은 데 호박이 난다는 법칙을 일깨워 줘야 합니다.

비록 어제까지 어두웠더라도 지금 여기에서 밝음을 향해 나가고 있는지를 봐야 합니다. 먼저 부모가 지금 나는 밝음에 있는가를 먼저 보아야 합니다. 입만 뻥긋하면 상대에게 불평불만하고, 자기 부모를 욕하고 있고, 세상을 탓하고 있다면 그 자녀가 무엇을 보고 배울까를 생각해야 합니다. 그러면서 내가 자녀를 잘 키우고 있다고, 뒷바라지를 잘 하고 있다는 말을 할 수가 없습니다.

내가 이 세상에 태어나서 보니까 우리 집은 경제적으로 크게 어렵지도 않고, 부모님도 건강하시고, 늘 사랑스럽게 키워주신다면 밝음에서 출발한 것입니다. 그런데 밝음으로 세상에 출발했는데도 하는 일마다 사사건건 불평불만하고, 내가 원하는 대로 상대가 해 주지 않는다고 상대를 탓하고 있다면, 그것은 어두움을 향해서 가고 있는 것입니다. 세상에 태어날 때에는 밝음으로 잘 태어났는데, 자꾸 어두움 속으로 들어가면 이 자녀의 미래는 어떻게 될 것인지 충분히 예측가능해집니다.

밝음과 밝음의 관계

이 세상에 처음 나올 때 밝음으로 시작하였고, 다행이 부모를 잘 만나 교육을 잘 받아서 부모가 도와준 덕분에 사는 줄 아는 사람은 늘 감사하면서 어떤 상황이 되더라도 긍정적으로 생각합니다. 어떤 상황이 전개되더라도 내가 받아들이고, 설사 내 뜻대로 되지 않아도 원래 그런 것이라면서 수용해 가는 모습은 지금도 계속해서 밝음을 향해 자신의 삶을 살아가고 있다는 것입니다.

공부를 많이 하지 않아도, 또 깨달지 못해도 조금만 관심 있게 자신을 살펴보면, 자신의 출발이 어두움에서 시작했는지 알 수 있고, 지금도 어두움으로 가고 있는지, 밝음으로 가고 있는 지도 알 수가 있습니다. 자신의 삶이 밝음에서 지금도 계속 밝음으로 향해 가는지, 아니면 나락으로 떨어지는 어두움을 향해 가는지 너무 쉽게 알 수 있습니다. 자신이 선택한 길이라 금방 알아차릴 수 있습니다. 지금 자신의 선택을 어느 누구한테도 핑계를 대거나 변명을 하거나 이유를 달거나, 상대 탓을 하거나 자기합리화를 시키면 안 됩니다. 왜냐하면 지금까지의 모든 선택은 자기가 했기 때문입니다.

따라서 어떤 상황이 되더라도 부모가 먼저 세상을 긍정적으로 보고, 감사하는 말을 늘 들려줘야 됩니다. 그래야 그걸 보고 듣고 자라는 자녀도 그 부모를 닮아서 사소한 것 하나라도 감사하는 마음으로 살게 됩니다. 그런 자녀는 어디에서 살던 어떤 사람들과 인간관계를 하더라도 밝게 살고 있을 거라는 것은 쉽게 예측할 수 있습니다.

사람의 종류 세 가지

늘 분노하는 사람

여러분들이 몸에 종기가 나서 곪으면 고름이 생깁니다. 이 고름을 살짝만 건드려도 톡 터지게 됩니다. 이렇게 고름이 터지듯 순간적으로 화를 폭발하는 사람이 있습니다. 아주 사소한 말 한마디에도 짜증을 내고 화를 내고 분노가 폭발하는 사람이 있습니다. 이런 사람들은 상대가 어떤 말을 하던 그냥 화를 내고 거부하고 거절하고 또는 무시하거나 신경질적으로 반응하는 사람이 있습니다.

예를 들어 소통이 되지 않는 가정을 보면, 부부 간에 또는 부모자녀 간에 주고받는 말에서 흔히 우리는 '알았다'고 대답합니다. 혹시나 해서 한 번 더 말을 꺼내면 '알았다니까' 하면서 목소리가 조금 높아집니다. 그 다음엔 '알았다니까 왜 자꾸 그러느냐'고 대꾸하면서 짜증을 냅니다. 그 다음은 '에이, 씨' 하고 신경질적으로 화를 내거나 물건을 집어 던지거나 분노가 폭발합니다. 이렇게 반응하는 것은 알았다는 뜻이 아니라 듣기 싫다는 뜻입니다.

또 어떤 때는 '모른다'고 합니다. 혹시나 못 들었는가 싶어 한 번 더 말하면 '모르겠다니까' 하고 목소리가 올라갑니다. 그 다음엔 '모른다는데 왜 자꾸 그러느냐?' 하면서 짜증을 내고 성질을 부립니다. 결국 '알았다','몰랐다'라는 말은 듣기 싫다는 소리입니다. 듣기 싫다고 신경질적으로 반응하는 사람들의 문제점은 자기는 다 보고 듣는다고 착각하지만, 마음에 빗장을 걸어 두었기 때문에 사실은 아무것도 보고 듣지 못해서 가족 간에도 소통이 되지 않습니다. 그러니 사회생활에서 인간관계를 원만하게 할 수가 없습니다.

순간 알아차리는 사람

어떤 사람은 순간적으로 화를 내더라도 '어! 내가 또 화냈구나. 화가 났구나. 어! 성질이 났구나.' 하면서 자신을 금방 알아차리는 사람이 있습니다. '화가 난다. 왜 화가 날까? 나 때문에 화가 나는가? 상대 때문에 화가 나는가?' 하고 스스로 화를 다스려 나가야 합니다. 적어도 인간관계에서는 화를 냈더라도 최소한 이 정도 수준은 되어야 합니다. '내가 바라는 대로 해 주지 않아서 화가 났구나'라고 생각하면 열쇠가 바로 '나한테 있구나'를 알게 됩니다. 그러면 '아, 내가 바라는 대로 안 해줘서 화가 났네' 하면 금방 화를 다스릴 수 있습니다. 어른이 되면 이 정도 수준은 되어야 존경받는 어르신으로 대접받습니다. 그렇지 못하면 물건처럼 노인 취급당합니다. 왜냐하면 나이만 먹었지 나잇값을 못하기 때문입니다.

인간관계에서도 대접받고 싶으면 어르신으로 살아가야 합니다. 그렇지 못하면 물건처럼 취급을 당합니다. 사사건건 자기주장만 하고, 퍽하면 성질내고, 자기 방식대로 따라 오라고 강요하고, 내 말만 들으라고 주장하는 사람들이 있습니다. 이런 사람들은 나잇값도 못하기 때문에 노인 취급을 당합니다.

다이아몬드 같은 사람

어르신보다 좀 더 수준이 높은 사람을 성인이라 합니다. 성인은 금강석과 같은 사람입니다. 금강석은 다이아몬드를 말합니다. 다이아몬드와 같은 사람은 참나를 본 것입니다. 참나를 본 사람은 자기를 위해서 바라거나 불평불만하거나 욕심을 부리거나 탐욕을 내지 않습니다. 더 이상 자기는 온전하고 완전해서 거기에 더 보태거나 빼내야 될 것이 없다는 것을 아는 사람입니다. '왜 나 때문에 화가 난 것일까?' 내가 뭔가 바랬기 때문에 화가 났다는 것을 알았으니까 내가 바라는 것을 없애면 됩니다.

왜냐하면 나 때문에 화가 났으니 '또 내가 바래서 화가 났구나' 이렇게 화를 다스려 주면 됩니다. 그러면 바라는 게 없으니 자연히 성질이 날 일도 없습니다. 성질이 나도 금방 '죄송합니다.' 하고 빨리 자기 자리를 회복하면 됩니다. 그러면 인간관계는 큰 문제가 없습니다. 이런 사람은 영원한 행복을 누리는 사람입니다. 다이아몬드와 같은 사람을 성인이라 하고 성자라고 부릅니다.

회합에서 본 인간관계

단체의 회합에서 좀 더 재미있게 사람들을 분석해 보면 어떤 사람은 준비를 잘하는 사람이 있습니다. 음식을 할 때도 계획을 세우고, 뭐가 필요한지 준비를 잘 하는 사람이 있습니다. 시장도 보고, 나물도 다듬고,

물도 길러주고, 불도 피워주고, 땀을 뻘뻘 흘리면서 고기도 구워줍니다.

또 어떤 사람은 땀 흘리면서 준비한 음식으로 상을 잘 차리는 사람도 있고 잘 차려놓은 상에 가서 맛있게 먹는 사람도 있습니다. 그리고 식사를 마치고 나면 설거지 잘하는 사람도 있습니다.

이렇게 사람들을 하나씩 들여다보면, 어떤 사람은 일을 시작하기도 전에 준비하는 데 세월을 다 보내는 사람도 있습니다. 아직도 준비하는 중입니다. 어떤 사람들은 일을 저질러 놓기만 하고, 또 어떤 사람들은 누가 저질러 놓은 일을 말끔히 뒷정리를 잘 하는 사람들도 있습니다. 이렇게 주위 사람들을 잘 관찰해 보면, 이 사람은 어떤 부분이 더 발달이 되어 있다든지, 어떤 부분을 더 많이 반복하고 있다는 것을 알 수 있습니다. 우리는 이런 특징들을 인간관계에 잘 활용하면 적재적소에 인재를 배치할 수 있습니다.

상중하로 본 사람의 종류

때때로 사람들은 차별적이고 불평등한 이 세상을 원망하곤 합니다. 어떤 사람은 태어나면서부터 부자이고, 좋은 가문에 태어나고, 능력과 재능을 가지고 태어나는데 반해 또 어떤 사람은 태어나면서부터 먹고 살 걱정, 의식주 걱정으로 허덕이며 근근이 살아갑니다. 이런 사람들의 종류는 하품(下品)이 있고, 중품(中品)이 있고, 상품(上品)이 있습니다. 특히, 인간은 태어날 때부터 하품, 중품, 상품으로 태어납니다. 태어날 때에 하품이란 의미는 태어날 때의 환경이 어둡과 부정적인 생각이 많다는 것입니다. 예를 들어 성폭행 등을 당해 태어났거나, 유복자로 태어나거나, 태어나자마자 부모를 잃었거나, 갑자기 부도가 나서 경제적으로 너무 힘들어졌거나 또는 임신을 할 계획도 없었는데 임신이 되어 엄마로부터 태교를 거의 받지도 못하면서 미움과 원망과 수치감을 받으면서 태어났거나, 부부갈등으로 늘 불안을 느끼면서 태어난 자녀입니다. 임신부터 이 세상에 태어날 때까지의 환경이 최악의 상태입니다. 태어날 때의 이런 환경을 두고 어둠이라고 하거나 부정적이라고 합니다.

태어날 때의 중품은 부모가 경제적으로나 여러 가지 환경은 크게 어렵지는 않았지만, 아직 아이를 가질 생각은 없었습니다. 그런데 아이가 생겨 좋지도 싫지도 않아 약간의 태교와 더불어 이 세상에 태어나는 자녀입니다.

반면에 상품은 부모 될 사람이 임신 전부터 몸가짐과 마음가짐을 바르게 하여 건강과 훌륭한 성품과 뛰어난 역량을 갖추고 임신을 합니다. 그리고 훌륭한 태교를 받으면서 환경적으로 아무런 어려움 없이 태어난 자녀를 말합니다.

이렇게 사람은 누구나 태어날 때부터 각자의 수준이 있습니다. 하지만 하품으로 태어났더라도 인연을 잘 만나면 상품으로 살아갈 수 있습니다. 좋은 친구를 만나거나 스승이나 멘토를 잘 만나거나 배우자를 잘 만나 상품이 되겠다는 구체적인 목표를 세우고 실천하면 중품, 상품으로 승급할 수도 있습니다. 그러나 분명한 목표가 없으면 서로 부딪혀 갈등하며 싸우고 화를 내며 복잡하게 살아갑니다.

그 중에서 하품의 사람들은 삶에 구체적인 목표가 없습니다. 그냥 열심히 살아갈 뿐입니다. 미래를 위해 아무런 노력을 하지 않으면서 하품으로만 열심히 살아봐야, 10년이 지나도 그 수준이 별로 달라질 게 없습니다. 그러나 자신의 삶에 대해 '나는 상품이 되겠다.'는 구체적인 목표를 설정하고, 자신의 노력과 주위의 도움으로 중품이나 상품으로 승급이 가능합니다.

중품은 자기가 좋아하는 일만 찾아서 합니다. 고객이 찾아오면 고객의 욕구에 맞게끔 일을 잘 합니다. 중품은 자기가 좋아하는 일을 하기 때문에 고객들의 욕구에 맞추어서 처리합니다. 그리고 자기가 좋아하는 것이라서 어떤 시합이던지 나가면 백전백승(百戰百勝) 할 수 있습니다. 백번을 싸워도 백번을 다 이깁니다. 이 정도의 수준이 되는 사람들과 인간관계를 이루어 가야 합니다.

그런데 상품은 자기가 좋아하는 일을 하는 것이 아니라 무슨 일이든 자기에게 주어진 일을 즐깁니다. 어디를 가던 화장실 청소도 즐겁게 하고, 방청소도, 설거지도, 뭐든지 자신이 일 할 수 있다는 사실에 너무 행복해하고 감사합니다. 상품은 어떤 일이든 '덕분에 고맙습니다' 하고 즐기며 일을 할 수 있습니다. 그리고 고객의 입맛에 맞추어 일을 하지는 않습니다. 오히려 당당하게 고객의 욕구 자체를 완전히 바꾸어 버립니다. 그래서 상품은 세상을 사는 게 매우 편해집니다.

그리고 중품은 경쟁에서 백번 싸워서 백번 이기지만, 상품은 싸우지 않고 이깁니다. 그래서 하품이나 중품이 인간관계를 가질 때에는 상품과 인연이 되어 살아야 되겠다는 목표를 세우고 노력해야 합니다. 상품과의 인간관계는 멋있고 행복해집니다. 누구나 상품이 되려면 명확한 목표를 세우고, 늘 상품이 되기를 바라고 그리고 시간만 나면 상품을 찾아가 닮기 위한 노력을 해야 합니다. 그러기 위해서는 인간관계만 관리하는 게 아니라 자기의 습관관리와 시간 관리를 철저히 하여야 합니다.

자기 관리를 제대로 하려면 중품정도의 수준이면 밥만 같이 먹고 2차는 없어야 합니다. 중품인 사람들과 같이 모여서 식사도 하고 차 마시고 놀면 자기도 겨우 중품의 수준 밖에 되질 않습니다. 그러나 상품이 되기 위해서는 상품을 본받아야 합니다.

인간관계에서 하품의 사람과는 그냥 인사 정도만 하면 됩니다. 그렇지 않고 같이 놀고 수다 떨면 자기 시간 관리를 잘못한 것입니다. 문제는 하품과 같이 놀다보면 어느 날 자기도 하품이 되어 있습니다. 하품과 같이 놀다보면 늘 쓸데없는 시어머니 욕하다가, 남편 욕하다가, 옆집에 아저씨 욕하다가 늘 쓸데없는 불평불만을 하면서 시간을 다 낭비합니다.

그래서 인간관계를 제대로 하려면 자신도 상품이 되어야 합니다. 상품(上品)이 되려면 훌륭한 성품과 역량을 갖추어야 합니다. 성품은 성실성을 갖추어야 되고, 성숙성을 갖추어야 되고, 풍요의 심리를 갖추어야 됩니다. 역량은 기술적이고 기능적인 경쟁력을 갖추어야 하고, 그리고 그것을 보다 쉽게 설명할 수 있는 개념능력도 풍부하게 갖추어야 하며, 창의력을 갖추어야 됩니다.

이 세상에 모든 생명은 지금보다 더 나아지기를 원합니다. 상품이 되기 위해 그리고 지속적인 자기 성장과 발전을 위해서 성품과 역량을 모두 다 갖추어야 합니다. 그리고 상품이 되기 위해서 자기의 시간 관리도 철저히 하고, 사람관리도 제대로 하는 게 중요합니다.

사람의 품격은 학벌이나 지위, 재산으로 급수가 정해지는 것은 아닙니다. 이런 사실을 부모가 제대로 가르쳐 주지도 않습니다. 그렇다고 교과서에도 찾아 볼 수가 없습니다. 어떤 선생님의 가르침에도 사람을 보는 눈이나 세상을 보는 눈을 찾아보기가 힘듭니다. 사람의 품격은 사람을 보는 눈, 세상을 보는 눈이 어느 정도이냐에 따라 그 사람의 품격이 달라집니다.

겉으로 드러나는 외물만을 보고 사람의 품격을 정하는 것이 아니라 그 사람의 속에서 드러나는 것이 밝으냐 어두우냐에 따라 품격을 결정합니다. 겉치레만 보고 명품을 입었다고, 고급차를 타고 다닌다고, 영어를 잘한다고 잘난 사람은 아닙니다.

정말 품격이 있는 사람은 세상을 보는 눈이 밝고 긍정적입니다. 그러나 어둡고 부정적으로 세상을 보면 하품입니다. 비록 태어날 때에는 하품으로 태어났더라도 살아가면서 중급, 상급으로 승급할 수가 있습니다. 그러기 위해서는 이 세상을 살아가면서 바르게 보고 밝게 보고 긍정적으로 보고 몸으로 실천해야 상품으로 승급할 수 있습니다.

여덟 번째 강의

반복의 힘에서 나오는 경쟁력

자신을 지키는 경쟁력

자신의 삶을 지켜주는 것은 주위에서 도와 준 덕분입니다. 주위의 도움 덕분에 자신의 실력을 키워 자기를 지킬 수가 있습니다. 자신을 지킬 수 있는 것은 실력입니다. 실력이라는 것은 참된 힘, 가치가 있는 것, 즉 나만의 독특한 경쟁력입니다. 자신을 지키고 가정을 지키고 나라를 지키고 더 나아가 나라를 지금보다 더 발전시키기 위해서도 우리는 경쟁력을 갖추어야만 합니다.

무슨 일을 하더라도 경쟁력을 갖추기 위해 분명한 목표가 설정되어야 합니다. 목표를 설정하고 나면 자신만의 특별한 경쟁력을 갖추어야 합니다. 그것이 자신과 가정과 이 나라를 지킬 수 있습니다. 지금까지의 세상은 오직 힘으로 역사가 흘러왔습니다. 앞으로도 그 힘으로 역사는 흘러갈 것입니다. 그 힘은 실력입니다. 실력은 바로 나를 지키는 나만의 경쟁력입니다.

자연생태계를 보면, 치타가 아주 귀엽고 착한 토끼나 사슴을 잡아먹습니다. 힘이 세고 날쌘 치타가 힘이 약한 토끼나 사슴을 잡아먹습니다. 개인과 개인, 국가와 국가간의 모든 인간관계도 마찬가지입니다.

그 귀엽고 착한 토끼나 사슴이 언제나 치타와 같은 힘이 센 짐승들의 식사거리가 됩니다. 그런 것을 보면서 부모는 자녀에게 그리고 선생님은 학생들에게 언제나 힘을 길러야 된다고 강조해야 합니다. 그 이유는 이 세상은 오직 힘으로 굴러가기 때문입니다. 우리의 자녀들이 지금까지 이 힘을 기르지 않아 취직하기도 힘들었고 연애도 힘들고 결혼하는 것도 힘들어 하고 있습니다. 그 힘이 바로 자신의 실력이요. 역량이며, 경쟁력이기 때문입니다. 어떤 회사도 경쟁력이 없는 사람을 채용하지 않습니다. 경쟁력이 없는 사람은 자신을 지키기도 어렵고 가정을 지켜나갈 수도 없으며 더 나아가 경쟁사회에서 살아남기도 어렵습니다.

경쟁력을 키우는 방법

반복하는 것이 경쟁력이다

우리 인간은 살아가는 동안 쉬지 않고 보고 듣고 말하고 느끼고 그리고 생각합니다. 이제는 어떻게 해야 경쟁력을 높이는가를 알아야 합니다. 우선 경쟁력을 높이기 위해 많이 들어야 합니다. 경쟁력을 향상시키기 위해서는 귀로 반복해서 자꾸 들어야 됩니다. 그 이유는 우리가 태아 때부터 제일 먼저 엄마로부터 듣는 것을 배워왔습니다. 들을 때는 이미 훌륭하다고 검증된 위인들의 말씀을 많이 들어야 합니다. 그리고 성공한 사람들의 말씀을 많이 들어야 합니다. 또 지금 아주 행복해 하고 있는 사람들의 말씀을 많이 들어야 합니다.

문제는 매일 듣기는 듣는데 어떤 사건이나 사고, 드라마의 불륜관계와 같은 어둡고 부정적인 것을 많이 듣습니다. 그런 것을 많이 들어서는 경쟁력이 전혀 향상되지 않습니다. 우리는 들을 때 무엇을 듣느냐, 누구로부터 듣느냐가 매우 중요합니다.

스마트 폰이 크게 확산되면서 언제 어디서나 많은 정보를 보고 듣고 합니다. 듣기는 듣는데 내 인생에 도움이 되는 것을 들어야 합니다. 특히 지금보다는 내 삶이 더 나아질 수 있는 이야기를 많이 들어야 합니다. 지금보다도 내 생각이 더 넓어지고 더 깊어지고 더 높아지고 있으면 경쟁력이 향상되고 있다는 것입니다.

자신의 경쟁력을 쌓는 길은 자꾸 반복해서 익히고, 그것을 익히다 보면 익숙해지며, 또 익히고 익숙하기를 반복하면 숙달이 됩니다. 그리고 숙달됐는데도 더 계속해서 반복하게 되면 완전히 달통하게 됩니다. 이렇게 달통하게 되면 지금보다도 자신의 경쟁력을 더 크게 확장시킬 수 있습니다. 그러면 상대를 더 넓게 볼 수 있고, 더 깊이 바라볼 수 있고, 한걸음 더 나아가 더 멀리까지 볼 수 있습니다. 그때는 누구나 나를 이해하게 되고, 나아가서 나의 경쟁력을 인정하게 되고, 더 나아가서 나를 존중하게 됩니다. 그러면 자기 신분은 자연스럽게 상승됩니다.

갓난아기가 이 세상에 처음 왔을 때 어떻게 자라는가를 잘 살펴봐야 합니다. 그러면 자신의 경쟁력을 향상시키기 위해 어떻게 공부를 해야 할지 예측가능합니다. 우리는 처음 갓난아기 때부터 보고 듣는 것에 익숙해져 있습니다. 엄마로부터 맘마, 찌찌, 엄마처럼 하루에도 수십 · 수백 번씩 2,3년을 계속적으로 반복해서 들어서 나중에 그 맘마가 뭔지를 알게 되고, 엄마가 누구인지를 알게 되는 것입니다. 그래서 제일 먼저 우리는 보고 듣는 것입니다. 그 익숙한 귀로 세상의 이야기를 들어야 자기만의 경쟁력을 갖출 수가 있습니다. 그런데 갓난아기 때부터 배웠던 웃음은 점점 자라면서 반복학습을 하지 않아 어느 듯 사라지는 것이 참으로 안타깝습니다.

그중에서도 깨달음을 얻으신 성인(聖人)이라고 할 수 있는 훌륭한 사람의 이야기를 많이 듣는 것이 가장 중요합니다. 그 이유는 이미 검증된 성인들의 이야기를 많이 들어야 자기 자신이 지금보다 더 나아질 수 있습니다. 그런데 자기 또래들의 이야기나 평소에 내가 알고 있는 이야기들을 늘 듣고 있다면 지금보다 나아지지 않습니다. 이미 국가적으로 검증된 또는 더 나아가 세계적으로 검증된 훌륭한 사람들의 이야기를 많이 들어야 한다는 사실에 주목해야 합니다. 그런 사람들의 책이나 강의를 반복적으로 계속 듣다보면 그 사람의 삶 전체의 줄거리가 자기의 머릿속에서 하나씩 하나씩 체계적으로 자리 잡아 갑니다. 그러면서 자신이 어떻게 달라졌는지를 알 수가 있습니다.

어떤 내용이든 수십 번을 반복해서 들으면 전체적으로 또는 세부적으로 알 수가 있습니다. 그게 반복의 힘입니다. 누구나 지금보다도 더 나아져야 되겠다는 생각을 하지만, 방법을 몰라서 하지 못한다는 사람들이 많습니다. 그러나 요즘은 MP3도 있고, USB나 테이프를 활용할 수 있고, CD를 활용할 수 있습니다. 특히 스마트 폰에서 다운받아 쉽게 들을 수도 있습니다. 또 자동차로 움직일 때마다 USB나 CD를 반복해서 들으면 크게 도움이 됩니다.

똑같은 강의 내용이라 해도 처음 들을 때는 특정 내용만 들렸다면, 반복해서 들어보면 전에 들었던 그 내용 외에 또 다른 내용들이 귀에 속속 들어옵니다. 들으면 들을수록 마치 곰국처럼 자꾸 새로운 맛을 느끼게 됩니다. 그것을 듣고 곱씹어 보면 묘한 이치를 찾을 수 있습니다. 그러면서 자신의 지혜로 굳어져 하나의 새로운 습관이 형성됩니다. 그게 반복의 힘입니다. 지금보다 더 나아져서 삶의 질이 높아지고 싶다면 이 반복의 힘을 믿어야 합니다.

누구나 반복해서 듣는 것만으로도 자신의 실력이 향상됩니다. 그런데 우리는 무엇을 듣느냐 그리고 누구로부터 듣느냐는 참으로 중요합니다. 자신이 알고 있는 것만 자꾸 듣는다면 지금보다 더 나아지기가 어렵습니다. 그래서 자기보다 훨씬 더 훌륭한 사람들의 이야기를 반복해서 자꾸 들어야 합니다. 많은 사람들이 반복을 하는데도 지금보다도 더 나아지지 못하는 것은 첫째, 머리로 사색을 하지 않고 자꾸 컴퓨터나 스마트폰과 같은 편리한 도구를 이용해서 검색만 하기 때문이며 둘째, 자기가 알고 있는 이야기만 듣거나 자기보다 역량이 부족한 사람들의 이야기를 자꾸 듣고 있거나 셋째, 알고는 있지만 확인을 하지 않아 확신을 가지지 못해 실천을 하지 않았고, 넷째, 실천하지 않았기 때문에 활용할 수가 없었으며, 다섯째, 세계적으로 검증된 훌륭한 사람들의 이야기를 많이 듣지 않아서 더 나아지지 못하고 있는 것입니다.

사색하는 것이 경쟁력이다

자신의 경쟁력을 향상시키는 방법 중에 하나는 세계적으로 검증된 훌륭한 사람들의 이야기를 많이 듣는 것입니다. 또 다른 방법은 자꾸 반복해서 잘 듣고 그에 대한 사색(思索)을 하는 것입니다. 사색이란 '사고한다. 이치를 파고들어 깊이 들어간다'는 뜻입니다. 요즘 우리 시대는 디지털 문화가 크게 발전하면서 사색하는 시간이 크게 줄어들었습니다. 아날로그 시대에는 검색하는 시간보다는 사색하는 시간이 비교적 많았습니다. 그러나 지금의 디지털화 시대는 사색하는 시간은 거의 사라져가고 반면에 검색하는 시간이 크게 늘어났습니다.

지금은 시내버스나 시외버스를 타거나, 고속버스나 기차를 타거나 식당에서 식사를 하거나 어느 시간이나 어떤 공간에서나 열심히 검색을 하고 있습니다. 문제는 편리한 디지털 시대에는 깊이 사색하는 것을 싫어합니다. 그래서 머리 속으로 생각하지도 않고, 머리 속에 저장하지도 않습니다.

사색은 자신의 생각을 지금보다도 더 넓힐 수도 있고, 더 깊이 들어갈 수도 있고, 또 더 높게 할 수 있는 힘을 보유하고 있습니다.

생각하는 것은 상대의 마음속에도 갈 수가 있고 지구촌 어디에도 갈 수가 있고 우주여행도 할 수 있습니다. 생각으로는 공장도 짓고, 건물도 짓고, 학교도 짓고 우주정거장도 짓습니다. 그만큼 사색은 우리의 생각을 크게 확장시킬 수 있습니다. 그런데 지금은 편리한 스마트폰이나 인터넷의 영향 때문에 거의 사색하지 않습니다.

그러나 우리가 자신의 마음을 확장시키기 위해서는 가까운 산책길이나 등산을 통해 사색을 많이 해야 합니다. 인간은 고등동물(高等動物)이라 산책을 하거나 등산을 하거나 움직이면서 생각을 하면 잡념이 줄어들어 훨씬 더 집중이 잘 됩니다. 사색은 걸어 다니면서 할 때 훨씬 집중도가 높습니다. 앉아서 사색하면 잡념이 잘 생깁니다. 물론 앉아서 해도 잘 될 때가 있습니다. 물건을 잃어버렸을 때는 앉아서 해도 잘 되고, 누워서 해도 잘 되고, 화장실에서 해도 잘 됩니다. 그러나 일반적인 사색은 산책하면서 하면 제일 잘 됩니다.

그 이유는 인간은 동물이라서 움직이면서 뭐든지 하도록 설계가 되어 있습니다. 움직이면서 피하고, 움직이면서 사냥도 하고 움직이면서 일을 하도록 되어 있습니다. 사색은 이렇게 움직이면서 할 때가 훨씬 집중력이 높도록 이미 프로그램이 되어 있습니다.

요즘은 집중력을 높이기 위해 사격 선수들에게 이동 타킷을 가지고 모의연습을 하기도 합니다. 또 스포츠 경기를 보면 감독이나 코치가 자꾸 선수들에게 움직이도록 요구하는 것은 집중력을 향상시키기 위한 것과 같은 원리입니다. 우리 몸은 그렇게 살 수 있도록 원천적으로 프로그램화 되어 있습니다.

등산을 하거나 산책할 때에는 어떤 주제를 하나 정해 놓고 그것을 반복해서 생각하고 음미하는 것입니다. 특히 사색은 질문을 통해서 하면 좋습니다. 이 질문이 꼬리를 물고 물어서 사색이 잘 됩니다. 누가 말한 내용을 '그게 진짜인가?' 하고 생각을 시작하는 것입니다. 예를 들면 이 강의를 듣고 '진짜냐?' 하고 질문을 통해서 사색합니다. 검증된 사람으로부터 들은 것을 '그게 진짜 맞나?' 하고 사색하면 됩니다. 아니면 자기가 알고자 하는 것에 대한 질문을 던지면 됩니다.

핀란드, 덴마크와 같은 나라에서는 수업시간에 교실에서 학생들이 왔다 갔다 이동하면서 수업을 합니다. 그 이유는 움직일 때 집중이 더 잘되기 때문입니다. 우리의 수업은 '꼼짝 말고 앉아 있어. 떠들지 말고 앉아 있어.' 하는 것이 보통입니다. 그러나 집중력을 향상시키기 위해서는 수업시간에 왔다 갔다 하면서 공부를 할 수 있어야 합니다.

철학자 칸트가 늘 산책하면서 사색을 했습니다. 비가 오나 눈이 오나 걸어 다니면서 질문을 던져놓고 사색을 했습니다. 그 이유는 움직일 때 집중력이 높아 사색이 더 잘 되기 때문입니다. 우리 인간은 앉아서 다리를 꼬고 사색하면 초보자들은 거의 다 쓸데없는 잡념이나 졸음 때문에 집중이 되지 않습니다.

그래서 주위의 조용한 산책로나 등산길에서 사색을 하면 좋습니다. 특히 산책을 숲속에서 하기를 권유하는 이유는 숲속에는 음이온이 많이 나옵니다. 적당한 햇빛에 음이온이 많이 나올 때 우리 몸이 안정이 되어서 집중도가 더 높아지기 때문입니다. 예를 들어서 질문은 '나는 어떻게 살아가는가?' 하고 질문을 조금만 잘 틀어놓으면 의외로 자기가 사색하기가 훨씬 수월합니다.

그래서 사색은 질문을 잘하는 것이 중요합니다. '내가 어떻게 살아가냐?' 하고 사색하면 '나는 숨을 쉬어야 살아가네. 공기가 있어야 되네. 햇빛도 있어야 하고, 나무도 있어야 하고, 물도 먹어야 하고, 밥도 먹어야 되네. 농사를 지어주는 사람 있어야 되네.' 이렇게 사색을 시작하면 '나 아닌 어떤 대상들, 즉 공기 햇빛 땅 물, 이런 것들이 다 도와 줘야만 내가 살 수 있네. 결국 주위의 도움이 없으면 나는 살 수가 없네.' 이렇게 확장시키면 됩니다. 그래서 질문을 잘 던지는 것은 사색을 잘 하도록 돕는 것입니다. 질문을 잘못 던져 놓으면 오랫동안 풀리지 않아 미궁속으로 빠져 감(感)이 잡히지 않는 경우도 생깁니다.

이렇게 사색을 하면 자기 나름대로 생각이 많이 넓어지고, 더 깊어지고, 더 높아져 많은 생각들을 하나로 정립시킬 수 있습니다. 그런 결과들은 자기 나름대로의 사색으로부터 나옵니다. 처음부터 사색하는 것은 쉽지가 않습니다. 그러나 우리 인간은 원래부터 생각하는 특이한 능력을 가지고 있습니다. 또 행하는 자와 행하는 것을 보는 자를 알아차립니다.

우리가 책을 읽어 얻은 정보는 뇌의 지시에 따라 빠르게 처리됩니다. 그래서 반복해서 학습을 하여야 오랫동안 기억을 하듯이, 사색하는 것도 자꾸 반복해서 익히면 차츰 익숙해집니다. 익숙하기를 계속해서 반복하면 숙달이 됩니다. 숙달을 더 반복하면 달통이 되는 것입니다. 이런 것은 모두 사색을 통해서 지금보다는 자기 생각을 더 계속해서 확장시킬 수 있습니다.

감사하는 마음이 경쟁력이다.

어떤 일이든 주위의 도움에 감사하는 마음이 생기면 기가 살아나고, 운도 좋아지고, 명도 길어집니다. 기본적으로 감사하는 마음은 '주위의 도움 덕분'입니다. 이렇게 감사하는 마음이 일어나면 우리 몸에는 행복 물질인 엔도르핀이 생성되어 나옵니다. 우리 몸에 행복 물질이 생성되면 배곧은근육을 비롯해 경직된 몸이 이완되고, 죽었던 각종 세포와 신경들이 살아나면서 마음은 더욱 편안해집니다. 마음이 편안해지면 더 많은 행복호르몬들이 생성됩니다.

감사할 때 엔도르핀만 나오는 게 아니고, 세로토닌, 옥시토닌과 같은 행복호르몬이 함께 나옵니다. 행복호르몬이 생성되면 에너지가 생성되면서 기도 좋아지고 운도 좋아지고, 마음이 편안해져 몸은 자연스럽게 이완이 되어 혈액순환도 잘되고, 자연히 명도 길어집니다. 이렇게 좋아진다는 생각을 하면 하나의 결과를 정립할 수가 있습니다. 그러면 이야기를 다 듣고나서 그 결과를 과학이나 의학의 자료로 반드시 확인하고, 검증해야 합니다. 그 이유는 직접 확인을 해서 검증이 되면 확신이 생기기 때문입니다. 확신이 생기면 100% 믿게 됩니다. 믿음이 생기면 곧바로 실천하게 됩니다.

마음은 믿음과 함께 한다..

우리의 마음은 믿는 만큼만 움직입니다. 누가 무슨 말을 해도 믿음이 없을 때는 절대로 행동으로 옮겨지지 않습니다. 그래서 믿음은 도의 근원이요, 실천의 근원입니다. 이 믿음이 확정적으로 확인되면 확신이 서는 것입니다. 확인을 하고 확신이 생기기 위해서는 끊임없는 반복을 통해서 확인해야 됩니다. 지금 할 수 있는 것부터 그리고 지금 하고 싶은 것부터, 더 나아가 내가 되고 싶은 것, 앞으로 도움이 되는 것까지 반복의 힘이 필요합니다.

혹시 지금까지 경쟁에서 조금 뒤지고 있는 자녀에게 또는 비록 지금은 실력이 조금 부족한 직원에게 '병신 같이 그것도 못해?' 하고 무시하거나 비난하거나 모멸감을 주어서는 안 됩니다. 오히려 '지금까지 반복이 많이 부족했습니다.' 하는 것이 훨씬 효과적입니다. 반복이 부족하다는 말은 당신도 계속해서 반복하면 지금보다 더 잘 할 수 있다는 긍정의 에너지를 생성시키는 말입니다. 반면에 부정의 단어를 쓰면 상대의 기를 꺾게 되어 '나는 해도 안 되네' 하고 모든 것을 좌절하거나 포기하게 됩니다. 좌절하거나 포기하게 되면 마음에서 하고 싶은 의욕이 일어나지 않습니다. 마음에 의욕이 생기지 않으면 더 이상 노력하지도 않습니다. 그런데 상대를 무시하지 않고 반복이 조금 부족하다고 말하면, 기분이 크게 상하지 않게 들립니다. 즉, 반복하면 잘 할 수 있다는 말로 표현하여야 합니다.

이 반복이 부족하다는 말은 부처님이든, 예수님이든 혹은 공자님이든, 율곡 이이선생이나 퇴계 이황선생이든지 애플 창시자인 스티븐 잡스라든지 지금 살아있는 마이크로소프트 창업자인 빌게이츠라든지, 세계적인 기업인 워렌 버핏이라든지 이 세상의 훌륭한 사람들은 어떻게 해서 훌륭한 사람이 되었는가 하고 좀 더 생각하게 하는 것입니다. 그들의 책을 찾아보고, 그들이 왜 훌륭하게 되었는가 하는 그 과정을 살펴보고 따라 배워야 합니다. 비록 글로 써놨지만 그들이 지금 살아 있어서 나와 마주 앉아 직접 말하는 것처럼 듣는 것입니다.

오른손잡이들은 삼 일만 왼손을 직접 사용해 보면, 왼손으로도 어떤 일이든 다 할 수 있다는 것을 확인해 보면 다음에는 반복해서 사용하게 됩니다. 편하게 생활하려 하거나 잔머리를 굴리지 말고 훌륭한 성인들이나 크게 성공한 사람들의 말씀을 직접 확인해 봐야 합니다. 이 세상의 훌륭한 사람들은 무엇이든지 '즉시 확인한다.' 그리고 '반드시 확인한다.' 마지막으로 '될 때까지 확인한다.' 는 특징을 가지고 있습니다. 따라서 이미 검증된 위인들의 책을 읽고 '맞는지 틀렸는지'를 반드시 확인하는 연습을 반복해야 합니다. 왜냐하면 확인을 해야 확신이 생기기 때문입니다. 확신이 생기면 믿음이 생깁니다. 100%의 믿음은 반드시 실천하게 만들기 때문입니다. 믿음이 생기지 않으면 마음은 절대 움직이지 않습니다. 마음이 움직이지 않으면 행동으로 실천할 수 없습니다.

내가 확신이 생기고 믿음이 생겨야 내 마음이 움직인다는 사실을 기억해야 합니다. 내 마음이 움직이면 기가 살아 에너지가 생기고, 에너지가 생기면 운도 좋아지고, 운이 좋아지면 명도 길어집니다. 따라서 훌륭한 사람이 되고 싶거나 성공하고 싶은 사람은 어떤 일이든지 늘 확인하는 작업을 해야 합니다. 하나씩 하나씩 확인을 하게 되면, 이 세상 어떤 일이든 하지 못하는 사람이 아무도 없습니다. 다만, 반복학습이 부족하여 서툴게 할 뿐입니다. 그래서 내 자녀가, 내 동료가 무엇을 서툴게 하더라도, 혹은 잘하지 못하더라도 그들을 긍정의 눈으로 바라봐야 합니다. 단지, 그들이 아직 경험이 부족하여 실패를 하거나, 잘하지 못하거나 서툴게 할 뿐입니다. 풋과일이 익어가듯, 그들도 자꾸 반복하면 잘 할 수 있습니다. 이렇게 긍정의 시각으로 바라보고 도와 줄 수가 있어야 합니다.

확인하는 것이 경쟁력이다.

지금까지 많은 사람들의 문제는 검증된 훌륭한 사람들의 책을 많이 읽고도 자신이 직접 확인하지 않고 그냥 지나쳐버리기 때문에 자기 것이 되지 않습니다. 또 누구나 성공이란 단어를 좋아하지만, 실패를 인정하는 것을 매우 두려워합니다. 실패를 밑거름으로 해서 반복적으로 노력한 결과물이 바로 성공이기 때문입니다. '실패는 성공의 어머니다'는 격언을 잘못 오해하면 '실패를 되풀이하더라도 도전만 계속하면 잘되지 않을까'라고 착각하기 쉽습니다. 이것은 단순히 실패한 사람을 격려하거나 위로할 때 쓰는 용어입니다.

따라서 '실패는 성공의 어머니다'는 말은 '실패한 사람이 무엇을 어떻게 해야 할지 사색하지 않으면, 또 다시 실패를 반복할 수 밖에 없다.'는 뜻 입니다. 실패의 원인과 과정을 깊이 있게 사색하지 않으면, 실패는 '영원한 실패'의 어머니 일 뿐입니다. 실패는 도전과 발전을 위해 그 원인을 분석하고, 사색하면서 창조적인 아이디어를 도출해 낼 때 비로서 가치 있는 경쟁력이 생깁니다.

어떤 것이든 무엇이든지 자기 것이 되어야만 자기가 직접 사용(用) 할 수 있습니다. 그들의 말이 실제로 맞는지 맞지 않는지 확인을 먼저 하고 나서 자신이 그것을 적용해보라는 의미입니다. 적용해서 맞으면 자기도 쓰고 다른 사람들에게도 가르쳐주어 활용하는 것입니다. 이것이 결국 자신의 경쟁력을 향상시키는 것입니다. 공부를 하여 경쟁력을 향상시키려면 상대의 말을 귀담아 잘 듣고 확인하는 것입니다.

예를 들면 우리나라에서 또는 세계적으로 검증된 위인들이나 성인들의 책을 보거나 인터넷 검색을 하더라도 그들의 말을 듣는다거나 본다고 생각하지 말고, 지금 그들이 나한테 말씀을 하시구나 혹은 예수님이나 부처님께서 나한테 이런 말씀을 하시는구나 하고 귀담아 들어야 합니다. 그리고 그 말씀이 진짜인지 가짜인지 꼭 사색을 하고 사고를 해보고 확인을 해야 합니다. 그래야 자기 것이 됩니다. 이것은 반복의 힘입니다.

우리가 컴퓨터나 스마트폰에 '고맙습니다'는 단어를 반복해서 입력하면 그 단어가 저장되어 자동으로 화면에 뜨게 됩니다. 따라서 '고맙습니다'는 단어를 하루에 만 번씩 100일 동안 총 100만 번 쯤만 반복하게 되면 자동으로 저장됩니다. 그러면 어떤 일이든지 '고맙습니다'가 자동으로 떠오르게 됩니다. 이처럼 '고맙습니다'를 계속해서 반복하게 되면 우리 뇌 속에 자동으로 저장되어 '고맙습니다'가 자동으로 떠오르게 됩니다. 그런 게 반복의 힘입니다. 여러분들이 대학을 다닐 때 하나의 영어 단어를 20번만 외워도 기억납니다.

마찬가지로 운동을 할 때에도 턱걸이나 팔굽혀펴기를 이번 주는 3개, 다음 주는 4개 그 다음 주는 5개로 반복하면 됩니다. 이것은 갓난아기 때부터 우리가 보고 들으면서 배운 반복의 놀라운 힘입니다.

잘 활용하는 것이 경쟁력이다.

우리는 지금보다도 자신의 삶의 질이 더 높아지고 싶고, 지금보다도 자신의 신분이 더 상승하고 싶다면 오직 경쟁력을 길러야 합니다.

경쟁력을 키우는 방법은 잘 듣고, 더 넓게 더 깊이 더 높게 생각해야 합니다. 그리고 그 결과를 확인해서 맞는지 반드시 적용을 해보고 자신의 것으로 만들어야 합니다. 이것은 반복이라는 과정을 거쳐야만 가능합니다. 그래서 반복의 힘은 정말 위대합니다.

혹시 잘 알려진 훌륭한 사람들로부터 어떤 이야기를 들었더라도 그냥 믿지 말고 반드시 확인해야 합니다. 확인하고 확인해서 확신이 들면 믿고 따릅니다. 그런데 대부분 사람들은 잘 확인하지 않습니다. 우리는 어떤 것을 듣고 그것을 반복해서 관찰을 해야 합니다. 반복하면 익숙해지고 익숙하면 서서히 각인되어 새겨집니다. 이것은 바로 반복의 위대한 힘입니다. 반복하는 습관은 천재보다 훨씬 유리합니다. 물론 사람에 따라 반복의 횟수는 다릅니다.

그러데 중요한 것은 오직 반복의 힘으로 가능합니다. 반복하고 각인시켜 자신의 것으로 만들어진 지혜를 자신과 이웃과 사회를 위해 잘 활용해야 합니다. 인간관계에서 제일 중요한 것은 경쟁력입니다. 그 경쟁력을 높이기 위한 주된 무기는 바로 반복입니다. 반복의 힘에 의해 자신의 경쟁력이 크게 향상됩니다. 나아가 사회에 잘 활용하여 모두가 잘 사는 세상으로 만들어야 합니다. 나이하고 상관없이 지속적인 반복의 힘에 의해 자신을 크게 변화시킬 수 있습니다.

반복의 힘은 남녀노소 누구나 늘 반복함으로써 자신을 조금씩 조금씩 나아지게 만듭니다. 때로는 자기 최면을 걸기도 하고, 자기 자신한테 힘이 나게끔 하는 내용, 긍정의 에너지가 생기는 단어나 문장을 하나 만들어서 매일 자기주장 훈련을 반복하는 것입니다. 자기주장 훈련을 반복하면, 자신의 내면 속에 잠재된 무한한 에너지를 끄집어내어 활용할 수가 있습니다. 그러면 자신감도 생기고, 무엇이든 할 수 있겠다는 힘도 생깁니다. 많이 반복하면 반복할수록 좋은 점이 많이 생깁니다. 그리고 좋은 점은 반복의 힘으로 자기 관리를 해야 합니다.

이렇게 반복을 통해서 자기 자신이 소심한 성격도 활달한 성격으로 바꿀 수 있고, 내성적인 사람도 외향적인 사람으로 바꿀 수 있는 힘이 반복을 통해서 나옵니다. 또 실력이 좀 부족해도 반복을 통해서 실력을 쌓을 수 있습니다. 반복이야 말로 자신을 지키고 가정을 지키고 나아가서 사회와 국가를 지킬 수 있는 유일한 힘이고 경쟁력입니다. 분명한 것은 반복하는 습관이 나의 경쟁력을 크게 향상시킨다는 것입니다.

아홉 번째 강의

씨와 열매의 인과관계

첫인상이 경쟁력이다

밝은 느낌

첫인상에는 삶의 희노애락이 담겨져 있습니다. 한라산 정상에서 '야호!' 하고 외치면 야호라고 메아리가 되돌아옵니다. 밭에 콩을 심으면 콩이 납니다. 태초에 말씀이 창조라고 했습니다. 그렇다면 첫인상 또한 자신의 창조입니다. 대부분의 인간관계에 있어서 첫인상이 어떻게 보이느냐에 따라 상대방은 모든 의사결정을 거의 확정짓습니다.

우리가 낯선 사람을 처음 만나 제일 먼저 보는 것이 그 사람의 첫인상에서 풍기는 느낌입니다. 우리가 보는 첫인상은 자기가 어떻게 살아왔는지 그동안 살아온 이력서를 그대로 다 보여줍니다. 첫인상에서 느끼는 이미지는 누구나 다 다릅니다. 쌍둥이조차도 비슷할 수는 있어도 얼굴이 똑같이 생기지 않았습니다. 첫인상이 다른 것 자체가 이미 우리는 살아온 생각이 다르다는 것을 그대로 보여주는 것입니다. 좋은 사람들은 첫인상을 봤을 때 느낌이 밝게 느껴집니다. 이것은 아주 중요합니다. 그러면 첫인상이 밝게 느껴지는 사람은 앞으로도 계속 밝게 잘 풀립니다. 만약에 첫인상에서 느낌이 밝지 않고 어두운 사람은 지금도 힘들지만 앞으로도 계속 힘들 수 있는 확률이 높은 사람입니다. 이렇게 우리는 간단히 첫인상을 통해서 그 사람의 미래를 짐작할 수가 있습니다.

따뜻하고 부드러움

첫 만남에서 풍기는 이미지가 따뜻함과 차가운 느낌은 금방 눈에 들어옵니다. 무슨 특별한 기술이 있어서 구분하는 것도 아닙니다. 그냥 처음 보는 순간 강한가, 부드러운가 하는 것은 금방 보입니다. 우리는 그렇게 겉으로 보이는 것만 가지고도 그 사람의 속을 아주 쉽게 짐작할 수 있습니다. 그게 그 사람의 지금 현재 상태를 표현하는 것입니다.

대인관계에서 처음 만나는 상대가 밝고 따뜻하고 부드러운 사람이라면 지금 현재 매우 좋은 상태에 있고, 앞으로도 계속 좋아질 확률이 높은 상태에 있습니다. 그런데 지금 만나고 있는 상대가 어둡고 차갑고 딱딱한 사람은 지금도 힘들지만 앞으로도 계속 힘들어질 확률이 높습니다. 즉 어둡고 차갑고 딱딱한 사람은 자기 스스로가 밝고 따뜻하고 부드럽게 만드는 노력을 해야 됩니다.

이런 첫인상은 공무원이나 기업의 신입사원이나 경력직 중견간부를 채용하는 면접시험에도 자주 적용되고 있습니다. 그중에서 우선 몸(身)에 풍기는 이미지를 봐야 합니다. 여러분들이 만약 면접을 통해 종업원을 채용할 경우, 첫인상의 느낌을 통해 이 사람이 지금 상태가 밝은가, 따뜻한가 그리고 부드러운가 하는 점을 잘 살펴보면 됩니다.

그런데 사람들은 자기 몸에서 풍기는 지금 상태가 밝은가, 따뜻한가 그리고 부드러운가를 잘 살펴보지 않고 자꾸 몸이 날씬한가에 관심을 둡니다. 면접시험에서는 업무수행을 잘 할 수 있는 능력이 있는가, 그 사람의 인성은 제대로 갖추어져 있는가, 매사에 얼마나 밝고 긍정적인가 하는 것에 신경을 써야 합니다. 신입사원이나 중견사원을 채용할 때에 우리에게는 그 사람의 첫인상이 밝고, 따뜻하고, 부드러운가를 더 중요시 합니다. 그러니 면접 보는데 사이즈가 어떤지, 날씬한지는 아무 문제가 되지 않습니다. 몸매에 착각하면 안 됩니다.

말(言)은 인간관계의 기본이다

신입사원을 채용할 때 면접의 비중이 점점 커지고 있습니다. 면접 대상자에게 말을 시켜보면 말꼬리가 힘이 실려 있는 사람도 있고 그렇지 못한 사람들도 많이 있습니다. 또 말을 잘 하다가 끝에 가면 맥아리[1] 에 힘이 쭉 빠진 사람은 지금도 그렇지만 갈수록 점점 더 어려워집니다. 맥아리에 힘이 빠진 사람에게 어떤 일을 맡기면 확실하게 마무리를 잘 짓지 못합니다. 그래서 면접을 볼 때 말의 꼬리에 힘이 실렸는가를 꼭 보아야 됩니다.

인간관계에서 평소에 거짓말이나 허풍을 많이 떠는 사람들도 있습니다. 어릴 때부터 늘 하는 말이 거짓말이나 허풍을 떨게 되는 원인은 첫째는 다른 사람의 관심과 인정을 받고 싶은 욕구를 표현하는 것입니다. 그렇게 함으로써 부모의 사랑과 자신의 존재를 확인하고자 하는 것이고 둘째는 자신을 방어하는 수단으로써 허풍이나 거짓말을 할 수도 있습니다. 자신이 한 행동의 결과가 부모나 주위 사람들로부터 수용되지 못할 것 같은 두려움으로 인해 그 상황을 모면하기 위해 거짓말을 하는 것입니다.

조직에서 이런 유형의 사람들을 직원으로 채용하면 매사에 거짓말

1 기운, 힘을 뜻하는 경상도 사투리이다

과 변명, 핑계나 이유를 대게 됩니다. 따라서 회사의 인사담담자는 인성 면접시에 이런 유형의 사람들을 잘 걸러내야 합니다.

면접대상자가 써놓은 글씨도 경쟁력이다

신언서판

신언서판(身言書判)이라는 말이 있습니다. 당서(唐書)의 선거지(選擧志)에 의하면, 인물을 선택하는 데 표준으로 삼는 네 가지 조건으로 곧 신수, 말씨, 글씨, 판단력을 말합니다. 신(身)은 풍채가 늠름하게 생겨야 하고, 언(言)은 말을 정직하게 해야 하며, 서(書)는 글씨를 잘 써야 하고, 판(判)은 문리가 익숙해야 한다는 뜻입니다.

그래서 글씨도 하나의 말씨입니다. 만약 글씨가 삐딱하게 누워있으면 사고가 한쪽으로 치우쳐 있다는 뜻입니다. 그래서 글씨를 될 수 있으면 반듯하게 쓰야 합니다. 또한 글씨는 상대가 알아보기 좋게 써야 하고, 크게 또렷하게 써야 합니다. 글씨를 작게 쓰는 사람들, 특히 자신의 이름을 아주 작게 쓰는 사람들은 아주 소심하며 대부분 속이 좁으며, 자신감이 없거나 자존감이 낮은 사람들입니다. 글씨가 시원시원하게 쓰여 있다면 확실히 성격이 시원시원한 사람입니다. 그래서 면접대상자의 글씨를 잘 살펴보는 것도 중요합니다.

글씨는 마음씨를 보는 것입니다. 그 사람의 생각이 얼마나 열려 있는가를 보는 지혜입니다. 그래서 면접시험은 신언서판을 기준으로 보는 것입니다. 그 이유는 모두 첫인상에서 느낌이 나기 때문입니다. 그래서 이

느낌에 대해 자기관리를 많이 해야 합니다.

그리고 질문을 받았는데 면접대상자가 잘 모르는 경우에는 '잘 모르겠습니다.' 하고 분명하게 표현하는 사람이 더 좋습니다. 괜히 잘 모르면서 더듬거리며, 억지로 답을 하려고 하는 사람은 매사에 변명을 늘어놓거나 이유를 대거나 핑계를 댈 수 있습니다. 그리고 어떤 질문에 대답할 때는 육하원칙에 의해 대답해야 합니다. '언제 어디서 무엇을 어떻게 왜'의 문장을 사용하는 것이 좋습니다.

우리가 가족끼리 하는 말 속에는 어떤 줄거리가 있기 때문에 앞뒤를 다 빼먹어도 말이 통합니다. 그런데 낯선 사람과 말할 때는 앞뒤를 빼버리면 상황을 모르기 때문에 소통이 잘 되지 않습니다.

경쟁력이 있는 직원 뽑기

면접자가 질문을 통해서 가장 간단하게 사람을 뽑을 방법이 있습니다. 지금까지 살아오면서 '나는 운이 굉장히 좋았다.' 하는 사람 손 한번 들어보세요. 이런 경우 지금까지 살아오면서 운이 좋았다고 하는 사람만 뽑으면 됩니다. 나머진 절대로 뽑으면 안 됩니다. 운이 나쁜 사람 옆에 있으면 그 사람 때문에 일을 다 망치게 됩니다. 무엇이든지 그게 사실인지 아닌지는 확인하고 실험해 확신을 가져야 합니다. 확신을 해야만 믿고 행동으로 옮길 수가 있습니다. 컵에 물을 어느 정도 채운 상태에서 먹물을 한 방울만 떨어뜨리면 금방 시커멓게 변합니다. 이처럼 운이 나쁜 사람 옆에 있으면 다른 사람들의 운도 어두워집니다. 그래서 미꾸라지 한 마리가 구정물을 일으킨다고 합니다.

자기 스스로 운이 나쁘다고 생각하는 사람은 앞으로도 계속 운이 나쁩니다. 왜냐하면 말이 씨가 되기 때문입니다. 그럼 직원을 채용할 때에 '누구를 뽑아야 되고, 누구는 뽑아서는 안 된다'고 하는 기준이 정해집니다. 우리는 이렇게 쉽게 사람을 검증할 수 있는 기준이 있습니다. 이 방법은 면접대상자가 자기 스스로 운이 나쁘다고 말했기 때문에 면접자가 채용을 하지 않은 것입니다. 이것만큼 확실한 검증 기준은 없습니다.

감사할 줄 아는 사람을 채용하라

신입사원이나 경력직 사원을 채용할 때, A4용지를 한 장 주면서 제한된 시간 내에 '지금까지 살면서 감사했던 일을 쓰시오.' 하면 면접시험은 사실상 거의 끝납니다. 실제로 어떤 중소기업 사장은 면접을 볼 때 아무것도 물어보지 않고, A4 용지 한 장을 주면서 '이름과 주소, 전화번호를 쓰고 그동안 감사했던 일, 감사한 일을 쓰시오.'라고 합니다. 거기에 대한 어떤 질문이 나오더라도 똑같이 '이름과 주소, 전화번호를 쓰고 그동안 감사했던 일을 쓰시오.'라고 하고 그 외는 아무런 조건 없이 자유입니다.

A4 용지를 회수해 보면, 그 사람의 이름과 주소, 전화번호를 어떻게 쓰는지만 봐도 그 사람의 성격을 읽을 수 있습니다. 그리고 여러분이 CEO라면 20개 이상의 감사한 일을 쓴 사람만 뽑으면 됩니다. 그런데 요즘 젊은이들은 20개 이상을 적는 사람이 거의 없습니다.

CEO는 이렇게 간단한 정보를 활용만 잘해도, 너무 쉽게 사람을 파악할 수 있는 무기가 됩니다. 그냥 쉴 틈이 없이 단숨에 감사한 일을 쭉 써내려가는 사람을 채용하면 됩니다. 이런 사람은 그야말로 성령충만(聖靈充滿), 감사충만한 사람입니다.

그런데 감사할 줄 아는 사람을 뽑아야 하는 이유는, 평소에 감사한 마음을 많이 가지고 있지 않으면 CEO가 아무리 대접을 잘 해주어도 늘 불평불만을 하게 됩니다. 또 자기 기분대로 지각하고 결석하면서 월급만 계속 올려달라고 요구합니다. 그리고 같이 근무하는 동료를 자꾸 비난하고 시기질투하고 또 찾아오는 고객과 늘 마찰이 생깁니다. 왜냐하면 평소에 감사하는 마음이 없는 사람들은 늘 불평 불만을 하기 때문입니다.

감사하는 마음이 충만되지 않은 사람은 어떤 것도 성취하지 못합니다. 그 이유는 간단합니다. 콩을 심지 않으면 죽었다 깨어나도 콩이 나오지 않습니다. 다시 말해 내가 먼저 감사하는 마음을 심지 않으면 감사할 일이 생기지 않습니다. 내가 먼저 대접하지 않으면 대접받을 수 없습니다. 내가 먼저 칭찬하지 않으면 칭찬받을 수 없습니다. 내가 먼저 존중하지 않으면 존중받을 수 없습니다. 이게 인간관계의 기본입니다. 부부, 부모 자식, 친구간에도 마찬가지입니다.

그래서 항상 내가 '감사하는 게 얼마나 많은가?' 하고 자꾸 자기를 돌아봐야 합니다. 돌아보라는 의미가 자꾸 부정적인 것을 보라는 것이 아닙니다. 옛날에 실수하고 잘못한 것을 돌아보라는 것이 아닙니다. 왜냐하면 그것은 이미 다 지나가버렸기 때문입니다. 우리가 흘러간 물에는 다시는 발을 씻을 수가 없습니다. 그러니 지나간 것을 자꾸 돌아보지 말고 지금 현재의 나를 반성하라는 것입니다. 내가 지금 매사에 감사하는 밝은 마음인지, 불평불만하는 어두운 마음인지를 알아야 합니다.

대부분의 사람들이 지금 이 순간 내가 살아 숨 쉬고 있다는 것에 감사하지 않고 있습니다. 이런 사람들을 더 이상 친구로 삼지 말아야 하고, 자신의 회사에 종업원으로 채용하지 않아야 합니다. 이런 사람들은 굉장히 위험한 사람입니다. 이 세상에서 제일 무식한 사람은 못 배운 사람이 아닙니다. 다시 말해 지금 자기가 공기 덕분에 숨 쉬고 있다는 것을 모르는 사람입니다. 내 가족의 덕분이고 내 이웃의 덕분인 줄을 모르는 사람입니다.

지금 이 시간에도 교통사고나 각종 사고로 갑자기 숨을 쉬지 않는 사람이 많습니다. 이렇게 시도 때도 없이 한 사람씩 죽어 갑니다. 그야말로 밤새 안녕입니다. 그러니 지금 내가 숨을 쉬고 있다는 것 자체가 바로 감사입니다. 이 원리를 모르면 더 이상 감사할 것이 없습니다.

열 번째 강의

너의 탓으로만 돌리는 인간관계

어떤 방향으로 세상을 보는가?

어떤 내담자가 남편과 두 자녀가 속을 썩여서 도저히 못살겠다고 합니다. 그래서 어떻게 해야 하는지 그 해결하는 방법을 묻습니다. 인간관계는 내가 바라보는 시각에 따라 매우 단순하고 또 한편으로는 아주 복잡합니다. 어떤 문제가 닥쳐도 기본 법칙은 똑같습니다.

그 내담자에게 자신이 생각하는 방향을 어떻게 잡고 있느냐고 물으니까, 오직 아들 탓, 딸 탓, 남편 탓입니다. 이 사람의 특성은 모두가 상대 탓입니다. 자기는 평범한 주부로서 흔히 말하는 현모양처라고 합니다. 이 내담자뿐만 아니라 인간관계를 하다보면, 주변에 '너 때문이야'라면서 모든 것을 상대에게 뒤집어씌우는 사람들이 너무 많습니다.

내담자에게 아들 탓, 딸 탓, 남편 탓이라고 했는데, 그 결과가 좋은지 물었더니 너무 힘들어 죽겠다고 말했습니다. 그래서 이 내담자가 생각하는 방향이 잘못되었다고 상담해 주었습니다. 지금까지 '당신 탓이야.' 라고 했는데 결과가 좋아진다면 앞으로 계속 '당신 탓이야.' 하고, 만약에 결과가 좋아지지 않으면 '내 탓입니다.'로 방향을 틀어야 한다고 했습니다. 마치 고속도로에서 방향 표지판을 잘 살펴보고 분기점에서 쏙 빠져나가듯이, 인간관계는 당신 탓을 해도 해결이 잘되지 않는다면 내 탓으로 방향을 돌려버리면 됩니다. 만약 '당신 탓이야'라고 계속해서 잘 풀리면 앞으로도 계속해야 합니다. 그런데 잘 풀리지 않으면 '내 탓이오.' 하고 가급적 빨리 방향을 틀어야 됩니다.

남해고속도로에서 승용차로 창원심리치료연구소를 찾아 가다가 분기점을 이미 지나버렸습니다. 그러면 다음 분기점에서 빨리 방향을 틀어야 합니다. 계속 가면 도착할 수가 없으니 방향을 바꾸어야 합니다. 모든 이치가 똑같습니다. 자기를 돌아보라는 말은 '내가 방향을 제대로 잡고 있는가'를 점검하라는 말입니다. 만약 혼자서 해결되지 않으면 심리치료 전문가를 찾아야 합니다.

그렇다면 자신은 지금 '방향을 제대로 잡고 있는가?' 또는 '당신 탓이오.' 하고 있는지, '내 탓이오.' 하고 있는지 돌아봐야 합니다. 위의 내담자는 '내 탓이오.' 해야 하는데, 자꾸 '당신 탓이오.' 하니까, 남편도 '당신 탓이야' 합니다. 이런 경우 대부분은 '내 탓이오.' 하고 자신의 생각을 전환하거나 방향을 틀면 문제는 해결됩니다. 그런데 서로 '당신 탓이야' 하고 상대에게 자꾸 책임을 전가하고 있습니다. 그러니 서로 불평불만을 계속합니다. 만약 이 내담자가 100% '자신의 탓'이라고 발상의 전환을 하기 시작하면 온 가족이 모두 다 밝고 긍정적으로 변화됩니다.

그런데도 자신이 '100% 잘못했다'는 것을 받아들이지 않으면 해결이 되지 않습니다. 그 이유는 첫째, 이 땅에 태어나서 살아 숨쉬었다는 게 100% 내담자의 잘못입니다. 둘째, 그 사람들과 인연이 되어 만났다는 게 잘못입니다. 연(緣)이 잘못되었다는 것입니다. 이 두 가지를 이야기했더니 대성통곡을 하면서 자기 잘못이라고 인정했습니다.

그 이유는 '자기가 숨 쉬고 있는 것이 잘못이었고, 또 헤어지지 않고 그동안 같이 살았던 것이 잘못'이라면서 자기 탓이라고 했습니다. '당신 탓이야' 할 때마다 마음이 편치도 않았고 열 받았는데, 그런데 이제 '내 탓이오.' 하고 나니까 오히려 파도가 잠잠하면서 마음이 너무 편안해졌답니다. '내 탓이오' 하고 나면 그 때부터는 돈도 들지 않고, 병원에 가지 않아도 되고, 시도 때도 없이 먹어도 부작용이 없는 '내 탓이오'는 만병통치약입니다.

이 세상을 살아가는데 있어서 상대 탓이 아니라 내 탓인 이유는 첫째, 내가 살아 숨을 쉬어서 둘째, 내가 그 사람을 만났기 때문에 셋째, 아무도 나를 위해 태어나지 않았기 때문에 넷째, 내가 바라는 것이 있었기 때문에 그래서 자기 탓입니다. 절대 옆에 있는 사람한테 '당신 탓이야'라고 비난하지 않아야 합니다. 늘 상대 탓만 하게 되면 신경질적이고, 머리가 아프고 짜증도 나고, 욕도 하게 되고, 심지어는 죽어라고 막말을 합니다. '귀신은 저놈의 인간을 잡아먹지도 않고 뭐하느냐'고 그럽니다.

이렇게 '당신 탓이야'라고 하면 상처만 남습니다. 모든 것은 자기 안에 있습니다. 우리는 이 세상을 살아가면서 수많은 사람들과 인간관계를 맺으며 살아가야 합니다. 인관관계는 자기 마음이 먼저 밝아야 하는 일들이 잘 됩니다. 그래서 제일 먼저 자기 마음 안에 들어있는 불을 밝혀야 합니다. 내가 먼저 불을 밝혀야 상대도 밝은 불을 비춰줍니다. 마음의 불을 밝힌다는 의미는 매사에 밝은 생각을 하라는 것입니다.

인간관계를 하는데 가장 좋은 불은 상대를 먼저 존중해 주는 것입니다. 비록 상대가 어리더라도, 좀 부족한 사람이라 해도 내가 먼저 상대에게 존중하는 마음의 불을 켜야 한다. 내 마음이 어둡고 부정적인 상태에서 상대의 마음을 움직이려고 아무리 노력을 해도 효과는 적을 수밖에 없습니다. 그러니 내 안에 들어 있는 불을 먼저 켜야 합니다. 인간관계에서 상대를 먼저 존중하면 상대가 높아지는 게 아니라 상대를 존중하는 자기자신이 더 높아집니다

인간관계의 적절한 방법

잘못 들어선 길임을 알았을 때에는 빨리 제대로 된 길로 찾아가야 합니다. 그에 따른 적절한 방법을 적용해야 합니다. 고속도로에서 이제 방향은 창원심리치료연구소 쪽으로 꺾었습니다. 방향을 틀었으니까 물어물어 쉽게 찾아갈 수 있습니다.

그렇다면 인간관계에서 가장 적절한 방법은 열매와 씨가 똑같이 작용한다는 것입니다. 우리가 콩을 먹고 싶으면 콩을 심어야 하고, 수박을 먹고 싶으면 수박을 심어야 합니다. 방법은 그것 하나밖에 없습니다. 깨달은 사람은 이것을 알고 평생 실천하는 것입니다. 그런데 깨달지 못한 사람은 '콩을 심어야 콩이 나온다.'는 것을 알기는 아는데, 실천은 하지 않습니다. 왜냐하면 깨달지 못한 사람들은 아는 것까지만 하기 때문에 콩이 입에 들어 올 때까지 그냥 기다립니다.

어떤 한 생각이 머리에서 가슴까지 내려와야 깨달아집니다. 깨달아지면 실천이 됩니다. 머리까지만 알면 잔머리만 굴립니다. 그런데 가슴까지 알면 실천이 됩니다. 그래서 흔히 인생은 33센티미터(cm) 여행이라고 합니다. 우리 인생은 열매와 씨가 같기 때문에 만약에 남편한테 사랑받고 싶다면 내가 먼저 사랑을 줘야 합니다. 존중받고 싶다면 존중을 먼저 줘야 됩니다. 아주 간단한 법칙입니다. 내가 대접받고 싶다면 먼저 상대를 대접해야 합니다. 마태복음 7장 21절에 대접받고 싶으면 먼저 대접하라고 합니다.

이 세상에 검증된 훌륭한 사람들은 모두 다 한결같이 '대접받고 싶으면 대접하라.' '콩을 먹고 싶으면 콩을 심으라'고 합니다. '배고프면 밥을 지어라'고 하고, '고기를 먹고 싶으면 고기 잡는 방법'을 가르치라고 합니다. 깨달은 사람은 늘 우리가 다 아는 말만 합니다. 그런데 아는 말하고 실천하는 것하고는 완전히 다릅니다. 그래서 반드시 실천해야 합니다.

특히 자녀를 키우는 부모들은 열매와 씨를 잘 구분해야 합니다. 열매는 '우리 아이 잘돼라.'고 원하면서 '저 싸가지 없는 년을 인간으로 좀 만들어주세요.' 하고 기도합니다. 그런데 씨가 이미 싸가지 없는 년인데 열매는 인간으로 좀 만들어 달라는 것입니다. 이렇게 부모는 말도 되지 않는 기도를 해서 늘 자녀를 힘들게 만듭니다. 걱정의 씨를 심어놓고 열매는 잘되게 해달라고 하면 어불성설입니다. 썩어 문드러진 씨앗을 심고 좋은 열매를 맺어달라고 하는 것과 똑같습니다. 지금까지 병 주고 약 주고, 기도하면서 내일 또 병 주고 약 주는 기도를 하니까 자녀가 나을 듯 말 듯 합니다. 그러면 자녀는 점점 더 헷갈립니다.

특히 자녀한테 제일 도움이 되지 않는 사람은 엄마입니다. 왜냐하면 자나 깨나 자녀를 걱정하기 때문입니다. 씨하고 열매가 같아야 되는데, 자기는 열매가 잘 맺기를 바라면서 심는 씨는 늘 걱정만 심습니다.

자녀를 걱정하는 씨를 가득 심어 놓고 '우리 아들 잘 되게 해주세요.' 하고 기도합니다. 마치 밭에서 콩을 열심히 심고 부처님 앞에서는 '수박 나오게 해주세요.' 하고 기도합니다. 이런 것을 보면 자신이 얼마나 어리석은 짓인지를 느낄 것입니다. 그래서 우리가 공부하는 것은 이 어리석음으로부터 벗어나는 것입니다. 어리석음에서 벗어나는 사람을 지혜로운 사람이라 합니다. 대학도 교회도 마찬가집니다.

30년 이상 절에 다니고 교회에 다니면서 씨와 열매가 다른 기도를 하면 아무런 의미가 없습니다. 씨와 열매가 같아야 지혜롭습니다. 얼마나 지혜롭게 할 수 있느냐, 못하느냐가 여러분들의 앞날을 좌우합니다. 따라서 세상을 살아가는 방향과 방법만 제대로 잘 알면 사는 것은 너무 쉽습니다. 만약 모르면 이 세상에 검증된 훌륭한 멘토를 찾아 세상을 넓게 알고 깊게 생각하고 바르게 행동을 하여야 합니다.

우리가 세상을 살아가는 데 제일 중요한 것은 성령충만, 감사충만입니다. 감사충만은 어떻게 해야 생기고, 어떻게 해야 나올 수 있는가가 핵심입니다. 다르게 표현하면 '나는 누구인가', '나는 어떻게 살아가고 있는가', '나는 어떻게 존재하는가', '이 세상은 어떻게 되어 있는가?'를 정확히 알아야 합니다. 그러기 위해서는 이 세상의 경전을 많이 읽어야 합니다.

또 다른 경전은 사람입니다. 그 다음은 책입니다. 책에 있는 경전만 보는 것은 깨우치는 데 너무 오랜 시간이 걸립니다. 그래서 이 세상의 경전을 보고 빨리빨리 알아야 합니다. 세상의 경전을 읽을 수 없다면 책이라도 많이 읽어야 합니다. 그런데 어떤 경전을 읽더라도 중요한 것은 몸으로 실천하는 것이 되어야 합니다. 몸으로 실천하면 그냥 정답이 나옵니다. 그런데 머리를 굴리면 천년을 굴려도 답이 잘 나오지 않습니다. 실천해 보면 답이 나오는데 귀찮다고 하지 않고 힘들다고 하지 않습니다.

이 세상은 본인의 노력과 주위의 도움으로 움직여집니다. 이 본인의 노력을 인(因)이라 하고, 주위의 도움을 연(緣)이라고 합니다. 인연은 다르게 교회에서 부활, 환생, 불교에서 윤회라고도 합니다. 우리는 어려운 공부를 하지 말고 쉬운 것부터 해야 합니다. 우리의 삶은 모두 본인의 노력과 주위의 도움으로 결과가 만들어집니다. 자녀한테도 이 세상은 네가 노력하고 주위에서 도와줘야 된다고 항상 가르쳐야 합니다. 이렇게 가르치면 모르는 사람이 아무도 없습니다. 이것을 '인연법, 연기법, 인과응보, 하느님 말씀이 창조이다. 뿌린 대로 거둔다, 말이 씨가 된다. 표현한대로 된다…….' 쓸데없이 이런 어려운 말을 다 외우다 보면 자기는 한 개도 실천을 못합니다.

우리의 삶은 본인의 노력과 주위의 도움임을 반드시 알아야 합니다. 이것은 너무나 잘 아는 것이라서 깨달을 것도 깨칠 것도 없습니다. 단 1분 안에 깨우칠 수 있습니다. 주변에서 도와준 덕분에 우리가 잘 살아갑니다. 그래서 항상 '덕분입니다.'라고 해야 합니다. 그러면 감사 충만이 되고 성령충만이 됩니다. 감사 충만이 되면 감사할 일이 계속 생기고, '덕분입니다.' 하면 덕 볼 일이 계속 나옵니다. 그 이유는 콩을 심었으면 콩이 나기 때문입니다.

그리고 옆에서 누가 좀 도와줬는데 '아이고, 형님 덕분입니다.' 하면 기분이 좋아 또 도와줍니다. 그냥 '형수님 덕분입니다.'하면 김치라도 한 포기를 더 담아줍니다.

그런데 김치를 담아줘도 부정적으로 반응하면, 다음에는 절대 담아 주지 않습니다. 그래서 '덕분입니다. 맛있게 잘 먹겠습니다.'라고 말하면 다음에 또 담아줍니다. 다음에 만나면 '잘먹었습니다. 정말 맛있었습니다.' 하면 됩니다. 그 다음에 또 만나면 '엄마한테 느끼는 손맛이라 너무 행복했습니다'고 인사를 하면 다음에 김치를 또 담아줍니다.

가정에서는 배우자에게도 언제나 '덕분입니다.' 아들한테도 '덕분입니다.' 딸한테도 '덕분입니다.' 며느리한테도 '덕분입니다.'하면, 계속 덕 볼 일만 생깁니다. 그저 '덕분입니다.' 하고 있으면, 특히 지금 사는 게 어려운 분들, 지금 결과가 어려운 분들은 지금까지 하던 대로 '너 탓이야'라고 말하지 마세요.

지금까지 하던 대로 한 결과가 좋지 않으면 발상의 전환을 해야 합니다. '당신 때문에'가 아니라 '당신 덕분에, 세상 덕분에'로 발상의 전환을 하여야 합니다. 연약한 것은 도와주고 부족한 것이 있으면 채워주고 허물은 덮어주고 능력은 인정해 주고 좋은 것은 칭찬해주는 넉넉한 마음으로 자신의 생각을 전환해야 합니다.

'세계적인 아들 어떻게 하면 될까요?', '세계적인 딸 어떻게 하면 될까요?', '우리 며느리 최고입니다. 우리 사위 최고입니다.'고 하면 자녀들이 게으름을 피울 수가 없습니다. 다만 마음으로 진정으로 해야 합니다. 건성으로 하는 것은 세 살 먹는 아이도 다 알아차립니다.

지금까지 하던 대로 해서 결과가 안 좋으면 '아~ 이 방향이 잘못되었구나!' 하고 틀어야 합니다. 그래서 '세계적인 딸 덕분'입니다. 진심으로 해야 합니다. 그렇지 않고는 집이, 아들이, 딸이, 남편이, 아내가 변화되지 않습니다. 인간관계에서도 자기가 변화지 않으면 상대는 절대 변하지 않습니다.

열한 번째 강의

표현한 대로 이루어진다

원래 정해져 있는 법칙

세상은 원래 정해져 있는 법칙을 사용하는 것입니다. 왜냐하면 법칙대로 해야 그대로 이루어지기 때문입니다. 지금 잘 살지 못하는 것은 아무것도 문제가 아닙니다. 못 사는 것, 못 배운 것, 34-24-36이 되느냐 안 되느냐 하는 것은 아무 문제가 아닙니다. 이런 것은 사실과는 아무 상관없이 내가 표현한 대로 이루어지게 됩니다. 그래서 이것을 '말이 씨가 된다'고 하는 것입니다. 우리는 이런 말을 어려서부터 자주 들었습니다. 성경에 의하면 이것을 '말씀'이라고 합니다. '말씀이 곧 하느님이다. 하느님이 곧 창조주다.'고 배웠습니다.

누구나 이렇게 공부를 하면 종교간에도 서로 관통(貫通)[1]이 됩니다. 성경에서는 '말씀'에다가 '방점(傍點)[2]을 찍어두었구나!' 하는 것을 알 수가 있습니다. '말씀한 대로 된다. 뿌린대로 거둔다. 말이 씨가 된다.'고 했습니다. 그러니 내 마음에서, 얼굴에서, 글씨에서 내가 표현하는 것은 다 표현한 대로 이루어집니다.

모두가 다 똑같이 하나의 법칙으로 되어 있으니, 이 법칙을 사용하는 것입니다. 말씀이든, 표현한 대로든, 말이 씨가 된다는 것은 원래부터

---

1 생각이나 현상이 처음부터 끝까지 일관되게 흐름.

2 글을 읽는 사람의 주의를 집중시키기 위하여 낱말의 옆이나 위에 찍는 점, 이해하는 데 중요하다고 생각하여 찍은 점이다.

우리 마음에 프로그램화되어 있습니다. 그게 심성이라고도 하고 심보라고도 합니다. 원래 이렇게 되어 있다고 해서 원칙이라고 합니다.

따라서 여러분들의 표정이 엄청나게 중요한 재산목록입니다. 표정이 웃으면 그대로 웃는 일이 생깁니다. 내가 표현한 대로 그래도 이루어집니다. 예를 들어 갓난아기에게 성난 얼굴로 대하면 아이가 무서워서 울어버리지만, 웃으면서 바라보면 아이가 웃음으로 화답합니다. 이게 표출입니다. 내가 표정을 지은 그대로 밖으로 나옵니다.

표현한 대로 된다는 것은 참으로 무서운 것입니다. 자녀 앞에서 말할 때에는 엄마가 아주 곱게 존댓말이나 표준말을 잘 사용합니다. 그런데 엄마가 친구와 통화하는 것을 들어보면 완전 두 얼굴입니다. 그러면서 자녀에게 '지금부터 엄마가 하는 말을 잘 들어라!'고 말을 할 때는 자녀들이 벌써 귀문을 닫아버립니다. 듣기 싫은 말에는 자동으로 귀문이 닫히게 되어 있습니다. 열심히 선생님께서 훈계를 하더라도 잠을 자고 있는 학생이 있습니다. 왜냐하면 귀문을 닫아버렸기 때문입니다.

그런데 부모가 조용히 은근슬쩍 던진 말이나 자녀들과 상관없는 어떤 이야기를 하는 것은 그대로 다 알아듣습니다. 그것은 자녀에게 '내 말을 좀 들어라! 하면 이미 긴장을 해버리기 때문입니다. 사람은 원래부터 긴장하면 귀문이 닫혀 더 이상 들리지 않기 때문입니다. 일상생활 속에서는 긴장을 하지 않기 때문에 그때는 귀문이 열려서 부모가 짜증내고, 불평불만하고 거짓말하고 욕하고 원망하고 시기질투 하는 것은 그대로 귀에 쏙쏙 들어옵니다. 그러니까 부모가 어른들이나 다른 사람에게 험담하고 욕하고 불평불만 하는 것은 귀문이 열려 있어서 그대로 쏙쏙 들어오는 것입니다.

이것도 확인을 해서 확신이 생기면 믿고 행동으로 실천하면 됩니다. 실제로 방문을 열어놓고 있으면 모기도 들어오고 파리도 들어오고 바퀴벌레나 풍뎅이도 다 들어옵니다. 그런데 방문을 닫으면 모기도 파리도 바퀴벌레나 풍뎅이도 못 들어옵니다. 그러니 사람도 귀문을 닫으면 더 이상 어떤 말도 귀에 들어오지 않습니다. 설사 듣긴 듣는다 해도 건성으로 들리기 때문에 금방 잊어버리고 행동으로 실천하지 않습니다. 그러니 부모는 자녀들에게 '너는 왜 그것도 모르냐?' 하고 여러 수십 번을 다그칩니다. 하지만 자녀의 귀문은 또 닫혀 버립니다.

부모들이 평소에 표현한 대로 그냥 그대로 전달됩니다. 그런데 평소의 표현이 그대로 전달되는 줄도 모르고 '지금부터 잘 들어라.'고 하면서 고운 말을 쓰는 것입니다. 그렇게 가면을 쓰니 아이의 귀에 하나도 들어오지 않습니다. 특히 등 뒤에서 구시렁구시렁 거리면서 뒷담화치는 것은 더 잘 들립니다. 또 혼자서 남편이나 아내를 욕하고 무시하고 험담하면 그것은 너무 잘 들립니다.

부모님들은 모든 이치가 평소에 '표현한 대로 그대로 된다'는 것을 모릅니다. 그래서 꼭 자리에 앉아서 좋게 말하는 것을 자녀가 듣는 줄로만 착각합니다. 미안하지만 그것은 하나도 듣지 않습니다. 아버지가 '내 말 한번 들어봐' 하면 벌써 올 때부터 인상을 팍 씁니다. 그러면 자녀들은 '무슨 잔소리를 또 하려고…….' 이렇게 생각합니다.

그런 상황에서는 자녀에게 무슨 말을 해도 아무런 효과가 없다는 사실을 모릅니다. 그러나 '야, 역시 우리 딸 최고야!' 하고 그냥 지나가는 목소리로 혼자 살짝 말했는데도 자녀는 잘 알아듣습니다. 그러면 '야, 우리 아버지가 나를 인정해주는구나.' 싶어서 더 잘 해주려고 노력합니다. 그냥 표현한 대로 다 이루어집니다. 그래서 뿌린 대로 거둡니다. 지은 대로 받습니다. 말이 씨가 됩니다. 오늘날 언상(言相)을 중요시하는 이유입니다. 표현도 하나의 언상이며, 그것은 그대로 여러분의 미래입니다.

예측가능한 인간관계

우리는 첫인사에서도 어떤 사람의 미래를 훤히 내다볼 수 있습니다. 거래처의 사장님에게 '그동안 어떻게 지냈어요?' 하고 물어보면 그 사장님의 미래를 볼 수 있습니다. 그리고 몇 년 만에 만나는 친구에게 '그동안 어떻게 지냈어?'라고 한번만 물어보면 그 친구의 앞날이 보입니다. 이렇게 주고 받는 말 한마디가 중요합니다. 말이 씨가 되기 때문입니다. 그래서 어떤 말이던지 가려서 해야 합니다.

죽을 만큼 힘들게 살아가는 유형

처음 만나는 고객이나 오랜 만에 만난 지인의 첫인사가 '죽을 맛이다'고 대답한다면, 이 사람을 10년 뒤에 만나 봐도 그때도 역시 죽을 맛일 것입니다. 왜냐하면 말이 씨가 되고, 표현한 대로 이루어지기 때문에 10년 후에도 정확하게 어렵습니다. 10년 전에 그렇게 대답한 지인들을 생각해 보세요. 그들은 지금도 여전히 그렇게 어렵게 살고 있음을 보게 될 것입니다. 인간관계에서 이런 유형의 사람들은 상대 탓을 잘 합니다. 이런 사람과는 관계형성을 깊이 하지 말아야 합니다. 왜냐하면 어두운 에너지가 나와 주위의 사람들까지 힘들게 하기 때문입니다.

그럭저럭 살아가는 유형

똑같은 질문에 '그저 그래요. 그럭저럭 살아요. 그냥 밥 먹고 살아요.'라고 대답합니다. 이 사람을 10년 뒤에 만나 보면, 그때도 여전히 '그저 그래요, 그럭저럭 밥 먹고 살아요.' 라고 대답하게 됩니다. 말이 씨가 된다는 말이 얼마나 무서운지 짐작할 수가 있습니다. 이것은 인연법에 의한 하나의 법칙이기 때문입니다. 물론 이런 유형의 사람들은 연을 잘 만나면 감사하면서 살아갈 수도 있습니다. 보통 10년 전에 이렇게 대답한 사람은, 자기가 표현한 대로 이루어지기 때문에 지금도 여전히 그렇게 살고 있다는 사실을 보고 우리는 놀라울 뿐입니다. 이 세상은 하나로 연관되어 있기 때문에 과거는 현재에 연관이 되어 있고, 현재는 미래에 연관되어 있기 때문에 한 사람의 앞날을 이렇게 쉽게 알아차릴 수 있습니다.

덕분에 감사하며 살아가는 유형

그런데 지금은 비록 경제적 여건이나 형편이 빠듯하게 살아가고, 하는 사업에 약간의 적자를 보고 있는 것이 사실이지만, 사실과 아무 상관없이 '잘된다'고 말하는 사람들이 있습니다. 긍정적으로 대답한 이런 유형의 사람들은 지금은 좀 힘들더라도 갈수록 덕분에 잘 됩니다. 인간관계에서 이런 유형의 사람들은 늘 감사함이 몸에 습관적으로 배어 있습니다. 그래서 '친구 덕분'에 잘된다고 말하고, '사장님 도와준 덕분'에 잘된다고 대답합니다. 그러니 덕분이라고 칭찬받은 친구나 사장님이 다음에 또 도와줍니다. 이런 사람을 10년 후에 만나보면 그들은 표현한 대로 다 잘 되어 있습니다. 이제는 언상(言相)의 시대입니다. 그러니까 '모든 것은 표현한 대로 된다.'는 것입니다.

열두 번째 강의

인연관계와 정해진 법칙

본인의 노력과 주위 인연들의 도움

인연이란 한마디로 정의하기가 참으로 어렵습니다. 그것은 마치 무학산(舞鶴山)을 등반할 때 산에 올라가는 길이 여러 갈래가 있는 것과 같이 우리는 수많은 인연들을 만나면서 살아갑니다. 인연으로 만나지는 대상이 사람이건 사물이건 간에 하루에도 수없이 자신을 스쳐 지나갑니다. 그 인연은 좋은 인연으로 만나지기도 하고 악연으로 만나지기도 하고 그냥 스쳐지나가는 인연이기도 합니다. 이렇게 우리 곁을 수없이 스쳐지나가는 많은 인연들은 자신의 삶에 중요한 영향을 미칩니다. 그렇기 때문에 세상에서 제일 중요한 법칙 중에 하나가 바로 인연법(因緣法)이라고 합니다.

이렇게 중요한 인연법을 먼저 쉽고 간단하게 공부할 필요가 있습니다. 이 세상은 나와 나 아닌 다른 대상들로 구성되어 있습니다. 인연의 '인(因)'은 '나'이고 '연(緣)'은 나 아닌 대상입니다. 즉, 인은 자신을 말하고 연은 자신을 둘러싼 주위를 말합니다. 다시 말해 이 세상은 자신의 노력과 주위의 도움으로 인하여 어떤 결과가 생성됩니다. 이 결과를 우리는 과보라고 말합니다. 그래서 인연과보(因緣果報)의 법칙이라고도 말하고, 인연법이라고도 말합니다.

그리고 인연법은 인만 강조 할 때는 인과법(因果法)이라고 하고 연을 강조할 때는 연기법(緣起法)이라고 합니다. 어느 것을 강조하느냐에 따라서 인과법이라고 하기도 하고, 연기법이라고 하기도 하고 인연법이라고도 합니다.

이 세상은 다 함께 살아가기 때문에 인연법은 매우 중요합니다. 이 세상을 살아가기 위해서는 자신의 노력도 매우 중요하지만, 주위의 도움이 없이는 살아갈 수 없습니다. 자신이 지금 당장 아무런 노력을 하지 않고 게으름을 피운다 해도 살아갈 수는 있습니다. 하지만 공기가 도와주지 않으면 3분 안에 죽습니다. 이처럼 자신의 노력보다는 자신과 인연한 주위의 수많은 도움이 더 중요합니다.

예를 들어 체육시간에 최선을 다해 나름대로 열심히 피구 게임을 하는데, 옆에서 친구가 제대로 하지 못한다고 자꾸 핀잔을 주거나, 무시하거나 상처 주는 말을 하면 기분이 상하여 게임에 몰입하기가 어려워집니다. 그러면 팀에 영향을 미쳐 질 수도 있습니다.

만약, 아이가 전에 보다는 좀 더 잘 하려고 나름대로 노력해서 성적을 79점을 받았습니다. 그런데 '그것도 성적이라고 받아왔느냐'며 부모는 아이를 비난합니다. 지난번보다는 분명히 노력했지만, 부모는 '잘 한다. 잘 한다.'는 말을 잘 하지 않습니다. 아이는 최선을 다했는데 부모는 부모 기준에서 '잘한다, 못한다'를 판단해서 아이를 비난하거나 모멸감을 주거나 꾸짖습니다. 중요한 것은 아이는 최선을 다했지만, 부모로부터 야단을 맞으니까 기분이 상합니다. 부모가 야단을 많이 친다고 해서 아이의 성적이 갑자기 올라가는 것이 아닙니다.

실제로 아이를 키우는 많은 부모들은 아이에게 잔소리는 잘 하지만, 배려하고 칭찬하는 데는 매우 인색합니다. 우리는 아이를 키우면서 이렇게 중요한 부분을 많이 놓치고 살아갑니다. 다시 말해 주위의 도움인 부모가 밑거름을 잘 줘야 됩니다. 벼를 심으면 영양분이 되는 물도 주고 바람도 주고 햇빛도 줘야 됩니다. 그리고 밑거름도 주고, 잡초도 뽑아 줘야 합니다.

이런 영양분을 제대로 주지 않으면 벼가 제대로 익지 않습니다. 마찬가지로 부모가 자식에게 골고루 음식을 먹이고 책도 읽어주고, 용기와 격려, 칭찬과 같은 이런 영양분을 제 때에 잘 공급해줘야 되는 데, 자꾸 야단만 치면 아이는 기분이 상하게 됩니다.

예를 들어 엄마가 기분이 상하면 집안 전체가 냉기가 돕니다. 이것은 엄마가 대학을 졸업하고, 교회에 다니고 성당에 다니고 절에 열심히 다니면서도 밝은 마음을 가지지 않아서 그렇습니다. 과거의 부모들은 자녀들을 맹목적으로 믿고 사랑했습니다. 자신보다도 자신의 부모나 자녀들을 먼저 대하는 데서 사랑을 느끼게 했었습니다.

그런데 부모가 계속 아이한테 '쓸모없는 녀석 같으니라고, 도대체 넌 왜 그래?'라고 자존심에 상처를 주거나 무시합니다. 그러면서 자꾸 '못한다, 못한다'고 잔소리를 하면서 '쓸데없는 짓 하지 말고 공부나 해'라고 합니다. 그러면 그 아이의 주위에서 도와주는 기운이 너무 어둡습니다. 마치 한겨울에 눈보라가 쌩쌩 부는 것처럼 가정의 분위기가 냉랭해집니다.

그러면 아이와 부모 사이가 자꾸 나빠지는 것입니다. 부모가 어두운 생각을 하면 자녀도 자꾸 어두워지기 때문입니다. 긍정의 씨를 뿌리지 않으면 긍정의 열매가 열리지 않습니다. 그래서 인연법을 제대로 알아야 합니다. 부모는 아이의 성적을 올리는 것처럼 자꾸 바라는 것만 가르치고, 아이가 깨닫게 하는 것을 가르치지 않았기 때문에 앞으로도 성적이 잘 올라가지 않습니다. 아이의 성적을 올리려면 부모가 이로운 말을 많이 해주어야만 가능합니다.

자신이나 배우자, 부모와 자녀가 어두운 생각을 하면 집안에 어두운 일들만 생겨날 뿐입니다. 텃밭을 가꾸어도 거름을 주고 김도 매고 잡초를 뽑아주어야 좋은 열매가 열립니다. 하물며 자기 마음 밭이 자갈밭이면 열매가 제대로 잘 맺지 않습니다. 비록 지금은 여건이나 현실이 힘들지라도 밝은 생각을 하는 것이 중요합니다. 어떤 일을 하는데 내가 스스로 '안 된다'고 생각하면 잘 되는 일이 없습니다. 그러다가 실수하면 크게 다치거나 사망을 합니다.

가정에서든 직장에서든 '힘들어서 하기 싫다'고 말하는데 즐거울 일이 생길 수 없습니다. 그리고 하기 싫은 일을 억지로 하게 되면 사고가 생깁니다. 어떤 일이든지 시작도 하기 전에 '어렵다'고 말하는데 쉽게 될 일이 없습니다. '남을 탓'하는 사람은 결코 자기반성을 할 수가 없습니다. '잘 될까' 하고 의심을 하게 되면 잘 되는 일이 하나도 없습니다. 목숨이 경각에 달렸는데 수술이 '잘 될까' 하고 걱정하면 수술이 잘못되어 앞으로 걱정할 일(후유증처럼)만 생깁니다. 저 의사를 믿어도 되느냐고 의심하면 수술이 잘 되지 않습니다.

왜냐하면 인연법으로 보면 말이 씨가 되기 때문입니다. 그냥 주위의 도움을 믿으면 되는데 믿지 않습니다. 믿음이 없으면 확신이 서지 않습니다. 확신이 없으면 제대로 되는 일이 없습니다. 태양이 빛을 비추듯, 마음의 자세도 긍정적인 밝은 마음을 내야 합니다. 그 이유는 세상의 모든 일은 자신이 표현한 대로 이루어지기 때문입니다.

태초에 말씀이 이루어지듯, 자신이 말한 대로 이루어집니다. 자신이 생각한 것은 그대로 이루어집니다. 자신이 지어놓지 않으면 이루어질 일이 아무 것도 없습니다. 자신이 숨을 내쉬지 않으면 당연히 숨을 들이마실 수 없습니다. 의심하면 의심할 일만 생기고, 걱정하면 걱정할 일만 생길 뿐입니다.

'힘들다'고 어두운 생각을 하는 사람은 항상 누군가[1]를 자꾸 탓합니다. 이것은 인과응보요. 자작자수(自作自受)입니다. 원인과 결과이며, 인과연의 법칙입니다. 금강경에서는 인연과보, 연기법이라고 합니다.

밝은 생각을 하는 사람은 그냥 '덕분에 잘 될 것입니다. 도움 덕분에 감사합니다. 덕분에 힘들지 않고 재미있습니다. 즐겁습니다.' 하고 저절로 감사하는 마음이 우러나옵니다. 그러니 하는 일마다 잘 될 수밖에 없습니다. 밝은 생각을 하면 주위에서 자꾸 도움을 줄 수밖에 없습니다. 밝은 생각을 하는 사람은 긍정적인 생각이 나옵니다. 그러니 웃는 얼굴로 따뜻한 말을 하면서 행복하게 살아갈 수밖에 없습니다. '오늘은 왠지 좋은 일이 생길 것 같아. 난 할 수 있어~' 이런 말을 아침마다 되새기면 잠재의식을 자극해서 긍정적인 에너지가 생성됩니다. 왜냐하면 인간의 뇌는 상상과 현실을 구분하지 못하기 때문입니다. 입버릇처럼 말하는 것은 자율 신경계에 자동으로 입력돼 실현 가능성을 높여 줍니다. 인지행동치료의 주장훈련처럼 자신의 희망을 매일 아침 입버릇처럼 밝게 말하면 그 희망이 마법처럼 이뤄집니다.

1 배우자, 부모나 자식, 선생이나 의사, 친구나 이웃, 사업이나 돈, 세상

음과 양의 이치적 인연

이 세상 모든 것은 자신의 노력과 함께 주위의 도움이라는 인연으로 연결되어 있습니다. 거기다가 음양의 이치에 의해 하나는 밤으로 되어 있고, 하나는 낮으로 되어 있어서 늘 밤낮으로 돌아가는 인연 속에 살아갑니다.

이처럼 밤낮의 인연 속에서 살기 때문에 우리의 마음도 밤이라는 인연덩어리와 낮이라는 인연덩어리와 함께 살아갑니다. 우리의 마음속에는 밤같이 어두운 마음도 있고 낮같이 밝은 마음도 있습니다. 다시 말해 자신의 노력과 아무 상관없이 우리가 태어날 때부터 어두운 마음이 하나 있고, 밝은 마음도 하나 가지고 있습니다. 자신의 노력과 상관없이 밤낮으로 돌아갑니다.

만약 밤이 되어 무섭고 두렵다고 '하느님, 부처님 이 밤을 없애 주세요.' 하고 천일기도를 아무리 해도 밤은 없어지지 않습니다. 누구나 밤이 없어지지 않는다는 사실을 잘 압니다. 이렇게 밤은 없앨 수 없듯이, 과거의 아픔이나 상처를 지우려고 아무리 노력을 해도 없어지지 않습니다. 또 아무리 기도를 해도 과거의 아픔과 상처가 완전히 없어지지는 않습니다. 이렇게 어두운 마음을 먹은 것은 없어지는 것이 아닙니다. 그러니 어두운 마음을 더 이상 가지지 않아야 합니다.

이렇게 음양의 순리에 따라 돌아가는 밤낮을 우리는 없앨 수가 없습니다. 그런데 밤이 있더라도 눈을 감고 자면 됩니다. 다시 말해 어두운 것을 보지 않으면 됩니다. 누구나 과거의 아픈 기억이나 상처를 하나쯤은 다 가지고 있습니다. 단지 그것을 더 이상 끄집어내지 않으면 됩니다.

예를 들면 부인이 전에 바람피운 것을 끄집어내지만 않으면 지금 배우자와 같이 사는 데는 아무런 지장이 없습니다. 밤을 없앨 수 없다는 것을 알면, 밤에는 눈을 감고 잠을 자면 됩니다. 그러면 밤하고 같이 살아도 아무 지장이 없습니다. 반대로 낮이 오면 일어나면 되는 것입니다. 그런데 우리는 과거의 이 어두움이나 아픈 상처를 자꾸 꺼내 쓰려고 하는 것이 문제입니다.

자신 속에 들어있는 걱정과 근심, 불안과 초조와 같은 부정적인 생각이 다 어두운 것입니다. 이렇게 자신 속에는 어두운 것들이 많이 있습니다. 이 어두움은 불평불만하고 시기질투하고, 미워하면 자꾸 나타납니다. 문제는 이 어두운 것을 자꾸 끄집어내면 자신만 어두워지는 것이 아니라 옆에 있는 사람들도 모두 다 기분이 나빠집니다. 자신만 어두워지면 괜찮은데, 주위의 가족이나 이웃이나 친구들, 주위에 있는 모든 인연들도 다 어두워집니다. 아버지가 기분 나쁘다고 물건을 집어 던졌는데, 옆에 있는 엄마나 자녀들의 기분도 나빠진다는 사실을 깨달아야 합니다. 이런 어두운 것을 끄집어내지 않게 하는 방법은 상대를 먼저 인정해주어야 합니다.

게임중독자를 보면 밥도 제때 먹지 않고, 밤새 잠도 자지 않고 게임만 하다가 학교에 가서 잠만 자고 있습니다. 그러면 옆에 있는 가족들이나 친구들이나 선생님의 기분이 나빠집니다. 자신의 어두운 행동으로 인해 주위에 있는 모든 인연들이 다 어두워진다는 사실을 깨달아야 합니다. 이런 어두운 행동은 마치 자기 몸의 암세포와 같습니다. 우리는 이런 어두운 행동을 하는 사람들을 사회의 암적인 존재라고 말합니다.

우리가 다 함께 살아가는 이 세상에 무슨 특별한 깨달음보다 사소한 것을 그때그때 느끼고 바뀌려는 이 작은 깨달음이 더 중요합니다. '내가 화를 한 번 내면, 나만의 문제로 끝나는 것이 아니라 내 주위의 모든 인연들이 다 어두워져서 내가 하는 일마다 다 그르치게 만드는구나!' 하는 것을 알아야 합니다. 다시 말해 하느님이나 부처님께 아무리 열심히 기도를 했더라도, 어두운 생각을 한 번만 끄집어내면 주위가 다 어두워집니다. 부부도 마찬가지입니다. 잔인하게도 인간은 천 번을 잘해 줘도 한 번의 실수를 기억합니다. 사람의 마음은 간사해서 수많은 좋았던 기억보다 단 한 번의 서운함 때문에 상대를 오해하고 실망하여 서로 틀어져서 '당신이 어떻게 그럴 수가 있어?' 하고 상대를 탓합니다. 그러면 주위의 인연들이 어두워집니다. 우리는 이렇게 참으로 묘한 인연들과 함께 살아갑니다.

30년 동안 늘 불을 켜놓아서 밝았던 집도 스위치를 한번 내리면, 30년 동안 밝았던 것하고는 아무 상관없이 불이 다 꺼져 어두워집니다. 내가 30년 동안 배우자한테 잘 했는데, 딱 한 번 바람피우면 30년 동안 잘 했던 것하고는 아무 상관없이 고통스러운 일들이 일어납니다. 그래서 우리는 이 인연법칙을 정말로 묘하고도 묘한 묘법이라고 말합니다. 30년 동안 부부관계가 아무리 좋았다고 해도 배우자가 한번 바람피우면 부부관계는 금이 가는 것입니다. 그러면 30년 노력한 것도 한순간에 끝나버립니다.

수천 년 동안 베일 속에 가려진 만장굴에도 불을 비추는 순간 수천 년하고는 아무 상관없이 '환'하게 밝아집니다. 이게 참으로 묘하고 묘한 인연입니다. 30년 동안 난봉꾼으로 살았지만, 개과천선해서 지금부터 밝은 마음으로 바꿔버리면 그때부터 밝은 불이 켜집니다. 내 마음에 등불을 먼저 밝히면 상대도 불을 밝힙니다. 이것 하나만 제대로 깨달으면 그동안 아무리 어두운 생각으로 살았던 사람들도 새로운 희망이 생깁니다. 이것이 인연법입니다.

그 동안 아무리 잘못했더라도, 지금부터 밝은 마음으로 돌리는 순간 그냥 밝아지고 행복한 일들이 생겨납니다. 자녀가 성장하여 청소년이 되어서 스스로 자기 방은 자기가 청소하게 되면 그 동안 청소를 하지 않았던 것이 다 소멸되는 것입니다. 그래서 우리는 밝은 마음을 가져야 밝은 마음이 생긴다는 원칙을 믿고 따라야 합니다. 모든 것은 내가 뿌린 대로 거두고, 내가 표현한 대로 이루어지기 때문입니다.

따라서 그 동안 내 자녀가 게임중독자였더라도, 내 배우자가 잘못을 했더라도, 시어머니나 며느리가 섭섭하게 했었더라도, '인연이 되어 준 것만 해도 고맙다' 하고 감사하는 순간 밝은 불이 들어오는 것입니다. 문제는 지금까지 어두운 생각을 하고 있는 사람들이 빨리 밝은 마음이 들도록 많은 노력해야 합니다. 다만, 어느 쪽이 밝은 쪽인가를 몰라 자꾸 기웃거리다가 고통 속에 살아갑니다. 그럴 때는 좋은 인연의 안내를 그대로 받으면 됩니다.

우리네 인생은 언제나 선택을 해야 합니다. 이 세상을 살아가는 우리의 선택은 우리 집에 불을 밝힐 것인가, 어둡게 할 것인가의 두 가지 밖에 없습니다. 누구에게나 명백한 정답은 주어져 있습니다. 그냥 주위의 인연들이 도와줘서 '덕분입니다.' 하고 밝은 마음을 선택하면 됩니다. 그러기 위해서는 '덕분입니다'는 말이 습관적으로 늘 나와야 합니다.

무슨 일이든지 '덕분입니다'고 말하는 사람은 깨달은 사람[1]입니다. 깨달은 사람은 주위의 도움 덕분임을 알기 때문에 모든 것이 다 밝아집니다. 밥을 먹을 때도 '덕분입니다.' 하고, 신발을 신을 때도 '덕분입니다.' 하고, 차를 탈 때에도 늘 '덕분에 편안하게 간다'고 말하고, 물을 마실 때도 '약수 덕분에 내가 건강하다'고 말하면 어느 것도 어두워 질 수가 없습니다.

따라서 우리가 살고 있는 이 세상은 밤하고 낮이 있는데, 밤과 같이 어두운 것은 끄집어내지 않으면 됩니다. 낮처럼 밝은 것만 끄집어내서 사용하면 됩니다. 어두운 것은 사용하지 말고, 밝은 것만 사용하면 행복해집니다.[2]

묘한 인연법

공부는 지금보다 생각이 더 넓어지고, 더 깊어지고 더 높아지기 위해 합니다. 그렇다면 만약 상대방이 나한테 욕을 했을 때 기분이 상해서 화부터 울컥 낼 것이 아니라 지금보다 생각을 좀 더 깊이 해보면 됩니다. 나에게 욕을 한 상대가 다음에 무슨 대가를 받을까 한번 생각해봐야 합니다. 이런 것을 잘 알아야 내가 욕을 해야 되는지 말아야 되는지 선택할 수가 있습니다. 상대가 먼저 욕을 했으니까, 언젠가는 욕을 다시 받을 것

1 깨달은 사람, 깨우친 사람, 마음을 알아차린 사람 또는 도사라고 말하기도 합니다.

2 여기서 '하지 마라'는 것은 '계'라고 하고, '하라'는 것은 '율'이라고 합니다. 그래서 우리는 계율을 지켜야 하고 이 계율을 스승으로 믿고 의지하고 따라야 하는 것입니다.

입니다. 왜냐하면, 땅에다 콩을 심었으니까 콩이 나왔습니다. 자두 씨를 심으니 몇 년 후에 자두가 열립니다. 제비꽃을 심으니 제비꽃이 피어납니다. 결국 자기가 욕을 먼저 퍼부었으니까 자기한테 욕이 날아 올 것입니다. 이렇게 쉽게 공부를 하면 답이 금방 나옵니다.

콩을 심었으니까 당연히 콩이 수확됩니다. 그런데 콩을 한 알 심으면, 나중에 수확할 때는 한 개가 아니라 '수십 배가 넘는 콩이 나온다'는 것을 알아야 합니다. 한줄기에 최소한 한 꼬투리가 달려도 세 개가 나옵니다.

감자를 심었는데 최소한 수십 개가 달립니다. 볍씨는 백 개도 더 수확됩니다. 그런데 내가 욕을 딱 한 번 했는데도, 가지가 많이 벌어져서 나한테 돌아 올 때는 수백 번씩이나 돌아옵니다. 어쩌면 몇 년 후에 되돌아 올 수도 있습니다. 이것을 알면 함부로 욕을 하거나 상처를 주지 않을 것입니다. 그런데 사람들은 그런 생각을 하지 않습니다. 이렇게 중요한 이치를 가정에서도 동네 어르신들도 학교에서도 가르치지 않습니다. 그냥 함부로 해도 되는 줄 착각하고 있습니다. 만약에 몇 배로 자신에게 되돌아오는 것을 생각하면 너무 끔찍해서 어두운 생각을 함부로 할 수가 없습니다.

문제는 어떤 사람은 욕을 입에 달고 있고, 나쁜 짓도 많이 하는 데, 살기만 잘 산다고 말합니다. 도대체 앞뒤가 맞지 않다면서 인과법을 더 이상 믿을 수가 없다고 말합니다. 저 사람은 나쁜 짓만 골라서 하기 때문에 잘못되어야 되는데 어떻게 해서 저렇게 잘 사느냐고 의문을 제기합니다. 우리가 과일농사를 지을 때 감이나 사과 씨를 하나 심어 보면 적어도 3년까지는 감이나 사과가 열리지 않는다는 사실입니다. 그러면 왜 우리가 인과를 믿지 못하거나 부정하는 일이 생기냐 하면 원인이 있고 결과가 생기는데 즉시 생기는 것도 있지만 시차가 생기는 것도 있습니다. 결국 이 시차 때문에 사람들이 믿지 않습니다.

그러니까 '앞뒤가 안 맞아서 인과법을 못 믿겠습니다.'고 말하기는 어렵습니다. 우리가 농사를 많이 지어 놓으면, 하루아침에 밥을 다 지어 먹지 않습니다. 최소한 내일이나 또는 일 년씩 먹을 만큼 남겨 놓습니다. 돈을 벌면 통장에 저축을 해 둡니다. 그래서 그 전에 많이 농사지어 놓은 것이 마치 지금에 와서 그 사람이 잘 사는 것처럼 보일 뿐입니다. 자기가 지어 놓은 농사 밑천이 다 떨어지고 나면, 그때 욕을 얻어먹게 됩니다.

결국 창고에 그 동안 보관해 놓은 것이 많거나 통장의 잔고가 이월되어 온 것이라고 생각하면 됩니다. 금강경에서는 전생에 잘 했었던 것이 남아서 그 재산이 다음 현세로 이월되어 그것을 지금 받고 있는 것이라고 합니다.

그런데 이것을 잘 이해하지 못해 믿지 않습니다. 왜냐하면 시차가 생겨 당장 과보를 받는 것이 보이지 않기 때문입니다. 그런데 농사라는 것은 씨앗을 뿌리면 금방 수확이 되는 것이 아니라 상추처럼 한달이 지나면 수확을 할 수도 있습니다. 일년생처럼 한해 한해 곡식이 열리는 것도 있지만, 껍질이 딱딱한 호두, 밤, 은행과 같은 과일은 씨를 심고 나서 한 10년~15년 쯤 자라야 겨우 열매가 열립니다. 이처럼 원인이 생기고 나서 결과가 나오기까지 시차가 생깁니다. 낮의 길이가 길어지면 더워지고 낮의 길이가 짧아지면 추워집니다. 그럼 낮의 길이가 가장 길면 가장 더워야 하고, 낮의 길이가 가장 짧을 때 가장 추워야 합니다.

그렇다면 낮의 길이가 가장 긴 하지에 가장 더워야 하는데 실제로 제일 더울 때는 하지가 지난 7월말이나 또는 8월초가 되어야 가장 덥습니다. 또 낮이 가장 짧은 동지가 가장 추워야 되는데, 실제로 가장 추울 때는 한 달 후인 1월말이나 2월초가 됩니다. 이와같이 원인과 결과에 시차가 생기기 때문입니다.

지금까지 욕을 퍼붓는데 당장 과보를 받지 않은 것은 '다음으로 이월이 돼서, 또는 시차가 생겨서 그렇구나.' 하는 것을 알아야 합니다. 그런데 이월이 된 것을 다 사용하고 나면 결과를 받는다는 사실을 알아야 합니다. 이런 이치를 잘 알면 상대에게 상처 주는 말을 함부로 할 수가 없습니다.

한편 상대가 나에게 욕을 마구 퍼붓는데도 '나 잘 돼라고 그러는구나! 고맙습니다.'고 받아들이면 됩니다. 그러면 상대가 온갖 욕을 퍼붓는데도 내가 긍정으로 받아들이면 긍정의 씨앗만 받게 됩니다. 다시 말해 엄마가 자식한테 욕을 퍼붓는데, 자식이 성질을 내면서 대들면 그 자식도 상처를 받고 그로 인해서 다시 엄마도 상처를 받게 되는데 그게 바로 인과의 법칙입니다.

한편 엄마가 욕을 퍼 붓는데도 만약에 '나 잘 돼라고 했구나!' 하고 밝은 쪽으로 마음을 틀면, 엄마한테는 복이 돌아갑니다. 똑같이 욕을 퍼부었는데도, 자식이라는 연을 잘 만나면 화(禍)가 복(福)으로 바뀌어버립니다. 이처럼 내가 아무리 큰 잘못을 했더라도, 연을 잘 만나면 더 큰 보상이 돌아오는 것입니다.

그래서 이 세상은 인연을 잘 만나야 됩니다. 그 증거로 초등학교 다닐 때 공부를 지지리도 못하고 멍해서 어떻게 살아갈까 걱정한 친구가 선생님이라는 인연을 잘 만나서 또는 남편이라는 인연을 잘 만나서 크게 성공한 사람들도 많습니다. 그게 바로 인연을 잘 만나 행복하게 살아가는 것입니다. 반면에 연을 잘못 만나면 자기 인생은 다 망가지게 됩니다.

이 세상을 살아가면서 욕을 많이 퍼부었는데도 불구하고 좋은 인연을 만나면, 복을 받습니다. 예를 들면 우리는 가끔씩 욕쟁이 할머니를 찾아 밥 먹으러 가는 사람들도 많습니다. 왜냐하면 '나 잘 돼라고 그랬구나' 하면 밝아지기 때문입니다. 이게 참으로 묘한 법입니다. 나쁜 일을 했으면 나쁜 결과를 받아야 되는데, 인연을 잘 만나면 참으로 묘하게 결과가 달라집니다. 우리가 사는 이 세상은 인연으로 시작해서 인연으로 끝납니다. 그래서 인연법은 우리에게 매우 중요한 것입니다.

전화위복

전화위복(轉禍爲福)이란 말이 있습니다. 화를 먼저 짓고, 복을 짓습니다. 만약 좋지 않은 일이 생기면, 곧 복이 따라 온다는 것을 의미입니다. 그러면 좋은 일이 있을 때는 그냥 좋고, 좋지 않은 일이 생기면, 곧 좋은 일이 생길 것이라서 기분이 좋습니다. 부처님 상을 잘 살펴보면 입가에 늘 미소를 띠고 있습니다. 그것은 바로 좋지 않은 일이 생길 때는 한 수 앞을 내다보고 좋은 일이 곧 올 것이라는 것을 알아야 합니다. 그러면 살짝 입가에 미소가 올라가는 것입니다. 그래서 우리는 항상 그 웃음을 머금고 살아가야 합니다.

가정에서도 마찬가지입니다. 늘 웃고 있는 집은 이웃사람들이 많이 찾아옵니다. 웃지 않는 집에는 찾아오는 사람도 없습니다. 사람이 찾아오지 않는 집은 죽은 집입니다. 집의 기운이 죽어 가면 아무도 찾아오질 않습니다. 이런 집은 죽은 집입니다. 기(氣)가 죽으면 운(運)이 살아나지 않습니다. 운이 살아나지 않으면 명(命)이 짧아집니다. 작은 가게를 운영하거나 큰 회사를 운영하거나 모든 인간관계의 경우에도 마찬가지입니다. 늘 웃음을 머금고 있는 가게에는 손님들이 줄지어 찾아옵니다. 왜냐하면 찾아가면 그냥 기분이 좋기 때문입니다. 그러니 늘 웃는 연습을 하여야 합니다.

우리는 어떠한 어려운 일이 생기더라도 곧 복이 올 것이라고 한 수 앞을 내다봐야 합니다. 지금 천둥번개가 치면서 비가 쏟아집니다. 그러나 한 수만 앞을 내다보면 지금까지 비가 그치지 않은 때는 단 한 번도 없었습니다. 그러니 지금 힘들더라도 잠깐 시간이 지나면 점점 나아지기 마련입니다. 어두운 밤이 가고 나면 반드시 낮이 밝아옵니다. 그게 자연의 이치입니다. 그러니 '화'가 온 뒤에는 반드시 '복'이 찾아옵니다. 그게 이치이고 자연의 순리입니다. 아무리 어려운 일이 생겨도 웃음을 머금고 밝은 마음을 가지고 있으면 반드시 복이 따라 옵니다.

자녀가 공부 때문에 걱정을 하고 있으면, '얘야, 지금까지 살아보니까 콩 심은 데서 콩 나고 팥 심은 데서 팥만 나더라.' 그렇게 자꾸 걱정만 하면 앞으로 공부가 점점 더 어려워질 수 있겠다. 그러니 지금부터는 걱정하지 말고 밝은 마음으로 해야 할 것 같다고 훈수를 두어야 합니다.

마찬가지로 사업 때문에 걱정하는 친구를 만나면 '친구야, 내가 지금까지 농사를 지어보니 수박 심으면 수박만 열리고 고추 심으니 고추만 열리더라.' 친구가 걱정하는 것을 보니 앞으로 자꾸 더 어려워 질 수도 있겠다. 그런데 '친구야, 아무리 깜깜한 토굴도 촛불 하나만 밝히니 금방 환해지더라.' 그러니 걱정할 것이 아니라 좀 더 힘을 내면 좋겠다고 용기를 줄 수 있습니다.

자녀가 사업이 잘 안돼서 고민하고 있다면, '내가 평생을 살았는데, 겨울이 지나고 나면 봄은 반드시 오더라.' 이렇게 해야 됩니다. 그런데 자녀가 공부를 못한다고, 또 사업이 어렵다고 걱정을 하면서 잘 되게 해 달라고 아무리 기도를 해도 씨와 열매가 다르면 기도성취가 잘 되지 않습니다. 이렇게 성취되지 못하는 기도만 하는 사람을 우리는 노인(No 人)이라고 말합니다.

노인과 어르신의 노후보장

나이가 들어서 사람답지 못한 노인으로 살게 되면 노후가 보장되지 않습니다. 무슨 일이 생겨도 '밤이 지나면, 날이 새는 법'입니다. 그런데 지금 어두운 밤인데도 자꾸 걱정만 하면 안 됩니다. 밤이 지나고 나면 날이 새는 줄도 모르고, 걱정만 하는 것은 어리석은 짓입니다.

만약에 나이가 들어서도 자꾸 자녀나 주위 사람들을 간섭하고 잔소리하고 고집부리면, 물건 취급하듯이 노인 취급합니다. 그러면서 그 노인이 얼른 죽기만 기다립니다. 왜냐하면 자꾸 어두운 생각만 하면 주위 사람들에게 어두운 일들만 생기기 때문입니다. 그러면 자녀들이 어두워져서 하는 일마다 되는 일이 없습니다. 자기만 어두운 것이 아니라 자녀들도 어둡고 가정과 이웃을 자꾸 어둡게 만듭니다. 물건처럼 노인 취급당하기 싫으면 밝은 생각을 해야 합니다. 마음이 밝아지면 어르신으로 대접받게 됩니다. 어르신이 되면 어디를 가더라도 대접받고 대우받고 존중받습니다.

자동차를 타고 터널을 들어갈 때는 깜깜하지만, 그 터널을 빠져나올 때는 환해지는 법입니다. 힘든 사람들을 만나면 당신이 지금 터널 지나가는 중이니까, 그 터널만 지나가면 앞이 환히 열릴 것이라고 용기를 주는 사람은 노인이 아니라 어르신들입니다. '화가 지나고 나면 반드시 복이 온단다.'는 이런 밝은 말은 어르신이 아니면 할 수가 없습니다.

그런데 노인은 잔소리하고 불평불만하고 상대를 원망합니다. 따라서 노인이 되면 대접받지 못하고 물건처럼 취급받습니다. 어르신은 옆에만 있어도 빛이 되어 에너지가 생성됩니다. 어르신이 계시는 가정에는 언제나 생기가 돋아납니다. 어르신이 많은 국가는 정신적으로 매우 부유합니다. 태고로부터 지금까지 수많은 전쟁에서도 어르신이 많은 국가를 함부로 침략하거나 넘보지는 않았습니다.

예전에 중국에서도 공자와 같은 지혜로운 어르신들을 각 나라에서 서로 모시고 가려고 했습니다. 가정에서도 마찬가지입니다. 어르신은 자녀들도 서로 모시려고 합니다. 자녀들이 서로 어머님 아버님, 저희 집에 한 달만 더 계시다가 가시라고 합니다. 한 달 지나면 또 '어머님 아버님, 조금만 더 계시다가 가시면 안 되겠습니까?' 어머님 아버님이 계시니까 우리 집은 저절로 일이 잘 풀립니다. 그러면서 서로 모시려고 합니다. 이렇게 자녀들이 서로 모시려고 하고 대접을 받으면 어르신입니다. 그렇지 않으면 노인으로 취급당하는 것입니다.

이 세상은 누구나 어르신만 모시고자 합니다. 노인을 모시고 싶은 사람은 아무도 없습니다. 그래서 노인은 꼭 물건처럼 취급 당합니다. 노인한테는 물건처럼 함부로 막 대합니다. 그런데 '어르신에게는 받드신다. 모신다. 대접한다.'고 말합니다. 노인이나 물건은 함부로 취급을 합니다. 어르신에게 취급한다는 말은 아무도 하지 않습니다. 내가 노인인지 어른인지를 스스로 알아야 합니다.

어쩌다가 자녀 집에 갔을 때, 며느리나 사위가 며칠만 더 계시다가 가라고 애원하고, 진짜 웃는 모습인지 아니면 체면상 하는 소리인지 잘 살펴보면 됩니다. 또 직장도 다니지 않는 며느리가 '집이나 봐주라'고 하면서 자꾸 밖으로 나가면 노인취급 받고 있습니다. 자녀가 직장에 다녀도 평소보다 더 늦게 귀가하면서 집이나 봐 주는 삽살개 취급 받으면 그 사람은 분명히 노인입니다. 대접받는 기분이 들면 어르신으로 살고 있는 것이고, '언제 갈까? 빨리 안 가나?' 하고 집이나 봐주는 똥개 취급 받는다면 노인으로 살고 있다는 증거입니다.

인연에 의한 복과 덕

인연이란 하나의 씨앗이 흙을 만나고 물을 만나고 적당한 온도와 햇볕을 만나야 싹이 트고, 나무는 옥토가 있어야 뿌리를 깊이 내릴 수 있습니다. 물고기는 헤엄칠 수 있는 공간과 물을 만나야 숨을 쉽니다. 맹수들은 산세가 깊어 많은 동물들이 있어야 살아갈 수 있습니다. 이렇게 자연의 세계는 서로서로 인연의 끈이 되어 기대기도 하고 도움을 주기도 하고, 때로는 힘이 센 것이 힘이 약한 상대를 잡아먹는 약육강식의 세상입니다.

우리들의 삶도 주는 인연이 있어야 받는 인연도 있습니다. 인연의 싹은 내가 먼저 주는 것으로부터 시작됩니다. 내가 주는 것을 인이라 합니다. 인이란 싹을 잘 키워서 튼튼하게 뿌리 내리게 하는 것은 순전히 자신의 몫입니다. 인연이란 그냥 내버려 두어도 저절로 자라는 야생초가 아닙니다. 인내를 가지고 공을 들이고 시간을 들여가며 좋은 연을 만나야 비로소 향기로운 꽃을 피우는 것입니다. 그래서 연을 잘 만나는 것은 참으로 중요합니다. 연을 잘 만나면 상대가 아무리 욕을 퍼부어도 그냥 '나 잘돼라'고 하는 뜻으로 받아들이니까 복이 저절로 옵니다. 그러나 연을 잘못 만나면 '자기가 먼저 잘돼라'고 했는데도 불구하고 간섭한다면서 못마땅해 하거나 짜증을 냅니다.

좋은 인연은 큰 복입니다. 그것을 우리는 '연복(緣福)'이라고 말하기도 하고 인덕이라고도 말합니다. 우리는 복을 가진 인연을 잘 만나야 됩니다. 복은 내 의식주와 연결이 되어 있습니다. 자기 자신을 잘 알아야 됩니다. 먹고 사는 것이 힘들다면 지금까지 내가 지어 놓은 복이 적은 것입니다. 자신이 사는 모습만 보아도 이렇게 자기 주제 파악을 쉽게 할 수 있습니다. 먹고 사는 것은 빠듯하면서도 자존심 때문에 있는 체 폼 잡는 것이 다 보입니다.

내가 먹고 사는 것이 힘들면서 남들 앞에서 '있는 척' 폼은 잡는 사람처럼 바보는 없습니다. 없는 것을 자꾸 주려고 하니까 문제가 생겨 부부가 갈등을 겪습니다. 재물을 많이 가진 사람이 부자가 아니라 내가 가진 것을 많이 나누는 사람이 부자입니다. 이것을 빨리 깨달아야 합니다.

어르신으로 살 것인가 노인으로 살 것인가

우리는 인연법만 제대로 알아도 자기 자신을 올바로 볼 수 있습니다. 밝은 생각을 하면 밝아지고, 어두운 생각을 하면 어두워집니다. 이것이 변하지 않는 법칙입니다. 밝은 생각이라고 특별한 것도 아닙니다. '밥만 먹어도 어디냐', '살아 있는 것만 해도 감사하다.', '따뜻한 방에 잠 잘 수 있는 것만 해도 감사하다.', '지금 이 만큼 사는 것도 감사하다.'고 하면 이게 바로 밝은 생각입니다. 그저 '덕분입니다.', '감사합니다.'고 입버릇처럼 말하는 것이 바로 밝은 생각입니다. 자다가 일어나도 그저 '살아 있어서 덕분입니다.' 하고, 누가 욕을 퍼부어도 '나 잘 돼라고 해서 덕분입니다.'고 말하고, 누가 칭찬을 해도 '덕분입니다.' 그러면 늘 밝은 생각이니까 하는 일이 저절로 다 잘 풀립니다.

이것을 가장 먼저 깨닫게 해 줘야 할 사람은 바로 부모입니다. 그리고 선생님이고 어르신들입니다. 그런데 가정에서도 학교에서도 아무도 이것을 가르쳐 주지 않습니다. 세상에서 가장 중요한 학교는 가정입니다. 그런데 많은 부모들은 가장 중요한 학교인 가정에서 유아 놀이방이나 유치원, 학원으로 자녀들을 내몰아칩니다. 또 학교에서는 점수를 올리는데 더 신경을 쓰고 있습니다. 그리고 노인(No 人)들은 자꾸 자녀들을 걱정하면서 며느리나 사위의 흉만 보고 있습니다. 그 이유는 인연법을 모르니까 그냥 아무 생각없이 저질러 버립니다. 그러니 자신의 앞길이 어두워지고 가족이나 주위가 자꾸 어두워집니다.

부모나 선생님, 어르신들이 원래 정해져 있는 법칙들을 제대로 가르쳐 주지 않아서 어두운 생각들을 자꾸 하게 되는 것입니다. 자상하게 알아듣기 쉽게 가르쳐 주면, 습관이 된 어두운 생각들도 점차 줄어듭니다. 그러면 하는 일들이 순조롭게 잘 풀리게 됩니다. 밝은 생각을 하면 얼굴색이 밝아지고 자존감이 향상되어 태도나 말씨에서도 나타납니다. 어두운 생각을 하면 자꾸 욕심을 부리게 되고, 상대방에 대한 미움과 원망은 늘어 가고, 열등감도 많아지고 괴로움은 깊어지고 집착은 더 강해집니다.

인연법을 알고 나면 밝은 생각만 하니까 누구를 만나던 '형님, 덕분입니다.' '아우 덕분입니다.' '며느리 덕분입니다.'고 합니다. 이것은 어르신들이 하는 처신입니다. 우리가 삶의 황혼녘에 들어 노인이 되지 말고 어르신이 되어야 합니다. 천지신명도 어르신한테는 고개를 숙인다고 했습니다.

인연법을 잘 아는 어르신들은 그저 '당신 덕분입니다.', '우리 며느리 덕분입니다.'고 하니까, 온 가정이 다 밝아집니다. 어르신이 가는 것마다 다 밝아집니다. 그래서 인연법을 아는 어르신이 되면 자녀들이 서로 모시려고 합니다. 왜냐하면 어르신이 계시면 가정이 밝아지고 하는 일마다 잘 되기 때문입니다. 그러면 어르신이 가는 곳마다 다 반겨주고 자녀들도 서로 좋아합니다. 나라에도 어르신이 있어야 합니다. 이 나라에도 어르신이 없어서 지금 많이 힘들어 합니다. 정치인들도 자꾸 어두운 것만 들추어내서 경제를 힘들게 하고 정치를 힘들게 합니다. 이 시대의 정치인은 밝은 생각을 해야 합니다. 정치인들의 생각이 밝아야 한 나라가 바르게 우뚝 섭니다.

밝은 생각은 자기 스스로 하는 것입니다. 그러면 자기 스스로 했으니 자기가 창조주입니다. 성경에 '태초에 말씀이 있었나니, 말씀이 하나님과 함께 계셨나니, 말씀이 곧 하나님이다. 하나님이 곧 창조주다.'고 했습니다. 그럼 지금은 자기가 말을 합니다. 그럼 자기가 곧 창조주입니다. 창조주가 하느님입니다. 그러면 자기가 바로 하나님이고 부처입니다. 그런데 많은 사람들은 자기가 하나님이고 부처님인 줄도 모르고 살아갑니다. 그래서 '자기가 짓는 대로 받으니, 자기가 창조주란다.' 이것 하나만 제대로 깨달으면 됩니다.

이런 이치를 깨닫고 나면, 모든 것이 '다 내 탓이오.'하는 엄청난 변화가 일어납니다. 가정에서도 남편 탓을 하지 않고, 부인 탓을 하지 않고, 며느리 탓, 자식 탓과 같은 상대 탓을 하지 않습니다. 만약 행복해지고 싶다면 더 이상 조건이나 환경을 탓해서는 안 됩니다. 환경이 변하기를 바라지 말고 자기가 먼저 깨달아서 변해야 합니다. 설사 환경이 변한다 해도 자기 입맛대로 절대 변하지 않습니다. 그러니 환경에 맞게 자기를 변화시켜야 합니다.

자기가 먼저 변하는 것이 세상이 변화되기를 기다리는 것보다 훨씬 더 쉽고 빠릅니다. 왜냐 하면 자기가 창조주이기 때문입니다. 이렇게 인연법 하나 깨달으면 자기중심을 바로 세울 수 있습니다. 자기가 해야 될 것은 무엇이며, 하지 말아야 될 것은 무엇인지 자기중심이 바로 서게 됩니다. 우리 모두는 각자 자기 인생의 주인입니다.

그런데 많은 사람들은 자기가 자기 인생의 주인이 되지 못해 어두운 생각으로 살아갑니다. 자기 인생의 주인이 되지 못하는 사람들의 공통적인 특징은 '안 된다. 힘들다. 하기 싫다'처럼 자꾸 어두운 생각을 하며 상대를 탓하게 됩니다. 어두운 생각을 많이 하는 사람은 자존감이 낮아져서 자신감도 떨어집니다. 반면에 불평불만은 늘어가고 열등감도 더 쌓여만 갑니다. 이렇게 자신이 '안 된다'고 생각하면 당연히 잘 될 일이 없습니다. 이미 어두운 생각을 하는 사람은 자신이 스스로 '안 된다'고 결론을 내렸기 때문입니다.

마찬가지로 '힘들다'고 말하는데 즐거울 수가 없으며, '어렵다'고 말하는데 쉽게 될 일이 없습니다. 그 이유는 콩 심은데 콩 나듯, 말이 씨가 되기 때문입니다. 어떤 일을 시작하기 전에 이렇게 힘들다거나 어렵다는 부정적인 생각이 자꾸 떠오르면 하는 일마다 잘 될 수가 없습니다. 자기가 뿌린 대로 거두기 때문입니다. 모든 것은 자기가 짓고 자기가 받기 때문에 항상 밝은 생각을 해야 합니다. 그런데 부정적인 생각을 하는 사람은 평소에 불평불만과 열등의식이 가득차 부정적인 생각이 저절로 나옵니다.

지금 옆집에서 아무리 지지고 볶고 싸움을 해도, 나는 지금 연속극을 보고 있으면 나한테는 아무 일이 없습니다. 마찬가지로 주위에 어두운 생각을 가진 사람이 있더라도 내가 밝은 생각을 가지면 되는 것입니다. '잘 될까' 라고 생각하기 보다는 '주위의 도움 덕분'에 잘 될 것이라고 생각합니다. 시험을 칠 때도 '어려울까' 하고 걱정하면 불안해서 아는 문제도 틀리게 됩니다. 불안한 생각이 자꾸 드니까 자신이 이미 잘 알고 있는 문제도 믿지 못하여 흔들리게 됩니다. 결국 걱정하는 것이 씨가 되었기 때문입니다.

불경에서는 세상의 모든 일은 자신이 표현한 대로 이루어진다고 합니다. 성경에서는 말씀한 대로 이루어진다고 말합니다. 산 위에서 '야호!'라고 하면 야호하고 메아리가 돌아옵니다. 이렇게 자신이 지어놓지 않으면 아무 것도 자신에게 돌아올 일이 없습니다. 자신이 숨을 내쉬지 않았으면 들이마실 숨이 없습니다. 콩 심은데 콩 나는데, 의심하면 의심할 일만 생기고 걱정하면 걱정할 일만 생길 뿐입니다. 매사에 늘 '힘들다'고 말하는 사람은 항상 누군가를 자꾸 탓하거나 핑계를 대면서 변명을 합니다.

그러니 우리 인생에 있어서 내가 내 인생의 주인인데, '남편이나 아내, 부모나 자식, 친구나 이웃, 돈이나 지위'와 같은 것이 마치 나의 주인 노릇을 합니다. 문제는 우리가 거기에 의지해서 살아가고 있습니다. 이제 우리는 자기중심을 가지면서 살아가야 합니다. 그래야 인간관계가 행복해집니다.

열세 번째 강의

한 생각의 힘

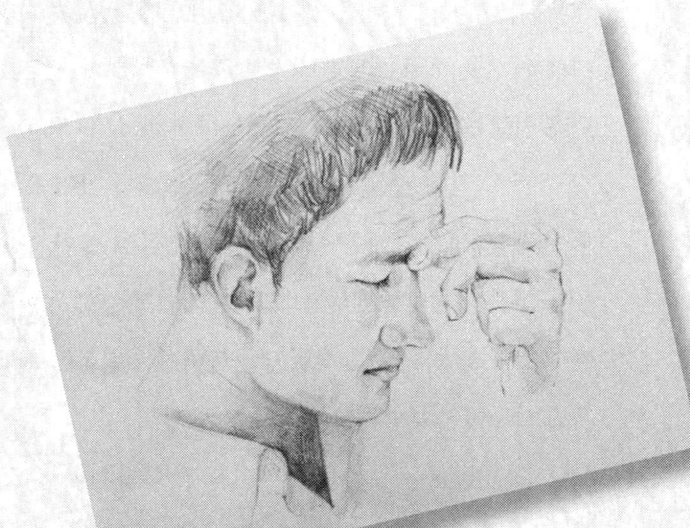

자기 자신을 먼저 관찰하기

이 시대에 살고 있는 우리는 이 세상이 어떻게 구성되어 있는지를 먼저 알아야 합니다. 이 세상은 나와 나 아닌 다른 대상들로 구성되어 있습니다. 이런 관계속에서 자신의 노력과 자신을 둘러싼 주위의 도움에 의해 살아갑니다. 그렇기 때문에 자신과 더불어 함께 살아가는 사람들을 잘 알아야 크게 도움이 됩니다. 인간관계를 잘하기 위해서는 제일 먼저 자기 자신을 보다 세밀하게 관찰하여야 합니다. 그러면 인간관계가 훨씬 더 넓어질 수도 있고, 보다 더 행복하게 잘 살 수도 있습니다.

다시 말해 많은 사람들은 지금 현재에 있지 못하고 과거에 갔다가 또 미래로 갔다가 하는 바람에 매우 힘들게 살아갑니다. 과거를 후회하는데 시간을 낭비하지 말고, 오히려 과거를 통해서 반성하는 것에 사용하여야 합니다. 과거를 후회로 받아들이면 걸림돌이 되지만 과거를 반성하는데 사용하면 디딤돌이 됩니다.

그런데 많은 사람들은 이것을 잘 사용하지 못해 과거에 발목이 잡혀 늘 화를 내고 후회하고 아쉬워하면서 살아갑니다. 또 많은 사람들은 오지도 않은 미래를 쓸데없이 걱정하는데 사용하고 있습니다. 이 미래를 걱정하는 데 사용할 게 아니라, 오히려 계획을 세우고 실천하는 데 써야 합니다. 걱정하는 것은 걸림돌이 되지만 디딤돌로 삼아 미래의 계획을 설계하는 데 사용하면 아주 소중한 자산이 됩니다.

미래를 보는 불안한 시각에서 벗어나기

세상을 살아가면서 많은 사람들이 자꾸 걱정하고 혹은 근심하고 고민합니다. 그러면서 불안해하고 두려워하고 아파합니다. 전혀 일어나지도 않은 일을 마치 현재에 일어나는 일처럼 착각하기 때문에 걱정하고 두려워합니다. 즉 대부분 아직 오지 않은 미래나 아직 일어나지 않은 일들로 걱정하고 불안해하고 초조해합니다. 어떤 일이든 근심 걱정하고 불안해 하고 초조해 하고 걱정하면 자존감은 떨어지고 두려움이 생깁니다. 그러면 집중력이 떨어지고 자신감도 떨어져 무력감을 느끼면서 포기하거나 좌절합니다. 차라리 미래를 걱정할 일이 아니라, 차근차근 계획을 세워서 디딤돌로 삼아야 합니다.

평소에 부모들이 지나치게 걱정하거나 지나치게 관심을 가지거나 예측할 수 없는 행동을 하거나 안절부절할 경우, 분노하거나 요구적인 행동을 하거나 정서적으로 취약하거나, 우울하거나 자녀에게 집착하거나 두려워 할 경우에는 자녀에게 불안을 야기시킵니다.

어떤 엄마는 아이가 성장하면서 아프지 않을까, 다치지 않을까 늘 불안해합니다. 어떤 학생은 기말시험에 뭐가 나올까 걱정하고 불안해서 공부도 못하고 시간을 다 보냅니다.

어떤 사람은 어떻게 하면 저 사람에게 잘 보일까하고 걱정합니다. 어떤 사람은 내일 친구를 만나면 뭘 할까 고민하다가 잠을 설칩니다. 혹시 내일 비가 많이 오면 어떻게 해야 할지 고민하다가 창문을 열었다가 닫았다가 밤잠을 설칩니다. 어떤 부모들은 혹시 자녀가 '대학교에 합격하지 못할까봐 불안해하고, 대학교를 졸업하고 취직을 하지 못할까봐' 불안해하면서 늘 걱정합니다. 그런데 이런 일들은 아직 일어나지도 않았음에도 불구하고 늘 불안해하고 걱정을 하고 있습니다.

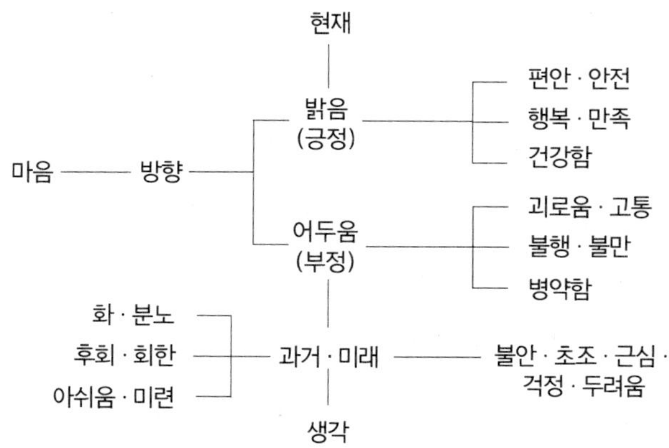

행복하게 잘 사는 사람들의 공통적인 특징은 아직 일어나지 않은 일이나 미래에 대해 걱정하지 않습니다. 여기서 좀 더 깊이 생각해 보면 '말이 씨가 된다'는 사실을 알아야 합니다. 콩 심으면 콩이 나듯이, 만약에 아직 일어나지도 않은 일을 미리 걱정했다면 아마 그 걱정이 그대로 현실로 일어날 수도 있습니다. 자신에 대해 불안을 느낀다면 세상에 존재하는 모든 것들도 불안해집니다. 그렇게 되면 세상에 대한 관심이 줄어들어 자신을 가두고 울타리를 쳐서 스스로 그 속에 갇히게 됩니다.

문제는 세상에 대한 불안을 대신해서 가족들에게 매달립니다. 또다른 형태의 불안은 난폭한 행동으로 나타나기도 합니다. 모든 것은 자기가 표현하는 대로 이루어지기 때문입니다.

왜냐하면 인과법칙에 의하면 뿌린 대로 그대로 거두기 때문입니다. 인과법은 원래부터 정해져 있는 법칙입니다. 우리가 살아가면서 믿고 의지해야 될 것은 이 법칙입니다. 그 이유는 변하지 않는 진리이기 때문입니다. 그런데 많은 사람들은 이 변하지 않는 진리를 너무 소홀히 대합니다. 우리는 변하지 않는 법칙을 믿고 의지해야 되는데도 불구하고 함부로 무시하거나 너무 소홀히 대처합니다. 그러면서 더 좋은 것에 욕심을 자꾸 부리니까 우리의 삶에 늘 굴곡이 생겨 자꾸 힘이 듭니다.

예를 들면 '점심은 뭘 먹을까' 라든지 '어디에 갈까' 혹은 '누구에게 전화할까' 등 중요하지도 않은 사소한 일에 괜히 걱정합니다. '혹시 차가 막히면 어떻게 하지, 운전하다가 바퀴가 펑크 나면 어떻게 하지'와 같은 아주 일상적이거나 어처구니없는 일에 걱정하는 것입니다. 이런 쓸데없는 일에 많은 시간을 보냅니다. 차가 막히면 천천히 가면 되고 아니면 조금 일찍 출발하면 됩니다. 펑크가 나면 때워가거나 예비 타이어로 교체해서 가거나 서비스를 요청하면 됩니다.

어떤 부인은 식사준비를 하면서 시금치를 삶을 때 '많이 익혀야 하는지, 살짝 익혀야 하는지'에 대해 고민합니다. 많이 익으면 비타민은 조금 파괴될지 몰라도 소화가 잘 돼서 좋습니다. 살짝 덜 익으면 비타민 씨가 파괴되지 않아서 좋습니다. 어떻게 삶던지 간에 둘 다 좋은 점이 있는데, 그 좋은 점을 먼저 생각하면 됩니다. 그런데 특정한 삶의 방식에 고착된 사람은 그것이 삶의 전부라고 생각하기 쉽습니다. 이런 사람들의 문제점은 자기의 편협된 생각은 고치지 않고 상대 탓을 하면서 화를 내고 신경질을 부립니다.

마치 밀가루가 맞느냐, 밀가리가 맞느냐로 싸우는 것입니다. 그게 표준말이냐 사투리냐의 차이일 뿐이고, 그 뜻은 아무런 차이가 없습니다. 그릇이 있는데 국을 담으면 국그릇이 되는 것이고 밥을 담으면 밥그릇이 되는 것이고 물을 담으면 물그릇이 되는 것입니다. 우리들의 마음도 어떤 것이든 다 담을 수 있는 큰 그릇이 되어야 합니다.

과거의 후회에서 벗어나기

우리는 밤이 가고 낮이 오듯이 변하지 않는 법칙 속에 살아갑니다. 그 속에 사는 우리도 밤과 같은 어두운 마음이 생기고 낮과 같은 밝은 마음도 생깁니다. 밤과 같은 어두운 마음을 쓰면 내가 어두워집니다. 내가 어두워지면 내 가족들도 어두워집니다. 반대로 낮과 같은 밝은 마음을 끄집어내기만 하면 내가 밝아집니다. 내가 밝아지면 내 가족들도 모두 밝게 바뀝니다. 내 가족을 밝게 바꾸는 열쇠는 자신의 밝은 마음에 달려 있습니다.

지금 진흙 밭에 빠져 있더라도 연꽃이 필 수 있듯이, 밤낮이 함께 돌아가더라도 밝은 생각을 하면 언제나 밝아지고, 밝은 말을 하면 언제나 밝아지고, 밝은 행동을 하면 언제나 밝아지니, 내가 지금 어디를 딛고 있든지 상관없이 언제나 밝게 할 수 있으니 참으로 묘한 법칙 속에 살아갑니다. 이 세상은 법칙대로 이루어집니다.

그런데 많은 사람들은 이미 지나간 과거를 자꾸 후회하고 아쉬워하며 화를 내는 것입니다. 집요한 사람일수록 이미 지나 간 과거를 내려놓지 못합니다. 마치 손뼉소리처럼 과거는 잘했건 못했건 이미 지나가 버리고 지금은 없습니다. 이미 지나간 과거를 다시 곱씹어서 '그때 그렇게 안 했더라면 좋았을 텐데.' 하고 미련을 버리지 못해 후회하고 자책하고 아파할 필요가 없습니다.

어떤 남자들은 '그때 그 여자하고 결혼할 걸.' 하고 후회합니다. 이미 지나 간 과거는 되돌릴 수도 없고 후회하고 화를 내어도 소용이 없습니다. 이렇게 이미 지나 가 버려 아무짝에도 소용없는 일에다가 수많은 에너지를 쏟고 있다는 사실입니다. 어떻게 보면 주어진 하루를 자신을 괴롭히는 일에 거의 다 사용하고 있습니다. 놀라운 것은 아주 사소한 일에 미련을 가지고 자꾸 후회하거나 아쉬워하면서 화를 내기 때문에 서로 다투기도 합니다. 그러면서 스스로 힘들다고 말하고 고통스럽다고 말하고 불행하다고 말합니다.

서로 싸우고 나서, 헤어지고 나서 또는 인간관계에서 계약이 잘 이루어지지 못했을 때 좀 더 잘할 걸 하고 우리는 한 순간만 지나도 아쉬워하고 후회하게 되는 것입니다. 또 있을 때 좀 더 나누어 줄 걸, 좀 더 사랑할 걸, 조금만 먼저 찾아갈 걸, 많이 칭찬해 줄 걸 하면서 아쉬워하고 후회하는데 시간을 다 소비하면서 괴로워합니다. 또 한편으로는 조금만 참으면 되는데 참지 못한 후회나 그로 인해 화를 내거나 기 싸움 또는 감정싸움 등 숱한 일들에 대한 후회로 괴로워하고 불행해 합니다.

과거를 후회해서 걸림돌로 만드는 것이 아니라, 오히려 반성해서 디딤돌로 삼아야 합니다. 이미 지나간 것에 대해 화를 내거나 후회해도 아무런 의미가 없습니다. 그러니 과거를 반성해서 다시는 그런 삶을 살지 않는 디딤돌로 삼아야 합니다.

자신의 노력으로 해결할 수 없는 일에서 벗어나기

자기가 변화시킬 수 없는 세상에 자꾸 걱정을 하는 사람도 있습니다. 자기가 어떻게 할 수 없는 낮과 밤, 날씨나 온도에 괜히 신경질을 부립니다. '오늘 따라 날씨가 왜 이래?' 하면서 시비를 겁니다. 내가 변화시킬 수도 없는 날씨에 대해 너무 애민하게 반응합니다.

우리가 왜 힘들고 어렵게 사는 가를 잘 살펴보면 내가 어떻게 할 수 없거나 지나간 과거나 오지도 않는 미래와 아무 짝에도 쓸모없는 곳에 신경을 쓰기 때문입니다. 자신의 삶을 힘들게 사는 사람들은 자기를 들여다 보는 훈련이 부족하기 때문입니다. 인간관계는 자기만 보고 살아갈 수는 없습니다. 상대방도 들여다 볼 수 있어야 합니다. 훌륭한 자녀를 키우기 위해서는 부모가 먼저 자기를 들여다봐야 합니다. 혹시 아무도 바꿀 수 없는 세상 일에 에너지를 다 쏟고 있지는 않는지 먼저 살펴봐야 합니다.

우리가 바꿀 수 있는 것은 내가 생각을 어떻게 하는지에 따라 밝아질 수도 있고 어두워질 수도 있습니다. 자신이 어떤 대상과의 관계에서 건전하게 생각하는지 불건전하게 생각하는지 보는 시각에 따라 삶이 완전히 달라집니다. 어떤 대상과의 관계에서 긍정적으로 보느냐 부정적으로 보느냐에 따라 행복과 불행은 갈라집니다.

따라서 인간관계에서 어떤 대상과의 관계형성에 밝은 마음으로 생각하면 편안해지고, 행복해지며, 정신건강에도 좋습니다. 반면에 어두운 마음으로 생각을 채우면 괴로움과 불행이 따릅니다. 왜냐하면 관계형성은 나의 노력보다는 나 아닌 대상과의 도움이 더 크게 작용하기 때문입니다.

생각 하나로 세상은 바뀐다

어떻게 하면 생각을 잘하는 것인가. 오직 생각 하나만 잘해도 부모는 자녀들에게, 선생님은 학생들에게 건강하고 훌륭한 멘토가 되는 것입니다. 이것은 부모나 선생님이 먼저 생활 속에서 실천하고 있어야 내 자녀와 학생들이 건강하고 훌륭하게 성장합니다.

겉과 속의 변화

앞으로 살아가야 할 날짜가 얼마 남았는지는 아무도 모릅니다. 그리고 이것은 우리가 마음대로 바꿀 수도 없습니다. 얼마나 살아야 할지는 우리 마음대로 못하지만 인생의 넓이나 깊이는 자기가 마음대로 할 수 있습니다. 그러니 우리가 앞으로 얼마나 살 것인가에 신경을 쓰지 말고, 지금 나한테 주어진 시간을 얼마나 넓게 살고, 또 얼마나 깊게 살고, 얼마나 높게 살 것인지에 대해 우리의 생각을 키워야 합니다.

예를 들면 우리가 날씨를 마음대로 바꿀 수 없지만, 그 날씨를 바라보는 내 마음은 얼마든지 밝게 가질 수가 있습니다. 이렇게 바꿀 수 있는 것에 우리는 관심을 가져야 합니다. 왜냐하면 표현한 대로 이루어지고, 말이 씨가 되기 때문입니다. 그런데 이렇게 하지 않고 꼭 어두운 쪽으로 생각하는 사람들도 있습니다. '꼴에 내가 뭘 하겠느냐'고 이렇게 어두운 쪽으로 마음을 두면, 자꾸 힘들어 지는 사람은 결국 자신뿐입니다. 물론 바뀌기는 바뀌는데 자꾸 어두운 쪽으로 바뀝니다. 내 삶은 내가 말하는 대로 이루어집니다. 겉을 변화시키기보다는 내 속을 먼저 변화시켜야 행복해집니다.

걸림돌과 디딤돌의 선택

과거는 이미 지나갔습니다. 지나 간 과거는 내가 어떻게 바꿀 수도 없습니다. 지나 간 과거는 인간관계에서 걸림돌로 붙잡을 것이 아니라 디딤돌로 삼아야 합니다. 지나 간 과거에 집착하여 후회하고 미련을 가지거나 아쉬워하면 걸림돌이 되어 불행해집니다. 그러나 과거를 돌이켜 반성하거나 교훈으로 삼는다면 디딤돌로 딛고 우뚝 일어설 수 있습니다. 이런 것은 부모가 먼저 자녀에게 보여줘야 합니다. 세상에서 가장 훌륭한 선생님은 부모이기 때문입니다. 부모가 모델링이 되고 본보기가 되기 때문입니다.

미래도 마찬가지입니다. 걱정하는데 쓰면 걸림돌이 될 것이고, 계획을 세우는데 쓰면 디딤돌이 됩니다. 이처럼 우리의 한 생각은 대단한 힘을 가지고 있습니다. 모든 것은 우리가 어떻게 생각하느냐에 따라서 전혀 다른 결과를 가져옵니다. 생각의 힘은 나를 바꾸고 상대를 바꿉니다. 그만큼 생각은 위대한 힘을 가지고 있습니다.

모양과 표정의 선택

얼굴 모양을 바꾸려면 쉽지가 않습니다. 비용도 많이 들고 통증도 따라야 합니다. 그러나 얼굴 표정은 쉽게 바꿀 수가 있습니다. 이렇게 쉽게 바꿀 수 있는 것에 투자를 해야 됩니다. 표정은 돈을 쓰지 않고도 바꿀 수 있습니다. 아프거나 괴롭지도 않고 바꿀 수가 있습니다. 그런데 어리석은 사람들은 표정 관리를 위해 투자를 하지 않고 얼굴 모양을 자꾸 뜯어 고치려고 합니다.

우리는 무엇이든지 바꿀 수 있는데다가 투자를 해야 합니다. 그래야 그 효과도 큽니다. 입 꼬리만 살짝 올려 웃으면 성형 수술을 하지 않아도 됩니다. 성형 미인보다는 자연 미인이 더 아름답기 때문입니다. 그런데 아무리 얼굴 모양을 뜯어고쳐도 입이 열 댓 발씩이나 나온 사람을 보면 밥맛이 저절로 떨어집니다. 사람들은 이런 이치를 모르고 자꾸 뜯어 고칠 생각부터 먼저 합니다. 물론 보기가 흉하거나 심하게 위협적이라면 수술도 필요합니다.

그러나 수술보다 더 중요한 게 스스로 고칠 수 있는 자신의 표정이 더 중요합니다. 얼굴에 나타나는 표정도 하나의 말씨이기 때문입니다. 말이 씨가 되고, 내 얼굴에서 표현한 대로 이루어지기 때문입니다.

때문에와 덕분에의 선택

이 세상을 살아가기 위해서는 자신의 노력도 중요합니다. 가난하다는 한 생각의 힘이 어떻게 작용하는가를 살펴보면, 어두운 마음을 가지고 있는 사람은 나는 가난했기 때문에 아무것도 할 수가 없었다고 말합니다. 그러나 마음이 밝은 사람은 가난 덕분에 남들보다 더 빨리 기반을 잡았다고 말합니다. 가난한 덕분에 친구들보다 먼저 세상에 뛰어들어서 사회경험을 했고 빨리 성공할 수 있었다고 말합니다. 만약 가난하지 않았으면 지금처럼 행복하지 못했을 것이라고 말합니다.

인간관계를 하다보면 '때문에'라는 말을 많이 쓰는 사람은 자꾸 상대 탓을 하게 됩니다. 모든 것을 상대의 탓이라는 방어막을 형성해 두고 늘 이유를 대거나 핑계를 대거나 거짓말을 하게 됩니다. 또 매사에 늘 부정적인 관점으로 보거나 무엇을 하든 어두운 생각부터 먼저 하게 됩니다. 이런 사람들은 자신만 어두운 것이 아니라 상대도 어둡게 하기 때문에 인간관계가 매우 힘들어집니다. 이런 것은 기본적으로 부모가 상대 탓으로 살았기 때문에 자녀는 습관적으로 배우게 됩니다.

생각의 힘은 어두운 것만 있는 것이 아니라 밝은 것도 항상 있습니다. 부모님이나 선생님은 자녀나 학생들에게 어떤 상황에 처해있더라도 그걸 좋게 바라볼 수 있는 긍정의 눈을 길러주어야 합니다. 특히 세상에서 가장 훌륭한 유산은 부모가 물려주는 재물이 아닙니다. 어떤 일이든 밝은 마음으로 바라볼 수 있는 긍정의 힘을 길러주어야 합니다. 자녀에게 이것보다 더 큰 유산이 없습니다.

밥 해주고 학교를 보내고, 좋은 옷 비싼 명품을 사주고, 자동차를 사주고 집 사주는 것이 유산이 아닙니다. 이런 물질적인 유산은 자녀의 노력이나 자립심마저 마비시키는 어리석은 짓입니다. 부모는 자녀에게 정말 소중한 유산을 물려줘야 합니다. 고기를 사 줄 것이 아니라 고기 잡는 방법을 가르쳐 주어야 하는 것입니다.

우리가 어떤 상황이 닥쳐도 가난 때문에 아무것도 할 수 없었다는 어두운 생각만큼은 물려주지 않아야 합니다. 오히려 가난 덕분에 남들보다 더 많은 세상 경험을 한 결과 지금은 풍요로운 심리로 살 수 있다고 말할 수 있어야 합니다. 그러면서 부모님께 가난 덕분이라고 감사할 줄 알아야 합니다. 적어도 부모는 이런 밝은 마음, 긍정의 힘을 자녀에게 길러줘야 합니다. 이것이 부모로서 자녀에게 물려줘야 할 훌륭한 유산입니다.

어떤 사람은 시간이 없기 때문에 할 수가 없었다고 말합니다. 눈만 뜨면 시간이 부족하다고 말합니다. 그런데 어떤 사람은 시간이 없는 덕분에 잠자는 시간도 아껴 사용한 결과 성공했다고 말합니다. 이렇게 한 생각의 힘은 참으로 위대합니다. 우리가 어떤 각도로 세상을 보느냐에 따라서 인생은 완전히 달라집니다.

그리고 어떤 사람은 배우지 못했기 때문에 취직도 할 수 없었고, 제대로 된 직장을 구할 수가 없었다고 말합니다. 그런데 배우지 못한 덕분에 무조건 배워야 되겠다는 자세로 어디든지 찾아가고 무엇이든지 물어보고 배운 결과 이만큼 성공하게 되었다고 말합니다. 무엇이든지 궁금할 땐 어떻게 하면 되는지 만나는 사람마다 물어보면 됩니다. 모르면 어린 아이한테도 묻고 노인한테도 묻고 시장바닥의 노점상한테도 물어봐야 합니다. 그 분들이 모두 다 훌륭한 선생님입니다. 왜냐하면 배운 것이 없으니까 누구에게나 물어봐야 합니다. 세상에 이름 꽤나 날리는 사람은 명문 대학을 나온 것도 아닙니다. 그들 대부분이 정식 학교는 나오지 않았지만 훌륭한 멘토를 잘 만나 세상에서 인정받는 사람이 되었습니다.

그들은 배움이 없기 때문에 좌절한 것이 아니라 배우지 못한 덕분에 모르는 것은 누구에게나 물을 수가 있었습니다. 무엇이든 하나라도 더 배우려고 이것은 '어떻게 하면 되느냐'고 늘 배우는 자세를 가지게 됩니다.

또 어떤 사람들은 재주가 없기 때문에 나는 아무것도 할 수가 없었다고 말합니다. 그런데 어떤 사람들은 '재주가 없는 덕분에' 자기만의 특별한 기술을 개발했습니다. 재주가 없는 덕분에 한 가지라도 특출해야 먹고 살 수 있을 것이라고 생각해서 자신만의 특별한 브랜드를 만들었다는 것입니다.

또 어릴 때부터 건강하지 못한 사람들은 몸이 너무 약하기 때문에 아무것도 할 수가 없었다고 말합니다. 반면에 밝은 생각을 가진 사람들은 어릴 때부터 몸이 약한 덕분에 늘 운동을 해서 건강해졌다고 합니다. 몸이 약한 덕분에 더 이상 아프지 않으려고 남들보다 더 많은 운동을 해서 지금은 건강하다고 합니다. 그런데 몸이 약하기 때문에 어두운 생각이나 부정적으로만 생각한다면 신세타령을 하거나 자기 몸을 학대합니다.

그래서 옛날부터 약골이 더 오래 산다고 했습니다. 왜냐하면 계속 자기 몸에 관심을 가지고 조금만 아파도 병원에 가서 건강을 챙기기 때문입니다. 반면에 몸이 너무 건강해서 자기 몸을 학대해서 망가지는 사람들도 많이 있습니다. 왜냐하면 몸이 너무 튼튼하니까 그걸 너무 믿고 과시하다가 망가집니다. 몸이 약한 것이 단점이 아니라 약한 덕분에 오히려 자기가 장점으로 승화시킬 수 있습니다. 눈이 어두운 사람은 귀를 더 발달시키거나 남들보다 더 많이 노력하여 예술적으로 승화시킨 사람들도 있습니다.

이렇게 한 생각의 힘을 덕분으로 쓰면 어떤 사람이든 성공할 수 있고 행복할 수 있습니다. 인간관계에서 보면 어떤 일이든 자꾸 '때문에' 하는 사람은 늘 핑계를 대고 이유를 댑니다. 그런 사람들과는 관계형성을 할 때에 적당한 거리를 두어야 합니다. 사업을 하더라도 늘 '때문에'라고 상대를 탓하는 사람과는 동업을 해서는 안 됩니다. 만약 자신이 생활속에서 부정적인 '때문에'라는 단어를 많이 쓴다면 빨리 긍정적으로 바꾸어야 합니다. 또 그런 자녀를 키우고 있다면 빨리 바꾸어 줘야 합니다.

하는 일마다 어두운 생각을 하는 동료나 자녀에게 열심히 투자하고 있다면 나중에 큰 손실을 보거나 도산이나 파산이 될 수도 있습니다. 이런 어두운 생각은 자녀에게 물려주는 DNA 속에 습관처럼 굳어져 있습니다. 부모님이 어떻게 사는지를 보면 그 자녀를 알 수 있습니다. 왜냐하면 부모는 자녀의 본보기이기 때문입니다.

어떤 사람들은 나이가 많기 때문에 할 수가 없었다고 합니다. 그러나 나이가 많은 덕분에 남들보다 몇 배로 노력한 결과 노후를 스스로 책임질 수 있었다고 말합니다. 왜냐하면 나이가 많아 한 번에 할 수도 없고,

쉽게 기억할 수도 없어서 젊은 사람들보다 몇 배로 더 많이 노력했기 때문입니다.

우리는 인생을 어떤 시각으로 맞이할 것인가가 매우 중요합니다. 자꾸 '~때문에' 라면서 이유를 달거나 핑계를 대거나 변명을 하거나 거짓말을 하는 그런 시각으로 세상을 바라볼 것인가, 아니면 나한테 주어진 어떤 장벽도 '덕분에' 감사하는 시각으로 볼 것인가를 선택해야 합니다. 밝은 생각으로 볼 것인가 어두운 생각으로 볼 것인가가 우리의 인생을 크게 좌우하고 있습니다. 이것은 일류대학교를 나와야 하고 유학을 다녀와야 하는 것이 아닙니다.

많은 사람들은 일류대학교를 나와야 성공하고 행복한 줄 착각하고 있습니다. 이런 것은 일류대학교에서나 유학을 가도 가르쳐 주지 않습니다. 학원이나 학교에서도 가르쳐 주지 않습니다. 이런 것은 오직 부모가 어떤 시각으로 자녀를 바라보고, 이웃을 바라보고, 세상을 바라보느냐를 고스란히 따라 배웁니다. 그래서 자녀는 부모를 고스란히 닮아갑니다. 세상살이의 모든 기초는 제일 먼저 부모로부터 배웁니다. 그리고 그렇게 배운 것을 사회에 나가 그대로 실천합니다.

따라서 부모가 물려줘야 될 유산은 재물이 아니라 밝은 마음으로 세상을 바라보는 긍정의 힘입니다. 지금까지 '~ 때문에' 라는 관점으로 세상을 봤다면, '덕분에'라는 관점으로 생각을 전환해야 합니다. 보는 관점이 긍정으로 바뀌면 삶 그 자체에 새로운 길이 열립니다. 발상의 전환을 하는 것은 일류대학교를 나와야 하는 것도 아니고 유학을 가야 하는 것도 아닙니다. 남자라서 하고 여자라서 해야 하는 것도 아닙니다. 나이가 젊거나 많아서 문제가 되지도 않습니다.

오직 내가 어떤 시각으로 보느냐에 따라서 세상은 달라집니다. 이렇게 한 생각의 힘은 위대합니다. 어두운 생각에서 밝은 생각으로 오직 한 생각만 바뀌면 됩니다. 성공이나 행복, 훌륭한 자녀나 건강한 자녀나 모든 인간관계는 돈으로 계산하지 않아야 합니다. 그 동안 우리는 돈으로 자녀를 건강하게 만들고, 훌륭하게 키우는 줄 알았습니다. 돈이면 최고인 줄 착각하고 어린 자녀들을 가정에서 유아원이나 유치원으로 밀어내고 돈 벌려고 직장으로 나갑니다.

때문에서 덕분으로 한 생각을 바꾸는 게 돈으로 해결되는 것이 아닙니다. 부모가 이 세상을 어떻게 보느냐에 달려 있습니다. 부모가 본보기로 보여줘야 됩니다. 오직 세상을 바라보는 눈이 긍정이어야 행복해집니다. 그게 자녀에게 물려 줄 최상의 유산입니다.

긍정의 힘

엄마의 감정이 난폭한 감정 상태에 있으면, 아기는 세상에 나오는 것이 매우 두려운 곳이 됩니다. 아기는 엄마의 정서적 에너지, 감정의 질, 움직임의 강도, 긴급성 등 엄마의 기분에 따라 매우 민감합니다. 그래서 애정결핍이 생깁니다.

애정결핍의 원인은 '엄마는 차갑고 애정이 없습니다. 스킨십도 없고 사랑한다는 표현도 하지 않습니다. 엄마는 아이를 보듬어주고 붙잡아주지 않습니다.' 보듬어 준다는 것은 아이의 감정이 속상하고 힘들 때 위로해 주거나 다독거려 주지 못한다는 뜻입니다. 이것을 스킨십 결핍 또는 공감 결핍이라 합니다. 어릴 때 스킨십이 부족하면, 아이는 자라면서 사랑받을 가치가 없다고 생각합니다. 즉, 자신의 소중함을 알지 못합니다. 자신의 소중함을 알지 못하니 타인의 소중함을 알 수가 없습니다.

왜냐하면 엄마가 아이를 칭찬한 적이 없기 때문입니다. '괜찮다'고 제대로 인정해 준 적이 없기 때문입니다. 엄마가 아이에게 충분한 시간과 관심을 쏟지 않았기 때문입니다. 아이와 함께 충분히 놀거나 어울릴 시간이 없었습니다. 결국 스킨십, 공감, 놀이, 칭찬의 결핍이 바로 애정결핍입니다.

또 엄마가 아이에게 감정적으로 동조되어 있지 않습니다. 그러니 아이의 감정을 읽지 못합니다. 내 속으로 낳은 아이지만 무슨 생각을 하는지 모릅니다. 그러니 '너가 속상했구나!, 그래, 너 입장에서는 그럴 수도 있겠다.'하고 아이의 감정을 읽어 주지 못합니다. 아이에게 감정이입을 못합니다. 진정으로 아이와 연결되어 있지 않습니다.

임신을 하면 남편은 아내를 많이 이해하고 도와줘야 합니다. 그리고 엄마는 태아 때부터 긍정의 힘을 심어주어야 합니다. 또 자녀가 태어날 때부터 긍정의 힘을 사용하도록 도와줘야 합니다. 자라면서도 긍정의 힘을 길러야 합니다. 하느님께서 감사하는 마음을 쓰라고 줬는데 감사하는 마음을 잘 쓰지 않습니다. 자녀에게 물려줘야 될 훌륭한 유산은 똑같은 상황에서도 보는 각도가 달라지면 관점이 바뀐다는 사실입니다. 보는 관점이 긍정의 힘으로 바뀌면 세상이 온통 향기롭습니다. 그것을 알기 위해 우리는 공부하는 것입니다.

그런데 공부하는 사람이 그게 옳으니 그르니 하면서 여전히 따지며 사소한 일에 신경을 많이 쓰고 있습니다. 중요한 것은 나 때문에 상대에게 피해를 주는 일은 하지 말아야 합니다. 그것은 해로운 것입니다. 해로운 것은 하지 말아야 합니다. 상대를 해롭게 하는 것은 인간관계를 원만하게 할 수 없기 때문입니다.

예를 들어 약속시간보다 조금 늦으면 '아, 오늘은 바쁜 모양이다.' 하고 이해하면 됩니다. 문제는 매사에 습관적으로 늦은 사람입니다. 이것은 상대에게 해로운 일입니다. 이 세상을 살면서 상대에게 해로운 것, 나쁜 것, 상처를 주는 일, 아픔을 주는 일, 기분을 상하게 하는 일, 무시하는 일은 하지 말아야 합니다. 왜냐하면 세상은 내 노력만으로 되는 것이 아니고 주위의 도움이 반드시 필요하기 때문입니다. 자신에게는 여유로울지 모르나 상대에게 피해를 준다면 반드시 고쳐야 합니다.

그 이유는 콩 심은데 콩 나듯이 상대에게 피해를 주면 그 피해가 반드시 자신에게로 되돌아오기 때문입니다. 그래서 상대에게 해로운 것은 하지 말아야 합니다. 이것은 원래부터 정해져 있는 법칙이기 때문에 우리가 반드시 지켜야 합니다. 만약 정해진 법칙을 지키지 않으면 언젠가는 그 대가를 받게 됩니다.

우리는 세상을 보는 각도가 늘 긍정적이어야 합니다. 내가 밝은 생각으로 바뀌어야 우리 집이 잘 되고 행복해 집니다. 원래부터 상대방은 바꾸기가 어렵습니다. 상대보다는 자기를 바꾸는 게 훨씬 쉽습니다. 그런데 자신을 들여다보지 못하기 때문에 자기를 바꿀 수가 없습니다. 사업을 하거나 인간관계에서도 바꿀 수 있는 대상에 투자를 합니다. 그러니 자기가 보는 관점을 바꿀 수 있어야 다른 사람들도 나에게 투자를 합니다.

부모가 긍정적인 습관이 되어야 자녀들이 긍정적으로 본받게 됩니다. 그래야 건강한 자녀, 훌륭한 자녀가 되는 지름길입니다. 밤낮을 내 마음대로 바꿀 수 없지만, 밤낮을 바라보는 내 마음은 좋게 바라볼 수 있습니다. 인간관계도 마찬가지입니다. 상대를 바꿀 수는 없어도 내가 바뀌면 됩니다. 상대가 나에게 자꾸 피해를 입힌다면 그냥 더 이상 관계형성을 하지 않으면 됩니다. 이런 것을 배우고도 잘 실천하지 않는 것은 자신을 자세히 들여다보는 시간을 갖지 않았기 때문입니다.

자기 자신을 들여다보면 아직 오지 않은 그 미래에 대해서 내가 막연하게 걱정할 때가 많습니다. 또 이미 지나간 과거로 되돌아가 '네가 나한테 그럴 수가 있느냐' 하고 서운해하거나, 섭섭해하면서 자기를 괴롭힙니다. 그런 어두운 기운을 집에서 부모들이 늘 하고 있습니다. 자녀는 그런 부모를 받들고 싶지 않습니다. 이미 지나간 과거나, 아직 오지도 않은 미래에 옳으니 그르니 계속해서 따지는 데 에너지를 다 쏟고 있는 것은 아닌지 자신을 돌아보아야 합니다.

또 전혀 내가 어떻게 할 수 없는 것에 괜히 용쓰고 있지 않는지 자신을 돌아봐야 합니다. 모든 일을 내가 다해야 된다고 생각하면 부담이 되고 걱정이 됩니다. 모든 일을 내가 다 할 수도 없습니다. 그렇다고 주위의 도움 없이는 도저히 살아갈 수도 없습니다. 그렇기 때문에 무슨 일을 대할 때도 '도와줘서 덕분에' 하고 자세를 밝은 기운으로 전환해야 합니다. 그러면 어떤 일이든 부담은 적어지고 편안하게 즐기며 할 수 있습니다. 이런 게 세상을 바라보는 긍정적인 자세입니다. 이런 긍정의 자세가 인간관계에서 가장 중요한 것입니다.

그러면 무슨 일이 닥쳐도 자기는 덕분에 할 수 있다면서 즐겁게 맞이할 수 있고, 편안하게 바라볼 수 있습니다. 한 생각은 이렇게 위대한 힘을 발휘합니다. 긍정의 생각으로 살면 자신을 행복하게 만들어 주고 상대방을 편안하게 도와줄 수 있습니다. 이런 긍정의 힘을 기르기 위해서 우리는 늘 사색하는 공부를 해야 합니다.

내가 이 세상을 바라보는 각도만 전환하면 그 즉시 편안할 수 있습니다. 오늘 한 생각이 부정적으로 갔을 때 자신과 주위를 힘들게 하고, 한 생각이 긍정으로 갔을 때는 자신과 주위를 편안하게 할 수 있습니다. 그래서 생각의 힘은 참으로 대단합니다.

바람이 부는 것을 막을 수 없지만, 부는 바람을 내가 어떻게 받아들이는가는 나의 문제입니다. 세상을 긍정으로 보면 끝없는 긍정이 일어나고, 부정하면 힘들고 고달픈 일만 생기는 것이 법칙입니다.

열네 번째 강의

삶과 인간관계

삼학과 인간관계

삶의 방향 설정

인생이란 우리가 삶을 살아가는 과정을 말합니다. 그렇다면 인생에서 큰 맥(脈)을 먼저 찾아 하나씩 짚어 봐야 할 것입니다. 제일 먼저 사람은 이 세상에 태어나기도 전에 태교를 받습니다. 그리고 태어나서 배우는 것입니다. 그리고 서로 사랑하고, 열심히 일하며 나누며, 마지막으로 자녀들에게 물려주는 것입니다. 자신은 물론 자녀를 훌륭하게 키우기 위해서는 우리네 삶의 큰 맥에서 자신은 무엇을 하고, 어떤 것을 자녀에게 해주어야 되는지를 하나씩 생각해 봐야 합니다. 그러기 위해서

첫째, 자신은 무엇을 배워야 하며, 그리고 자녀들에게 어떤 것을, 어떻게 길 안내를 잘 해야 될까? 둘째, 어떻게 사랑하고 또 무엇을 사랑해야 되는가? 셋째, 어떤 일을 하며, 일할 때는 또 어떤 자세로 해야 되는가? 넷째, 내가 가지고 있는 재산을 어떻게 베풀고 나눌 것인가? 다섯째, 이 땅을 떠날 때 내가 무엇을 남기고 떠날 것인가?를 잘 생각해 봐야 합니다.

이렇게 자기 삶의 좌표가 확고히 서 있는 상태에서 자녀를 뒷바라지 해야 건강한 자녀로 성장합니다. 그렇지 못한 상태에서 그때그때 즉흥적으로 따라하게 되면 일관성과 예측가능성이 없어서 자녀들을 위한 체

계적인 인생길을 안내하기가 어렵습니다.

먼저 부모가 무엇을 배울 것인가 하는 것입니다. 살면서 우리들은 참으로 배울 게 많습니다. 그 중에서 자녀에게 장차 무엇을 안내할 것이라는 큰 밑그림을 그린 상태에서 '해야 될 것과 하지 말아야 될 것'을 정확하게 안내해 주어야 합니다.

해야 될 것과 하지 말아야 될 것

어릴 때부터 자녀에게 해야 될 것과 하지 말아야 될 것을 정확하게 안내해 주어야 합니다. 이것을 구분해서 가르치지 않아 지금의 자녀들이 해야 될 것인지, 하지 말아야 될 것인지를 정확하게 구분하지 못하고 있는 것들이 많습니다. 게다가 자녀들에게 늘 공부하라고 말하면서 자녀들이 할 일을 다 해줍니다. 심지어 책가방도 챙겨주고 대학도, 전공도 다 선택해 줍니다. 자녀들을 하나같이 마마보이로 키우려고 애쓰는 듯해 안타깝습니다.

첫째, 해야 될 것

자신과 가정과 사회를 위해 이로운 것과 좋게 하는 것과 행복하게 하는 것은 당연히 해야 됩니다. 이로운 것은 자신을 이롭게 하고, 상대도 이롭게 하면서, 자신도 돕고 상대도 돕게 하고, 자신을 좋게 하고 상대도 좋게 하고 더 나아가 세상을 이롭게 하고, 세상을 좋게 하고 모든 사람들을 행복하게 하는 일은 언제나 해야 될 일들입니다. 이것을 자녀들에게 분명하게 가르쳐야 됩니다. 그러면 모두가 행복해집니다.

둘째, 하지 말아야 될 것

좋은 부모는 하지 말아야 될 것도 반드시 자녀들에게 가르쳐야 됩니다. 무엇보다도 자신과 상대에게 '해로운 것'과 '피해를 주는 것'과 '불행하게 만드는 것'과 '상처주는 것'과 '나쁘게 하는 것'은 하지 말아야 됩니다. 이런 것을 부모가 자녀에게 가르쳐야 되고 그리고 선생님이 학생들에게 가르쳐야 됩니다.

가정에서도, 유아원이나 유치원에서도, 학교나 혹은 학원에서도 어디를 가도 살아가면서 해야 될 것과 하지 말아야 될 것의 두가지를 일관되게 똑같이 가르쳐야 합니다. 부모나 선생님은 반드시 존중하는 법을 가르치고, '피해를 주지마라'고 가르쳐야 합니다.

갓난아기 때부터 '피해를 주지마라.'고 가르치면 학교 폭력이나 왕따, 사회 폭력이 생길 수가 없습니다. 왜냐하면 반복 학습되어 자신의 내면 속에 무의식적인 습관으로 형성되기 때문입니다.

부모나 선생님은 피해를 주면 안 되는 이유를 반드시 가르쳐야 합니다. 내가 피해를 주면 반드시 나도 그 피해를 입게 된다는 사실입니다. 사필귀정이고 인과응보입니다. 이게 변하지 않는 법칙이고, 진리이며, 인과법입니다. 그래서 자녀를 훌륭하게 키우려면 변하는 것과 변하지 않는 것, 두 개의 법칙을 반드시 구분해서 길 안내를 제대로 해줘야 합니다. 그리고 그 이유를 반드시 안내해야 합니다.

벼농사를 지어보니 반드시 벼가 나왔습니다. 볍씨를 뿌렸는데 수박이 열리지 않고, 토마토도 열리지 않고, 콩이 열리는 것도 아니고, 그렇다고 무우가 뿌리를 내리는 것도 아니고 고추가 열리는 것도 아니었습니다. 다만, 너무 덥고 가물어서 죽거나 병충해로 인하여 죽어버리기 때문에 벼를 수확하지 못할 수는 있습니다. 때로는 태풍이 와서 싹 쓸어버리기 때문에 한 톨의 벼를 수확하지 못할 수는 있습니다.

벼를 전혀 수확하지 못할 수는 있지만, 수확되면 반드시 벼가 나옵니다. 이것을 인과법이라 합니다. 이 원리는 변하지 않는 법칙이며, 진리입니다. 그래서 내가 피해를 주면 그 피해가 메아리처럼 돌아와서 피해를 도로 입게 된다는 사실입니다.

내가 먼저 남편을 존중하게 되면 결국 나는 남편으로부터 존중 받는다는 것입니다. 내가 먼저 아내를 존중하면 나는 아내로부터 존중받습니다. 이것을 보고 자란 자녀들은 '내가 먼저 상대를 존중해 주면 내가 상대로부터 존중 받는다.'는 사실을 반드시 기억하고 실천할 것입니다. 태어나서부터 계속 이 말을 보고 듣고 자란다는 것입니다. 그래서 갓난아기 때부터 보여주는 가르침이 중요합니다. 그리고 유아원에 가도 이 말을 듣고 자라고, 유치원에 가도 이 말을 듣고 자라고, 학교에 가도 이 말을 듣고 자랍니다.

우리의 마음속에는 일상 생활에서 일어나는 모든 것들이 의식하던 의식하지 않던 그것이 저장되어 있습니다. 저장되어 있다가 '피해주지 마라.', '존중하라'는 말이 늘 가슴에 상기되므로 삶의 기본이 정확하게 정립이 되는 것입니다.

따라서 우리는 해야 될 것과 하지 말아야 될 것을 자녀에게 먼저 가르쳐야 됩니다. 이것을 우리는 규칙이나 규율이라고 합니다. 규칙이 바로 서야 질서가 생깁니다. 그래서 우리가 질서를 배웁니다. 함께 살 수 있는 질서를 가르쳐야 됩니다.

해야 될 것과 하지 말아야 될 것에 대해서 어떤 종교이든, 또는 어떤 공부를 하든, 어떤 성인이든, 어떤 선생님이든, 어떤 지도자이든, 심지어 하느님이나 부처님도 모두가 다 '나쁜 것은 하지 말고, 좋은 것을 하라'고 말씀하셨습니다.

그러나 요즘 우리의 교육은 하지 말아야 될 것과 해야 될 것을 제대로 가르치는 사람이 없습니다. 오직 시험을 위한 공부, 점수 올리는 공부, 대학에 가는 공부에 혈안이 되어 있습니다. 옛날의 대가족 제도에서나 유교적인 교육에서는 어른들이 늘 인성교육을 가르쳤습니다. 이른바 밥상머리 교육으로 '어른들을 보면 인사를 해야 된다.'든지 '어른들이 오면 자리에서 일어선다'든지, '어른들에게 자리를 양보해야 된다'든지, '힘들어 보이면 도와줘야 한다'든지 이런 것을 늘 가르쳤습니다.

예전에는 이런 교육을 어릴 때부터 많이 배워서 자동으로 어른들을 보면 먼저 인사했습니다. 요즘의 자녀들은 이웃집 어른들을 보고 먼저 인사하는 사람도 잘 없습니다. 그냥 멀뚱멀뚱 쳐다보고만 갑니다. 심지어 길거리에서 담배를 꼴아 물고 쳐다봅니다. 부끄러워서 돌아설 줄도 모르고 최소한의 예의도 갖추지 않습니다. 그만큼 부모가 가장 기초적으로 가르쳐야 될 규율인 '해야 될 것과 하지 말아야 될 것'에 대한 기초질서를 제대로 가르치지 않았다는 것입니다.

기초생활 질서에 꼭 필요한 규율을 할아버지나 할머니도, 부모도 선생님도, 이웃 어른도 아무도 안 가르치고 있습니다. 유치원도, 학교도 안 가르치고, 어디에도 이런 것을 제대로 가르치는 곳이 없습니다. 학원도 점수 따는 것만 가르치고, 학교도 오직 대학 가는 점수에만 신경 씁니다. 가족으로서 사회구성원으로서 인간으로서 해야 될 것과 하지 말아야 될 가장 기본적인 교육은 안 가르쳐 줍니다. 오늘날 많은 사람들이 힘들게 사는 것도 이런 기본적인 교육을 충실히 하지 않았기 때문입니다.

그래서 우리가 제일 먼저 가르쳐야 될 것은 '해야 될 것과 하지 말아야 될 것'입니다. 이 세상은 변하지 않는 법칙이 있습니다. 다시 말해 내가 상대에게 피해를 주게 되면 반드시 그 피해가 돌아와서 나 자신에게 피해를 입히게 된다는 사실입니다. 그것은 진리이고 우주법칙이고 자연의 순리입니다.

중요한 것은 아무리 설명을 해도 자녀에게 크게 도움이 되지 않습니다. 공부라고 하는 것은 사실을 설명해 줄 것이 아니라 그것을 깨닫게 해주어야 합니다. 간단한 예로 자녀와 함께 산 정상에 올라가서 '**끼' 하고 딱 욕 한번만 외쳐보면 됩니다. 그러면 이쪽에서도 저쪽에서도 사방에서 '**끼' 하고 돌아옵니다. 그러니 네가 상대방에게 피해를 한번 줬다면 '너한테 돌아오는 그 피해는 사방천지로 최소한 4배 이상이 되돌아온다.'는 것을 강조해서 길 안내를 해야 합니다.

내가 밭에다가 콩 한 알을 심었습니다. 그럼 나한테 돌아올 때 한 개 줬으니까 한 개가 돌아오는가요? 이런 것을 '검토해봐라. 관찰해보라고' 시켜야 합니다. 땅에 콩알 하나를 심었는데, 이게 가지가 벌어져 콩이 주렁주렁 열립니다. 어떤 줄기는 100알이 더 열립니다. 그러니까 여러분들이 피해를 한번만 줬는데도, 그 피해가 자기한테 되돌아올 때는 100배가 넘게 되돌아올 수 있다는 사실입니다. 이런 중요한 사실을 자녀들에게 가르쳐야 합니다.

콩은 일년초라 씨앗 하나에 한번만 열리면 끝이지만, 감은 수 백년 동안 주렁주렁 열립니다. 반대로 나는 단 한번밖에 '칭찬'을 안 했습니다. 그런데 이게 제대로 열매가 열려서 나한테 되돌아올 때는 100번이나 칭찬을 받게 된다는 사실입니다. 지금 이 순간 딱 한번만 '존중'을 했습니다. 그런데 이게 제대로 열매가 열려서 나한테 돌아올 때에는 100번이나 존중을 받게 된다는 사실입니다. '건강한 자녀 훌륭한 자녀'를 만들려고 하면, 이런 원리들을 정확하게 안내해 주어야 합니다.

'지금 해야 될 것과 하지 말아야 될 것'이 그만큼 중요한 것인데도 불구하고, 지금까지 우리의 부모나 선생님은 제대로 된 길 안내를 해주지도 않고 가르쳐 주지도 않습니다. 그들은 오직 대학 가는 점수에만 관심이 더 많기 때문입니다. 그러니 상대에게 피해를 주는지 조차 못 느낍니다. 점수만 높여서는 규칙이나 규율, 계율이나 윤리를 이해하지도 지키지도 못합니다. 아는 것이라고는 개인과 점수, 자기편의와 자기계산, 이기주의와 욕심뿐입니다.

우리가 피해를 입히고 상처를 주면 그 피해나 상처가 부메랑이나 스쿼시의 원리처럼 반드시 자신에게 되돌아옵니다. 그래서 우리의 자녀에게 반드시 지켜야 할 규율에 대한 바른 길 안내를 해야 됩니다. 무엇보다도 중요한 것은 '해야 될 것과 하지 말아야 될 것'이 정확하게 지켜지면 육체적으로 정신적으로 사회적으로 매우 건강해집니다.

기본적으로 여러분들이 해야 될 것과 하지 말아야 될 것만 구분을 잘해도 좋습니다. 예를 들면 음식을 과하게 먹으면 안 됩니다. 그러니 이것은 하지 말아야 될 것이며, 또 하지 않아야 합니다. 음식을 적당히 먹는 것은 우리가 해야 될 것입니다. 이렇게 해야 될 것과 하지 말아야 될 것을 하나씩 잘 지켜도 건강해집니다.

가정에서 부모들이 이런 것을 제대로 가르치지 않아서 자녀들이 지금 너무 비만하고 있습니다. 학교에서 선생님들이 이런 것을 제대로 가르치지 않아서 학생들이 너무 비만하고 있습니다. 지나치게 많이 먹으니 자녀들만 비만한 것이 아니라 부모들도 비만하고 선생님들도 자꾸 비만해지고 있습니다. 패스트푸드나 인스턴트식품을 많이 먹으면 몸에 좋지 않습니다. 그러니 지나치게 많이 먹는 것은 하지 말아야 될 것입니다. 문제는 하지 말아야 될 것은 하지 않도록 제대로 안내를 해야 됩니다. 그런데 '아이가 좋아하니까.' 하고 또 줍니다. 좋아한다고 많이 먹으면 금방 건강이 무너져 비만이 옵니다. 비만이 오면 자녀들이 게을러집니다. 게을러지면 호흡이 짧아지며 날숨이나 지식호흡을 하게 됩니다. 결국 게으른 사람들은 복부근육이 굳어지면서 다리가 부실해지기 때문에 부지런하기가 힘듭니다.

그러니 게으른 사람들이 인터넷이나 스마트 폰 중독에 쉽게 감염됩니다. 몸이 무거우면 게을러져서 움직이지 않으려고 합니다. 왜냐하면 나태해지기 때문입니다. 나태하면 무기력해집니다. 무기력해지기 시작하면 신체화 현상이 일어나고 더 심하면 사망합니다. 부모나 선생님은 이런 사실을 정확히 알아야 합니다. 그리고 자녀에게 학생들에게 가르쳐 주어야 합니다. 따라서 몸을 건강하게 만들려면 해야 될 것과 하지 말아야 될 것을 잘 안내해 줘야 합니다.

집중력과 통찰력 향상

부모가 자녀를 건강하게 만들려면 해야 될 것과 하지 말아야 될 것 즉, 규율을 잘 안내해 줘야 합니다. 그렇게 해서 건강해졌다고 하면, 그 다음에 필요한 것은 집중력을 향상시키는 훈련이 필요합니다. 집중력이란 관심을 가지고 집중하는 것입니다. 무엇이든, 어떤 것이든 자기가 이루어 내려면 집중하는 힘을 길러야 합니다. 그래야 정확하게 보고 이루어낼 수 있습니다.

집중력을 기르기 위해서 어릴 때부터 호흡법을 잘 관찰하여, 호흡하는 법을 잘 가르쳐 줘야 합니다. 인간관계는 내가 먼저 베풀어야 하듯이, 호흡도 먼저 내주어야 들이 마실 수 있습니다. 그런데 우리는 이 과목을 가정에서도 학교에서도 안 가르칩니다. 호흡하는 법을 알면 집중력을 크게 길러줍니다. 자녀들이 건강하기 위해서는 균형을 잡아야 합니다. 균형이라는 것은 해야 될 것은 하고, 하지 말아야 될 것은 하지 않아야 균형을 쉽게 잡을 수 있습니다. 그런데 이것을 무시하거나 소홀히 하면 한쪽으로 편중됩니다. 생각이 한쪽으로 편중되면 몸의 균형이 깨어져 병이 생기고, 몸에 병이 생기면 집중력은 떨어지며, 고집과 아집만 늘어납니다.

특히 우리의 자녀들이 어릴 때는 몸이 먼저입니다. 몸에 균형이 잡힐 때 생각도 건강해집니다. 몸에 균형이 무너지면 정신 건강도 무너지게 됩니다. 그래서 자녀가 어릴 때부터 정신적으로는 바른 마음을 가지도록 가르쳐야 하고, 바른 습관을 가지도록 가르쳐야 합니다. 몸과 마음을 함께 다스리는 호흡법과 마음공부를 하게 되면 몸과 마음의 균형을 바로 잡는데 도움이 됩니다.

우리 인간이 살아가면서 제일 중요한 '균형 잡힌 건강'을 가르치는 교과과정은 어디에도 없습니다. 그렇기 때문에 아무리 열심히 공부하고, 대학교를 졸업하지만, 행복지수는 여전히 낮습니다. 왜냐하면 자신의 건강이나 생명과 직결되어 있는 매우 중요한 교과목은 배우지 않기 때문입니다.

그리고 자녀들에게 통찰력을 길러줘야 됩니다. 통찰력이란 집중력을 기르는 것입니다. 집중하는 힘을 기르고 통찰, 즉 전체를 한꺼번에 볼 수 있어야 합니다. 전공분야만 꿰뚫는다고 해서 통찰력이 일어나지는 않습니다. 전체 분야를 두루 섭렵해야 통찰력이 일어납니다. 부모이든 선생님이든 성인이든 종교지도자이든 간에 어떤 것에 대해 전체를 한꺼번에 보는 힘을 길러줘야 됩니다. 이게 나무를 보는 것이 아니라 숲을 보는 것입니다. 지금 우리나라 법으로 치면 헌법이요, 이게 종교로 치면 계율(선정)을 말합니다. 집중력을 선정이라고 하면 통찰력은 지혜입니다. 우리가 배운다 할 때 배움은 삼학을 배우는 것입니다.

삼학

삼학이란 해야 될 것과 하지 말아야 될 규율을 배우고, 집중력을 기르고, 그 다음에 통찰력을 기른다는 말입니다. 어떤 종교이든 어떤 지도자이든 성인들의 말씀은 서로 다르지 않습니다. 인간의 몸으로 태어났으면 적어도 이 세가지 기본바탕은 정립되어 있어야 됩니다. 그런데 우리는 집중력향상을 가르치는 곳이 거의 없습니다. 그리고 통찰력을 기르기 위해서는 폐쇄적인 질문보다는 개방적인 질문을 많이 하고, 검색보다는 사색을 많이 하여야 합니다. 그리고 고전을 많이 읽으면 크게 도움이 됩니다.

특히 고전은 일반 책들과는 달리 작게는 몇백 년, 길게는 몇천 년 동안 이미 검증된 책입니다. 많은 사람이 읽으면서 '이것이 도움이 되는구나' 하고 지금까지 사색해 내려오는 책입니다. 이미 충분히 검증된 것입니다. 지금처럼 무분별하게 누가 작성했는지도 모르는 인터넷의 글을 믿고 따르는 많은 사람들을 보면 참으로 안타깝습니다. 통찰력을 길러주려면 고전을 많이 읽어야 합니다. 카톡이나 인터넷의 검색만으로는 통찰력이 제대로 길러질 수가 없습니다. 통찰력은 사색과 직결되기 때문입니다.

우리의 생각이 더 넓어지고 생각이 더 깊어지고 생각이 더 높아지려면 사색을 많이 해야 됩니다. 요즘은 많은 사람들이 사색보다는 편리한 검색을 더 선호합니다. 검색도 필요하지만 문제는 검색자료를 믿을 수가 없습니다. 과학적인 근거도 없는 그런 검색은 삶에 아무런 도움이 안 됩니다. 생각이 더 넓어지고 깊어지고 높아지려면 사색을 많이 해야 합니다. 이럴 때 특히 고전을 읽게 되면 도움이 됩니다. 고전은 좀 어려운 말이나 단어 즉, 어휘가 많이 나옵니다. 어려운 어휘는 찾고 또 찾고 생각을 하면 이해를 할 수 있습니다.

그런데 부모들이나 선생님은 영어 단어라도 많이 외우라고 강요합니다. 참으로 우스운 것은 우리말의 어휘도 모르는데, 자꾸 영어 공부를 하라고 합니다. 부모가 초등학교를 나왔거나 대학을 나왔거나 한결같이 영어공부를 시킵니다. 심지어 이 나라 백년대계를 책임지는 교육당국자나 정책입안자 그리고 학교선생님도 영어를 강조합니다. 모두가 노는 시간에 영어 단어라도 외우라고 합니다.

도대체 그 영어 단어는 어디에 써 먹으려고 하는지 참으로 의문입니다. 물론 영어가 필요한 것도 인정합니다. 하지만 우리는 한국인이라는 사실을 잊어서는 안 됩니다. 국가가 먼저 있어야 외국도 있습니다. 국어가 있어야 영어도 있습니다. 그것을 인정하지 않으려면 이 나라를 떠나야 합니다. 생각을 크게 키우고 싶다면 고전을 많이 읽으면 도움이 됩니다. 고전을 처음 읽으면 잘 모르니까 자기가 스스로 어휘를 찾고 생각해 볼 수밖에 없습니다. 그래서 또 씹어 보고 또 곱씹어 보고, 생각해 보고 또 생각해 보고 깊은 사색을 할 수 밖에 없습니다. 그러면서 통찰력이 길러집니다. 이것이 바로 지혜의 힘입니다.

그래서 자녀들에게 기본적으로 삼학을 가르쳐야 합니다. 이 삼학을 요약하면 해야 될 것과 하지 말아야 될 규율 그리고 깊이 들여다보고 넓게 생각해 볼 수 있고, 높이 뻗어갈 수 있게 집중력을 키워야 하고, 관찰을 통해서 시작과 끝의 모든 것을 전체적으로 볼 수 있는 통찰을 길러주는 것입니다. 이런 삼학은 어릴 때부터 반드시 훈련이 되어야 합니다.

그런데 우리 부모님들은 이 인생의 큰 줄기를, 맥락을 짚고 자녀들에게 길을 제대로 안내하지 못했습니다. 오직 성공하기만 원했고, 재산을 물려주는 것에만 신경을 쓴 것입니다. 그냥 학교 보내고, 또 학원 보내고 이런 것에만 관심을 가졌습니다. 공부란 대학을 가기 위해, 좋은 직장에 취직하기 위한 성적만 올리면 된다는 잘못된 교육관에서 빨리 벗어나야 합니다.

따라서 인생은 늘 배우며 언제나 사랑하고, 함께 일하며 여유롭게 나누고, 그러면서 자녀들에게 정신적인 유산을 남기는 모습이 자연스럽습니다. 이런 게 인생이란 삶에 큰 흐름의 줄기입니다. 이런 큰 흐름을 자녀들에게 차근차근 하나씩 하나씩 가르쳐 주어야 합니다.

사랑하라

나는 어떻게 존재하는가

우리의 인생은 늘 사랑하면서 살아가야 합니다. 그런데 도대체 무엇을 사랑해야 됩니까? 나를 먼저 사랑해야 합니다. 내가 누구인지부터 알아야 합니다. 그래야 나를 사랑할 수가 있습니다. 나를 사랑할 줄 알아야 상대를 사랑할 수 있습니다. 자기자신도 모르면서 다른 사람을 사랑한다고 말하는 것은 진실한 사랑이 아닙니다. 사랑은 상대와 하는 것이 아니라 먼저 자기 자신과 사랑을 해야 합니다. 내 속에 들어 있는 것이 무엇인지 정확히 알아야 상대를 제대로 볼 수 있습니다. 자신을 보고나면 상대가 잘 보입니다. 그렇다면 자신이 누구인지 진심으로 고민해 보아야 합니다. 왜냐하면 사랑은 나와 사랑할 수 있는 상대가 있어야 하는데, 자신을 먼저 알아야 상대를 사랑할 수 있기 때문입니다.

부모가 먼저 '지금까지 어떻게 살아왔으며, 나는 어떻게 살아가는가, 나는 어떻게 존재하는가'를 공부해야 합니다. 그리고 나는 어떻게 존재하는가에 대하여 자녀들에게 가르쳐야 됩니다. 그래야 자녀들이 올바른 사랑을 할 수 있습니다. 나는 어떻게 존재하는지에 대해 제대로 배워야 자기를 사랑할 수 있습니다. 자기를 먼저 보게되면 상대와 제대로 된 사랑을 해볼 수 있습니다.

인생살이는 나와 나가 아닌 대상이 서로 돕고 도움을 받으며 살아갑니다. 나는 공기의 도움을 받아야만 살 수 있습니다. 그리고 햇빛의 도움을 받아야 살아갈 수 있습니다. 또 물의 도움을 받아야만 밥도 먹고 식물도 동물도 살아갑니다. 또 땅의 도움을 받아서 걸어다니고 집도 짓고 농사도 짓고, 나무의 도움을 받아서 신선한 공기도 얻을 수 있고 그늘도 드리우고, 바람의 도움을 받아서 빨래도 말리고 곡식도 잘 영글게 하고, 배우자의 덕분에 사랑하고……. 이렇게 우리는 나 아닌 대상으로부터 늘 도움을 받아야 살아갑니다.

사랑해야 할 대상과 존중

자녀를 건강하고 훌륭하게 키우기 위해서는 나는 어떻게 살아가는가를 반드시 가르쳐야 합니다. 우리의 인생은 모든 게 나 아닌 대상들의 도움으로 살아갑니다. 공기나 햇빛, 물과 바람, 하늘과 땅 이 모든 것이 다 나 아닌 대상입니다. 결국 나는 나 아닌 대상들이 없으면 나도 없습니다. 이것을 부모들이 먼저 알아야 됩니다. 그리고 자녀들에게 반드시 가르쳐야 합니다. 그래야 사랑해야 될 대상을 정확히 알게 됩니다. 나를 당연히 사랑해야 하지만, 결국 나 아닌 대상, 이 모두를 사랑해야 됩니다. 그래야 내가 존재할 수가 있습니다. 나 아닌 대상이 없으면 나도 없다는 사실을 먼저 가르치지 않으니까 공기 햇빛 물 하늘 땅 이웃 등 이런 것을 아주 우습게 여깁니다.

내가 모두를 다 사랑하지 않으면 안 되는구나 하는 것을 먼저 깨닫게 도와줘야 합니다. 그리고 존재하는 대상마다 존중해야 됩니다. 우리가 존중하려면 그 대상을 먼저 이해해야 합니다. 이해를 하면 그 대상을 인정해야 됩니다. 이 세상의 모든 대상이 각자 나름의 몫으로부터 전체가 이루어져 있습니다.

먼 곳에서 찾으려고 애쓰지 말고 자기 몸을 한번 보면 콩팥은 콩팥 나름대로, 심장은 심장대로, 간은 간대로, 쓸개는 쓸개대로, 위는 위 나름대로 각자의 역할과 자기 몫을 다하는 것입니다. 만약, 간에 질병이 생기면, 간만 병원에 가는 것이 아니라 우리 몸이 다함께 가야 합니다. 모두가 서로 연관되어 있기 때문입니다.

이렇게 자신의 가정을 한번 들여다보면, 가족 구성원들도 각자의 역할이 다 다르다는 것을 알면 이해가 될 것입니다. 이렇게 이해가 되면 각자의 역할을 인정하게 되어 존중해 줄 수 있습니다. 남편이 아내를 존중하고, 아내가 남편을 존중하고, 부모가 자녀를 존중하고, 자녀가 부모를 존중해 줄 수 있습니다. 이게 사랑하는 것입니다. 우리의 신체도 마찬가지입니다. 심장이 콩팥을 존중하고, 또 콩팥은 심장을 존중하고. 간은 위를 존중하고 위는 간을 서로 존중하는 것이 사랑하는 것입니다.

그런데 부부갈등을 겪고 있는 대부분의 사람들은 서로 사랑하면서도 존중하지 않습니다. 존중하지 않는 사랑은 사랑이 아닙니다. 그것은 '내 것'이라는 소유욕이나 소유물로 보는 것입니다. 존중이 없으면 참사랑이 아닙니다. 그래서 나는 어떻게 살아가는지를 깨달으면 사랑할 대상이 분명하게 보입니다. 그러면 어떻게 사랑해야 되는지를 깨닫게 됩니다. 우리의 인생살이는 나 아닌 대상들의 덕분에 내가 존재한다는 것을 알게 됩니다.

따라서 나 아닌 대상의 덕분이니까 그들에게 감사하고 그에 따른 보답을 해야 됩니다. 이 보답이 바로 존중입니다. 그냥 '덕분입니다.'고만 해도 보답이 됩니다. 이 보답은 돈이 없어도 가능합니다. 대학을 졸업하지 않아도 할 수 있습니다. 지금 여러분들이 타고 다니는 자동차에게도 '덕분입니다.' 하고 감사를 표해야 합니다. 갈증이 나서 물 한 모금을 마실 때도 '덕분입니다.'고 해야 합니다. 땅에 집을 지을 때도 땅한테 '덕분입니다.'고 해야 합니다. 이렇게 감사를 표현해야 합니다. 이것이 바로 보답입니다. 동시에 사랑의 표현입니다.

부모님이나 선생님이 인생을 살면서 사랑을 가르쳐야 됩니다. 중요한 것은 덕분인 줄 아는 상태에서 나오는 사랑이어야 참사랑이 됩니다. 감사하는 마음으로 존중하는 사랑을 소중한 사랑이라고 말합니다. 누구나 자기 인연을 소중히 합니다. 자기의 인연이 처음이자 마지막이 되어야 바람직한 사랑입니다. 특히 부부란 지금 현재 자신과 살고 있는 인연이 처음이자 마지막이여야 합니다. 그런 생각으로 배우자를 항상 감사하고 존중하여야 합니다. 그게 바로 사랑의 표현입니다. 그래서 자녀들에게 늘 사랑하는 것을 가르쳐야 합니다. 부부란 한평생을 살면서도 서로 사랑하면서 사는 겁니다. 그게 인간관계의 시작입니다.

일하라

우리의 인생은 삼학을 배우고 사랑하고 그리고 일을 하는 것입니다. 어떤 일을 할 때에도 무슨 일을 해야 될까를 정해야 합니다. 직업을 갖는다는 것은 중요한 의미가 있습니다. 왜냐하면 가장 기본적인 의식주를 해결하는 것이 직업이기 때문입니다. 그래서 사람들은 직업을 갖기 위해서 많은 고민을 합니다. 그러면서도 어떤 일을 해야 할지, 어떤 일이 잘 맞을지를 모른다고 합니다. 사실은 자기 적성에 맞는 것이 무엇인지 그리고 앞으로 무엇을 해야 되는지는 자기 자신이 가장 잘 압니다.

중요한 것은 나한테 주어진 이 인생을 내 의지로, 내 판단으로, 내 생각으로 살아가야 하며, 자기 인생을 스스로 조절할 줄 알아야 합니다. 그러기 위해서 무엇을 해야 될지를 생각해야 합니다. 그런데 많은 자녀들이 그냥 학교 가라면 학교 가고 학원가라면 학원에 갑니다. 문제는 내 생각으로 살겠다는 생각이 나락으로 떨어지고 나서 자각하는 사람이 많습니다. 인생의 나락에 떨어지는 날, 예를 들어 시험에 떨어지거나 게임중독에 빠져 죽을 만큼 힘들다가 또는 죽음의 경계까지 갔을 때 어떤 계기가 생기는 수도 있습니다. 그렇게 나락으로 떨어졌을 때 어떤 사람은 은둔생활을 하거나 외톨이가 되어 사람을 회피하기도 하지만, 그때 비로소 사람을 만나고 일어서야 할 계기임을 자각하기도 합니다.

이때는 친구나 일반 사람들을 만나는 게 아니고 정말 훌륭한 분 즉, 세종대왕이나 이황, 이이, 이순신, 안창호 선생과 같은 위인들을 만나거나 성경이나 불경, 논어, 대학, 중용과 같은 검증된 책을 멘토로 만나야 합니다. 책이나 사람을 만난다 해도 이미 수백 수천 년 전부터 검증된 훌륭한 분들을 만나야 좋은 멘토가 됩니다. 또는 세계적으로 성공한 사람이나 지금 행복하게 사는 사람들을 만나야 좋은 멘토가 됩니다. 그런 훌륭한 분들을 인연으로 만나야 자기 삶의 전환점이 되는 것입니다.

이런 분들과 만나게 되면 자기가 어려울 때 한 수 배우게 되고, 그분들의 훈수 덕분에 세상을 보는 시야가 확대되어 발상의 전환을 할 수 있습니다. 이런 것을 전화위복(轉禍爲福)이라고 합니다. 어렵고 힘들지 않으면 그런 생각이 잘 나오지 않습니다. 그래서 죽을 만큼 힘든 고통은 발상의 전환을 하는 새로운 도화선(導火線)이 되는 좋은 기회입니다. 어려울 때 방황하는 사람도 많지만, 나보다 훌륭한 사람을 만나서 배워야 되겠다는 발상의 전환을 하는 사람도 많습니다.

공자는 40의 나이를 불혹(不惑)이라고 했습니다. 40세가 되니까 미혹하지 않고 헷갈리지 않더라고 했습니다. 여기서 우리는 세상을 보는 시각을 넓혀야 합니다. 이 세상은 봄에 피는 개나리도 있지만, 여름에 피는 배롱나무도 있고, 가을에 피는 국화도 있고, 겨울에 피는 납월매(臘月梅)도 있습니다. 마찬가지로 사람들도 각자의 시간속도가 있습니다. 각자의 속도에 맞추어서 역할을 하면 됩니다.

예를 들어 달리기를 할 때 순발력이 좋은 사람은 단거리 종목을 선택하면 됩니다. 그러나 순발력은 느리지만 근성(根性)과 기량(器量)을 가진 사람은 중장거리 종목을 선택하는 것과 같은 이치입니다. 봄에 피는 개나리와 같이 일찍 피고 일찍 지겠다는 역할을 선택할 수도 있고, 여름에 피는 배롱나무 꽃이나 가을에 피는 국화나 한겨울에 피는 납월매를 선택할 수도 있습니다. 누구나 각자의 속도를 정할 수 있습니다.

그러나 빨리 출발하는 것이 중요할 수도 있겠지만, 실력을 제대로 갖추고 늦게 천천히 출발하여 더 많은 역할을 할 수도 있습니다. 다만, 옆에 있는 친구들하고 자꾸 경쟁을 하거나 비교하지 않아야 합니다. 그들과 나는 분명히 다릅니다. 생긴 것도 다르고 먹는 것도 다르고 환경도 다르고 생각도 다르고 출발도 다르기 때문입니다. 그냥 묵묵히 각자의 역할을 착실히 수행하면 됩니다. 마치 팔과 다리를 서로 비교할 수 없고, 눈과 귀를 서로 비교할 수 없고, 몸속에 있는 콩팥과 심장을 서로 비교할 수 없는 것과 같습니다.

각자의 역할을 하는데 있어서 좀 더 빨리 하겠다는 사람은 빨리 시작하고, 준비하는 데 시간이 많이 걸리고 순발력이 떨어지는 사람은 처음부터 목표를 길게 잡아서 시작하면 됩니다. 자기만의 속도를 고려해서 정하면 됩니다.

어떤 일에 목표를 두고 정할 때 첫째, 지금 할 수 있는 것인가? 둘째, 과연 내가 하고 싶은 일인가? 셋째, 앞으로 꼭 내가 되고 싶은 것인가? 넷째, 이 일은 내가 정말로 원하는 일인가? 다섯째, 이 일은 내가 정말 즐기면서 할 수 있는가? 여섯째, 이 일에 내가 정말 대가를 치를 만한 가치가 있는가? 일곱째, 이 일을 하게 되면 내 자존을 지킬 수 있는가? 어떤 일을 하더라도 이러한 요건에 충족되는 일을 해야 됩니다.

내가 정말로 원하는 일은 앞에서 '해야 될 것과 하지 말아야 될 것'에 해당합니다. 예를 들면 자녀들한테 해로운 과자를 만들어서 돈을 번다면, 이것은 내가 대가를 치를 만한 가치가 있는 일이 아닙니다. 그래서 해로운 과자를 만들면 안 되는 것입니다. 또는 돈을 벌기 위해 투기장을 만들어 승률 순위조작을 하는 것은 대가를 치를 만한 가치가 있는 것이 아닙니다.

따라서 이런 기준으로 정말로 내가 원하고 즐기면서 할 수 있더라도 대가를 치를 만한 가치가 있어야 되고, 내 자존을 지킬 수 있는 일이어야 합니다. 이런 것을 하나씩 점검하면서 최종적으로 일을 선택해야 됩니다.

베풀어라

우리가 배우고 사랑하며 일하고 그리고 나누면서 서로 인간관계를 합니다. 자기가 벌어들인 소득의 원천을 자세히 분석해 보면, 지금 내가 들이마시는 공기가 나를 도와주었고, 햇빛도 나를 도와주었고 물도 한몫 거들어 주었고, 땅도 한몫 거들어 주었습니다. 그리고 옷도 도와주었고, 책상과 의자, 스마트폰이나 컴퓨터도 나를 도와주었고, 자동차도 나를 도와 준 덕분입니다. 이런 대상들의 덕분임을 잊어서는 안 됩니다. 그래서 공기한테도 조금 떼어주고, 햇빛한테도, 물한테도, 땅한테도 세상 모두를 위해서 반드시 조금씩 나누기를 하여야 합니다. 자기가 벌어들일 수 있었던 소득은 도와준 덕분에 벌 수 있었으니 보답해야 됩니다. 문제는 우리가 꼭 돈으로 해결하려고 하니 힘이 듭니다. 돈으로 자꾸 도와주려고 하니 배우자간에도 마찰이 생깁니다.

다함께 잘사는 세상을 위해서 자기가 배웠던 재능도 재주도 다 도와준 덕분에 생긴 것이니까 이것을 나누어도 됩니다. 연세 드신 노인분들의 하소연을 들어주기도 하고 내가 잠시 시간을 기부하여도 됩니다. 끙끙거리면서 무거운 물건을 들고 가는 사람의 짐을 들어주어도 됩니다. 물론 여유가 있으면 재물을 나누어 주셔도 됩니다. 문제는 자기도 경제적으로 힘들면서 꼭 돈으로 도와주려고 하니까 힘이 듭니다.

재산이 없더라도 나누어 줄 수 있는 것으로는 첫째, 표정이 밝으며 온화하고 부드러운 웃음으로 상대를 대하는 것이고 둘째, 부드럽고 편안하고 따뜻한 눈빛으로 베푸는 것이고 셋째, 긍정의 말, 칭찬의 말, 위로의 말, 격려의 말, 양보의 말, 부드러운 말씨로 베푸는 것이고, 그리고 넷째, 자비심으로 자신의 마음의 문을 열고 따뜻한 마음을 주는 것이고 다섯째, 예의 바르고 공손한 태도로 다른 사람의 짐을 들어준다거나 몸으로 봉사를 베푸는 것이고 여섯째, 상대의 마음을 헤아려 알아서 도와주는 것입니다.

이렇게 다른 사람을 위해 베푸는 것은 비록 아주 작고 사소한 것일지라도 그 상황이나 분위기에 맞게 필요한 것을 해주면 그게 가장 행복한 것입니다. 다른 사람을 돕는다는 것은 그게 작은 것이든 큰 것이든 상관없이 돕는 일 자체가 큰 나눔입니다.

그래서 자기가 벌어들인 소득 중의 일부는 세상을 위해서 베푸는 것입니다. 여기서 소득은 돈만이 아니라 심리적인 소득도 포함됩니다. 상대가 먼저 베풀기를 기다리지 말고, 내가 먼저 베풀어야 상대가 베풉니다. 이 베풀기를 자녀가 어릴 때부터 몸에 습관적으로 무르익게 잘 가르쳐야 합니다. 우리 삶의 한 부분을 차지하는 이 베풀기를 정말 잘 가르쳐야 됩니다. 베풀기는 인생에서 매우 가장 중요한 노후보험입니다.

유산을 남겨라

지금까지 배우고 사랑하고 일하며 베풀었습니다. 이제 남은 것은 유산입니다. 나는 어떤 유산을 남길 것인가 하는 문제입니다. 자녀들에게 그리고 세상에 유산을 남길 때, 다른 어떤 것도 물려주지 말고, 변하지 않는 진리를 물려줘야 합니다. 이 세상은 모두가 인연법으로 되어 있습니다. 이것은 변하지 않는 법칙입니다. 이 변하지 않는 이 법칙을 자녀에게 물려줘야 합니다.

그래야 자녀는 이 변하지 않는 법칙을 믿고 의지하면서 인생을 살 수가 있습니다. 다시 말해 부모를 믿고 의지하지 않고, 다른 사람을 믿고 의지하지 않고, 오직 자기 자신의 법칙을 믿고 의지해야 합니다. 이것을 일깨워 주는 것이 바로 유산입니다.

그러면 부모가 만약에 죽더라도 자녀들이 당당하고 떳떳하고 꿋꿋하게 이 세상을 살아갈 수 있습니다. 평상시에 자녀들에게 믿고 의지할 것을 늘 안내했기 때문입니다. 변하지 않는 인연법을 물려주어야 자녀들이 자신을 믿고 의지하며 살아갑니다. 이것이 가장 소중한 유산이기 때문입니다. 이 법칙은 절대 변하지 않습니다.

벼를 먼저 심어야 벼를 수확하듯이, 내가 먼저 '후' 하고 공기를 내쉬어야 공기를 들이 마시고, 내가 먼저 사랑해야 사랑받고, 내가 먼저 칭찬해야 칭찬받고, 내가 먼저 존중해야 존중받고, 내가 먼저 대접해야 대접받고, 내가 먼저 행복해야 행복이 들어오고, 내가 먼저 웃어야 웃을 일이 생기고, 내가 먼저 기뻐해야 기쁜 일이 생깁니다. 이렇게 변하지 않는 불변의 법칙을 자녀가 믿고 의지하도록 유산으로 물려주어야 합니다.

이게 자녀를 건강하고 훌륭하게 키우는 지름길입니다. 우리는 자꾸 집을 물려주고 땅을 물려주려고 합니다. 그것은 자녀의 삶을 망가뜨릴 수 있습니다. 그래서 재산은 반드시 스스로 벌어서 일어서게 가르쳐야 합니다. 그리고 재산보다 더 소중한 이런 풍요로운 유산, 변하지 않는 유산을 물려주어야 합니다. 부모가 먼저 이런 기본적인 큰 맥을 짚어 자녀에게 하나씩 가르쳐 주어야 합니다.

열다섯 번째 강의

연애와 결혼으로 시작하는 인간관계

신세대의 연애와 결혼의 이해

부모세대와 신세대의 연애관점 차이

연애와 결혼은 참 낭만적이고 멋이 있습니다. 그리고 남녀노소 누구나 연애와 결혼에는 관심이 많이 있습니다. 이미 결혼을 하신 분은 예전의 추억을 되살리기도 할 것입니다. 먼저 부모들은 결혼을 앞둔 자녀 세대를 잘 이해할 필요성이 있습니다. 그래야 젊은 사람들의 연애와 결혼이라는 개념에 더 쉽게 접근할 수 있을 것입니다.

30여년 이전의 부모님 세대와 지금 2030세대의 연애와 결혼관은 확연이 다릅니다. 결혼하지 않은 2030세대의 남녀 3천명을 대상으로 조사한 내용들을 보면, 30년 전의 부모세대가 생각하는 것과는 전혀 다르게 연애를 합니다.

특히 요즘 젊은 세대들은 연애를 시작하면 육체적 관계를 너무 쉽게 생각하는 사람들이 많아졌습니다. 단순히 손을 잡고 뽀뽀를 하는 것부터 더 심각한 깊은 육체적 관계까지 부모세대와는 전혀 다릅니다. 2030세대는 부모세대와는 달리 너무 자연스럽게 성을 즐기고 있고, 심지어는 성관계를 갖지 않으면 연애가 아니라고 생각하는 사람들도 많아졌습니다. 그리고 부모세대에 비하여 아무런 책임감도 죄책감도 없이 쉽게 육체적 관계를 가집니다. 물론 여기서 분명한 한 가지 전제가 있습니다. 모두가 다 그렇게 육체적 관계를 갖는다는 이야기는 분명히 아닙니다. 하지만 부모세대에 비하여 너무 많은 사람들이 그런 경향을 가지고 있는 것은 분명합니다. 또 부모세대에 비하여 많은 피임도구들이 있으며, 또 어디서든 쉽게 구입하여 사용할 수 있음에도 불구하고 10대와 20대의 낙태비율이 크게 증가했다는 사실입니다. 사회적으로도 과거에 비하여 비디오나 인터넷이나 스마트폰 등의 매체들이 부적절한 성문화를 양성시켰으며, 그런 영향에 의해 성관계도 크게 증가되었습니다. 제일 중요한 것은 성관계에 대한 책임도 지지 않고 죄책감마저 느끼지 않는 사람들이 크게 증가했습니다. 또 혼전관계를 가지면서도 결혼 후에 일어나는 심리적인 상처와 부작용은 전혀 생각하지 않고 있다는 사실입니다.

가치관의 변화

우리나라는 86아시안게임과 88올림픽이라는 국제적 행사를 계기로 소위 생각의 차이가 크게 변했습니다. 그 이전의 부모세대는 부모를 공경하고 자녀들 위해 무조건 헌신한 시대적 여건이었습니다. 이 시기를 분기점으로 이해타산과 경제적인 계산이 확연히 커졌습니다. 자신에게 이익이 따르지 않으면 아무것도 하지 않으려고 하는 이기주의가 크게 확산되었습니다. 오직 자기만 생각하는 개인주의가 너무 팽배하고 자기만의 계산이 지배적이어서 상대를 제대로 배려하지 못합니다.

그러면서 80년 이후 민주화가 급속화 되면서 자유화라는 가치관의 변화입니다. 예전의 부모님 세대에 비하여 '자유'라는 것이 너무 많이 커져 있습니다. 그 자유화의 개념 중에서 무엇이든지 자유롭고, 너무 편하게 하고 싶어 하는 것이 문제입니다. 자유를 누리는 만큼 책임이 반드시 따라야 합니다.

특히 2030세대의 젊은 세대들은 지극히 개인주의적이며, 손에서 스마트폰을 놓을 줄 모릅니다. 예전의 부모세대는 그래도 정이 있고 어른을 공경하며, 국가관도 있었습니다. 하지만 지금의 2030세대는 부모님 세대와는 분명히 다릅니다. 어쩌면 인생살이 전반에 걸쳐 힘들고 어려운 일들보다는 자유롭고 편하게 살고 싶어 하는 사람들이 크게 늘어났습니다.

혼전 관계와 심리적 작용

여기서는 사랑이라는 내용을 중심으로 살펴봅니다. 그러니 작은 한 부분만 보고 전체적인 큰 부분들이 왜곡되지 않았으면 합니다. 다시 말해 지혜롭게 균형 잡힌 시각으로 전체적으로 보아야 합니다. 왜냐하면 부분만 보는 편협한 생각이나 고정관념으로 한쪽에 치우치면 왜곡시킬 수 있기 때문입니다.

그 중에서도 지금 젊은 2030세대들의 사랑 표현 방법이 부모세대의 사랑 표현 방법과는 많이 다릅니다. 극단적으로 표현하면 '야, 타!'라는 말처럼 아주 직설적이고 대담하며 즉흥적이고 성의 유희 개념도 포함되어 있습니다.

특히 성(性) 관계 부분의 의식이 부모 세대와는 완전히 다르다 할 만큼 많이 자유로워졌고 환경도 그렇게 만들어 가고 있습니다. 부모들이 연애하는 시절과는 완전히 다르게 사방에 널린 것이 유흥을 돋우는 선정적인 장소나 광고들이 즐비하게 늘어져 있습니다. 지금은 상상하지 못할 만큼 많은 수의 모텔이 등장하였고, 부모세대에서는 여성들이 밤늦게까지 다니는 것은 매우 어려웠지만, 지금은 너무나 자유롭게 젊은 여성들이 밤늦게까지 다니고 있습니다. 심지어는 직장이나 대학 주변에는 생활비를 아낀다는 명분으로 남녀가 원룸에서 함께 살아가는 사람들도 늘어납니다. 이와 같은 여건들을 우리는 심각하게 한번 생각해 볼 필요가 있습니다.

2030세대에게 내 배우자가 '결혼 전에 다른 사람과의 성관계를 가진 경험'을 알았을 때 어떻게 하겠는가 물으면 많은 사람들이 '자신과 사귀기 전의 일이니까 괜찮다'고 합니다. 어쩌면 너무 당연시 합니다. 그러니 죄책감이나 수치감이라고는 없습니다. 반면에 부모세대에게 '결혼하기 전에 다른 사람과 성관계를 했다는 사실을 알았다'면 어떨 것 같은지 물으면, '기분이 좋지 않다', '시간이 지나면서 삶에 힘이 들 것 같다'고 말합니다. 분명한 것은 혼전 성관계가 당연한 것이 아니라 이것이 잘못되었다는 것을 우리는 알아야 합니다.

왜냐하면 시간이 지나면서 내 배우자가 다른 사람과 육체적 관계를 가졌다는 것을 자기 스스로 계속 상상을 하게 만들어 자기 속에 빠져버릴 수 있기 때문입니다. 그러면 배우자에 대한 집착이 생겨서 갈등이 일어납니다. 그런데 요즘 2030세대들은 극과 극을 달리기도 합니다. 연애에 대한 중간이 없습니다. 즉, 조율이 없습니다. 그렇기 때문에 아예 무시를 하거나 아니면 너무 집착해서 나 아닌 다른 이성을 알았다는 것 때문에 배우자의 일거수일투족을 계속 감시하는 사람들도 많아졌습니다.

실제로 한 내담자는 집 구석구석에 CCTV를 달고도 부족해서 CCTV가 잡히지 않는 창문으로 나간다고 할 만큼 심각한 사람도 있었습니다. 또 '그만 헤어지자'고 하니까 심지어 자동차로 밀어버리기도 한 사례도 많습니다. 혼전 성관계가 별것 아니라고 말은 하면서 실제로 그 감정이 나 외에 어떤 것에 집착을 하게 되면 자기 자신이 감당할 수가 없습니다. 그래서 살인이 일어나기도 합니다.

이것은 우리가 성에 대한 가치관과 중심이 없기 때문에 생기는 일들입니다. 성이 어떤 것인지조차 잘 모릅니다. 왜냐하면 본인 스스로에 대한 가치관이 없기 때문입니다. 가치관이 없는 가장 밑 부분에는 자기 자신의 존재감에 대한 가치를 보여 주지 못해서 생깁니다. 이것은 나밖에 없고 나만 생각하는 이기적인 발상, '내 마음대로 되면 돼'하는 심리가 깔려 있습니다. 그러니까 '네가 어떻든 지금 내가 만족되면 된다.'는 논리로 가버립니다. 이것은 아무런 개념이 없기 때문입니다. 자존감이 있다면, 그리고 내가 정말 나에 대한 소중함을 가지고 있다면 다른 상대에 대한 소중함도 가질 수 있습니다.

2030세대들은 배우자가 결혼하기 전에 있었던 다른 사람과의 어떤 관계를 인정해 준다고 착각을 합니다. 그것은 인정이 아니라 무시한 것입니다. 그래놓고 결혼해서 살다가 그게 배우자의 과거와 어떤 연관성이 생기게 되면 지금에 와서 예전의 일을 들추어내어 분노하게 됩니다. 다시 말해 '과거 결혼 전의 이야기를 다 해도 된다'고 해놓고는 나중에 어떤 사건이 일어나면 연관성을 지어 분노합니다.

그런데 비록 과거라 해도 내가 정말 사랑하는 배우자가 '나 외의 어떤 사람과의 성관계가 있었다'고 하면 기분이 좋을 리가 없습니다. 심지어는 손잡고 뽀뽀만 했다고 해도 스트레스를 받는 사람들도 많습니다. 그런데 관계까지 했다면 속이 뒤집어집니다. 중요한 것은 과거 없는 지금은 존재하지 않습니다. 여기서 성이 왜 중요한가 하면 나 하나의 문제가 아니고 다음에 내 자식에게 문제가 생깁니다. 과거에 뿌린 것이 지금 당장 결과가 나올 수도 있지만, 대부분 나중에 결과가 나옵니다. 이해를 보다 쉽게 하기 위해 지금 감을 하나 심으면 수십 년 후에도 계속 감이 열린다는 이치와 같습니다.

실제로 강의를 하면서 '네가 결혼을 해서 아이를 낳았는데, 네 아이가 이 남(여)자 저 남(여)자 성관계를 하고도 아무 죄책감이 없다면 너는 어떤 느낌이 들것 같아?' 했더니, '사랑하는 사람이라면 괜찮은데 너무 문란한 것은 마음에 들지 않을 거라'고 합니다. 그런데 이게 대단히 위험한 발상입니다. 세상은 뿌린 대로 거둡니다. 표현한 대로 이루어집니다. 콩 심은 데 콩이 납니다. 팥 심은 데 팥이 납니다. 문제는 콩을 한 알을 심지만 한 알만 열리지 않습니다. 수 십 개 내지는 수백 개가 열려 수확됩니다. 감나무는 한 뿌리에는 수십 년 동안 수십 만 개의 감이 수확됩니다. '과거니까 그냥 괜찮아' 하고 말은 하지만, 문제는 인연법처럼 내 아이는 크게 문란해질 수도 있습니다.

60대 이후의 부모세대를 보면 연애결혼보다는 대부분 중매결혼이었습니다. 중요한 것은 한 사람과 연애를 하다가 결혼한 경우에는 대체로 자녀들이 올바르게 잘 살았는데, 간혹 이 사람 저 사람하고 연애를 많이 하다가 결혼을 한 집안의 자녀들이 중심을 잡지 못하고 사는 것을 자주 볼 수 있었습니다. 여기서 우리는 성이 문란해지면 내 아이가 그렇게 무너져간다는 사실을 알아야 합니다. 콩 심은데 콩 나듯이, 자기가 뿌린 씨는 자기가 거두게 됩니다. 자기가 지은 만큼 받습니다. 그러니 생명을 창조하는 소중한 성을 함부로 취급해서는 안됩니다.

이들 부모세대에는 손만 잡아도 아이를 낳는다고 말하던 세대였지만, 그 이후 세대로 오면서 최근 성이 급격히 무너지고 있습니다. 문제는 '연애를 하면서 낙태를 했는데도 아이만 잘 낳네' 하는 사람들은 그 자녀가 심리적 장애를 많이 일으키고 있다는 사실을 전혀 모르고 있습니다. 성은 아름다운 것이 아니라 소중한 것입니다. 아름다운 것은 누구나 함부로 꺾으려고 하지만, 소중한 것은 누구나 지켜주고 보호해 주려고 합니다. 성은 생명을 잉태하는 소중한 것이라서 함부로 다루면 안됩니다. 성이 문란한 사람은 그들의 자녀에게 심리적 장애가 급격히 늘어난다는 사실입니다. 이런 인과의 법칙을 우리는 알아야 합니다. 성을 함부로 취급하는 사람들은 나중에 일어날 뒷감당을 생각하지 않습니다.

60대 이상의 부모세대들은 한번 성관계를 잘못 갖게 되면 심지어 목을 매었습니다. 그래서 여자에게만 은장도가 있었습니다. 그만큼 성이 중요합니다. 생명을 잉태하는 것이기 때문에 정말 소중한 것입니다. 그만큼 소중한데 그 가치를 보여주지 않고 많은 사람들이 성을 매도하듯이 함부로 취급합니다. 그러면서 '너 좋고 내가 좋아서 한다.' 이런 식입니다. 그리고 나서 다른 사람과 결혼을 하고 아이를 낳아도 아무 죄책감을 느끼지 않습니다. 그러니까 성이 문란한 것입니다.

인과법(因果法)에 의하면 나는 한 사람과의 관계였지만, 내 자녀는 열 사람 스물 사람과의 관계가 될 수가 있습니다. 만약에 이렇게 되면 그 자녀들을 어떻게 감당할 수가 있겠습니까? 성이 문란한 사람들은 이런 인과의 법칙을 생각하지 않는다는 것이 문제입니다. 이것이 매우 중요한 문제이고 그래서 가정에서도 학교에서도 이런 교육이 매우 중요합니다.

특히 연애의 개념을 잘 알아야 하는데, 여기서 왜 옛날 부모세대를 살펴보는지 잘 알아야 합니다. 고리타분한 봉건적 사고라고 생각하는 어리석은 사람이 되지 말아야 합니다. 과거가 디딤돌이 되어서 현재가 있습니다. 주변을 잘 살펴보면 예전의 문화로 다시 돌아가고 있습니다. 음식

문화도 그렇고 사회경제도 친환경을 찾고 있습니다. 예전에 자연식으로 먹을 때는 건강했습니다. 그러나 화려하고 데코레이션도 좋고 이상한 감미료들이 많이 들어 있는 인스턴트식품들을 많이 먹으면서부터 살이 찌고 변형된 바이러스들이 많이 나오기 시작했습니다. 신종 인플루와 메르스(MERS)라는 병들로 사람들이 죽어가고 있습니다. 앞으로는 어떤 일들이 더 생길지 예측하기도 어렵습니다.

영화 '샌 안드레아스(San Andreas, 2015년)'처럼 지층이 뒤흔들리면서 지각변동이 생겨 대지진이 일어납니다. 요즘 '싱크홀(sink hole)'이 자주 생기는 것과 같은 현상입니다. 싱크홀이나 대지진이 일어날 수밖에 없는 것이 지구 전체가 아스팔트로 뒤덮이고 있기 때문입니다. 땅이 숨 쉴 곳이 없습니다. 우리 인간도 숨이 막히면 살아야 하니까 입이나 코나 피부 구멍 어디든지 숨을 쉬려고 합니다. 그러니 막혔던 피부가 펑 터질 수밖에 없습니다. 지구도 똑같습니다. 다 막혀버리니까 어디에서 터질지 모릅니다. 가장 약한 피부 어디선가 터질 것입니다. 일제강점기 때 731부대에서 사람의 입으로 공기를 불어넣어 피부가 터지더라는 마루타 실험에서도 이미 밝혀진 사실입니다. 그게 지구상에서 일어나는 싱크홀이나 지진과 같은 현상입니다.

지진만의 문제가 아니라 지금 우리 젊은 세대들의 심리내면도 이렇게 문제가 야기되고 있습니다. 양심의 가책(呵責)이 없습니다. 자기가 망가진다는 사실에 대해서 '그게 뭐 어째서'라고 생각합니다. 심리적인 요인의 뿌리를 무너뜨리고 있습니다. 그러니 수치감이나 죄책감이란 게 없습니다. 심리적 장애는 죄책감이라는 것이 기본으로 깔려 있습니다.

그런데 성이 문란한 사람들은 거기에 대해서 감정이 없습니다. 그러니까 심리적인 장애가 너무 많이 일어납니다. 특히 성은 생명의 존재감을 나타내는 것입니다. 생명은 무에서 창조가 되는 것인데, 거기에 대해서 가책을 가지지 않는다는 것은 있을 수가 없습니다. 물론 한 사람과의 연애가 결혼으로 이어져서 자녀를 낳거나 아니면 자녀가 연(緣)을 잘 만나면 건강하게 자랄 수도 있습니다.

결혼에 대한 의식변화

많은 것을 부모세대는 그들의 부모들로부터, 그리고 지금의 2030세대는 자신들의 부모들로부터 배웠고, 거기다가 사회환경이나 인터넷이나 미디어에 편승해서 배웠을 것입니다. 그 중에서 여러분들이 '어떤 의식으로 변화가 생기느냐?' 하는 그 바탕을 한번 생각해봐야 합니다.

부모가 세상을 살아가면서 보고, 듣고, 배우고 하는 모든 것들이 다 저장이 되어서 자녀들에게 그대로 저장이 됩니다. 그래서 부모가 먼저 자신의 밑바탕을 봐야 합니다. 그 이유는 자녀들이 자라면서 자기 부모를 가장 먼저 본 받기 때문입니다. 그래서 의식이 어떻게 변하게 되었는가를 보는 것입니다. 자녀들이 태어나 제일 먼저 자기 부모를 보고 듣고 말하면서 뭔가를 배웁니다.

그런데 문제는 결혼을 해서 행복하게 살아야 하는데 그렇지 못한 부부가 너무 많습니다. 행복한 모습을 보고 자라야 할 자녀들이 상처 받는 것만 배우고 무시당하고 비난받고 지적당하고 강요받아 왔습니다. 그저 서로 물어뜯고 지지고 볶고 상처주는 것만 배웠습니다. 그러니까 행복하게 사는 부부보다 고통스럽게 힘들어하며 억지로 참고 사는 가정이 많습니다. 많은 부부들이 체면상 겉으로 드러내지 않으려고 애쓸 뿐입니다.

많은 2030세대들은 혹시 '우리 부모처럼 저렇게 살 바에야 차라리 결혼하지 않겠다'는 생각이 자기도 모르게 무의식 속에 다 깔려있습니다. 이것을 부모세대들이 놓치면 안 됩니다. 그리고 이러한 생각을 하는 자녀들은 결혼 전에 반드시 치료해야 할 부분입니다.

젊은 세대가 결혼을 하지 않으려고 하는 이런 생각들이, 우리가 겪는 지금의 이런 현실들이 바로 부모세대에 씨가 되어 열매를 맺은 것입니다. 이것이 바로 부모세대의 자업자득이요, 인과응보입니다. 이것은 부모들이 행복하게 사는 모습을 자녀들에게 제대로 보여주지 못해서 생기는 현상입니다. 2030세대들이 느끼기에는 결혼을 해도 행복하지 않다는 것이고, 그런 불행스런 결혼생활에 대한 부담감이 너무 큽니다. 그래서 자기 자녀에게 그런 불행한 결혼을 또 대물림해주고 싶지 않다는 생각입니다.

또 이런 것들은 많은 학습의 효과 때문에 확산되고 있습니다. 연속극과 같은 매체에서도 결혼생활에 꼭 불륜을 다루고 있습니다. 행복한 가정은 거의 보여 주지 않습니다. 부모도 행복한 가정을 보여 주지 않는데다가 반복 학습을 시키는 연속극이 거의 전부가 불륜을 보여주고 있습니다. 거기다가 갑질 행동, 고부갈등이나 장서갈등, 가족간의 암투, 책임 떠넘기기, 서로 뺏고 숨기기, 강요와 억압, 불평불만과 시기질투, 납치와 폭행, 성을 보여줍니다. 모든 것이 행복한 것보다는 서로 무시하고 깎아내리면서 불행한 것만 자꾸 보여줍니다. 그러니까 젊은 세대들은 결혼하기가 너무 두렵습니다.

자기도 결혼하면 고부갈등이나 장서갈등을 겪을까봐 두려워하고, 내 남편이나 내 아내도 바람피울 것이 아닌가 하는 의구심이 학습을 통해서 너무 많이 세뇌가 되어져 있다는 것입니다. 이런 환경에서 우리들의 자녀들이 자라고 있다는 걸 꼭 기억해야 합니다. 이런 것이 모두 다 우리 부모세대가 지어 놓은 자업자득입니다.

그래서 결혼적령기가 되어도 결혼을 하지 않은 사람이 너무 많아졌습니다. 결혼을 하지 않는 이유는 결혼을 한 뒤에 따라 올 책임감과 두려움 때문입니다. 결혼을 하면 '첫째, 부모로서 해야 될 일이 너무 많다. 둘째, 부부로서 한 생명을 끝까지 책임져야 된다는 부담감이 너무 크다. 셋째, 자녀 양육비에 대한 부담감이 너무 크다. 넷째, 헌신적으로 자식을 키워 온 부모의 보상심리 때문에 자식으로서의 역할에 대한 부담감을 느낀다.'는 것입니다. 이런 것이 부모세대가 행복한 결혼생활을 하지 못한 결과이며, 미디어를 통한 반복 학습의 효과입니다. 그 결과 자녀들이 자라 성인이 되어도 '결혼하는 것은 너무 힘들겠다.'는 세뇌교육이 된 것입니다.

특히 여성들의 경우 직장에서도 충실하고, 성공도 해야 되는 경쟁 속에서 엄마의 역할과, 며느리의 역할, 아내의 역할을 하는 게 너무 부담이 되어서 결혼을 하지 않는다는 사람이 계속 늘어납니다. 이런 사실을 부모세대들이 알아차려야 합니다. 이게 그들의 자업자득입니다. 부모가 정말 행복하게 사는 모습을 보여주어야 합니다. 그런 모습들을 보고 "야, 결혼하면 무조건 행복하구나. 결혼하면 좋구나." 이런 생각이 들어야 합니다. 그런데 많은 부모세대들은 계속 "내가 왜 사는 줄 아느냐? 너 때문에 살지. 너만 믿고 산다."고 합니다. 부모들로부터 늘 듣는 게 자식 때문에 산다는 것입니다.

이렇게 좋지 못한 모습을 많이 보여준 결과가 2030세대에게 나타나고 있습니다. 그것이 2030세대가 결혼에 대한 부담감과 두려움을 느끼는 것입니다. 이런 부정적인 결과가 결혼하고 싶은 마음이 생기지 않도록 한 결정적인 요인이기도 합니다. 이것이 부모세대가 씨앗을 뿌린 결과입니다. 이렇게 부모세대의 한 단면을 짚어보면 2030세대들이 이해가 되기도 합니다.

연애

많은 젊은이들이 결혼에 대한 부담 때문에 결혼은 하고 싶지 않습니다. 그런데 남녀가 사춘기에 접어들면서 성호르몬의 분비가 왕성해짐으로써 이성을 만나 데이트는 하고 싶은 것입니다. 그게 오늘날 '연애'라는 단어로 표현할 수 있습니다. 결혼은 안 해도 연애는 하고 싶다는 것입니다. 왜냐하면 결혼을 하게 되면, 며느리 역할도 해야 하고 아내 역할도 해야 하고, 남편으로서의 역할과 아버지로서의 역할, 자녀로서의 역할도 해야 됩니다. 당연히 엄마 역할도 해야 됩니다. 이런 부담감과 두려움들 때문에 요즈음에 와서는 결혼은 하지 않고 동거만 하는 사람이 많습니다.

따로 살면 방세도 각자 내야 되고, 전기가스, 수도요금도 각자 내야 하니까 생활비가 많이 들어야 합니다. 그러나 동거를 하게 되면 한 몫이 남는 셈입니다. 남는 걸 가지고 잘 먹고 여행도 하고 즐기는 데 쓰자는 것입니다. 문제는 대학생들이나 직장인들도 같이 동거하는 모습들이 자주 나타납니다. 그 이유는 서로 아낄 수 있고, 아낀 만큼 유용하게 쓰기 때문에 서로 이익이라는 계산입니다.

이렇게 결혼은 하지 않으면서도 연애를 계속합니다. 이런 현실은 성이 훨씬 더 개방되어서 자유로워졌구나하는 것도 있지만, 부모세대가 성을 매개로 장사하는 나쁜 사람들도 많아졌다는 것입니다. 야한 전단지는 주택가에까지 뿌려집니다. 어릴 때부터 그런 것만 계속 보라고 강요하는 환경적 영향이 너무 큽니다.

TV 드라마들이 자꾸 불륜을 엮어 보여줍니다. 이제 불륜을 해도 크게 죄책감이 없어 보입니다. 자녀들은 '어른들은 원래 저렇게 하면서 사는구나' 할 정도로 많이 보여주고 있습니다. 그러니 자녀들이 그런 부분은 큰 문제라고 생각하지 않을 정도입니다. 너무 많이 학습되어 있습니다. 문제는 결혼하기 전에도 그냥 모텔을 갑니다. 그리고 너무 쉽게 동거를 하면서 학교를 다니고 직장을 다닙니다.

이 세상에서 가장 소중한 성을 예사롭지 않게 받아들이고 있습니다. 가장 소중한 성을 너무 가볍게 남용하는 사람들이 늘어나고 있습니다. 그러니 결혼은 하지 않고 연애를 하면서 달콤한 신혼을 즐기지만, 며느리나 사위가 해야 될 일, 아내나 남편이 해야 될 일에 대한 책임이나 부담은 전혀 없습니다. 아직 서로 부부는 아니니까, "너도 빨래 좀 해라, 너도 밥 좀 해라."고 합니다. 결혼은 아니지만 이렇게 편안한 연애가 가능합니다. 지금 그런 식으로 많은 젊은 세대들이 변하고 있습니다.

연애의 기술과 인간관계 형성

연애대상자의 선택

우리 젊은이들이 무책임하게 살면 불행해집니다. 그래서 연애를 시작하는 사람들이 그게 곧 결혼으로 잘 이어질 수 있도록 부모세대가 도와줘야 합니다. 그래서 처음에 연애를 시작할 때 무엇보다도 자기자신을 잘 알아야 합니다. 그리고 나서 연애할 대상을 잘 선택해야 합니다. 왜냐하면 요즘은 오랫동안 연애를 한 후 결국 결혼으로 이어지는 사람들이 늘어나기 때문입니다. 그래서 연애할 때 자기자신부터 먼저 알고 나면 그 다음에 연애대상자를 선택해야 합니다. 연애 대상자인 상대방을 선택할 때는 몇 가지 자기기준이 있어야 합니다. 연애를 잘하려면 긍정적인 생각과 집중력, 창의력이 있어야 합니다.

첫째, 가치 있는 경쟁력

연애를 시작하려면 제일 먼저 자기가 가치 있는 사람이어야 합니다. 자기가 가치있는 사람이면 자신의 연애 대상자도 가치가 있는 사람을 선택해야 합니다. 그래야 그 사람하고 오래 함께 할 수 있습니다. 연애는 상대를 사로잡는 매력이 있어야 됩니다. 가치가 없는 사람은 매력이 없습니다. 만약 매력도 없고 가치가 없는 사람이라면 연애대상자로서 자격이 없습니다. 제대로 된 연애를 하려면 우선 자기 자신의 가치를 높여야 합니다. 그러기 위해서는 충분한 경쟁력을 갖추어야 합니다. 다른 사람들보다 특별한 가치가 있고, 그 가치가 매력이 있어야 합니다. 연애나 결혼이나 인간관계에서 우리는 자기만의 특별한 가치 있는 경쟁력을 갖추어야 합니다. 경쟁력은 스스로 만들어 가는 것입니다. 남들이 만들어 주는 것이 아닙니다. 또한 모든 인간관계에서 사람과 사람의 소통 수준에 대한 경쟁력을 갖추어야 합니다.

둘째, 유연성

연애를 잘 하려면 먼저 자기 자신이 유연성을 갖추어야 합니다. 자신이 먼저 유연성을 갖추어야 유연성이 있는 사람을 선택할 수 있습니다.

사고가 한쪽으로 치우쳐 있어서 자기 고집이 너무 세거나 경직되어 있는 사람은 유연성이 부족합니다. 또 자꾸 강요하거나 억압하거나 양보하지 않는 사람도 유연성이 부족합니다. 유연성이 부족한 사람은 편중된 생각과 고정관념에 사로잡혀 융통성이 부족합니다. 융통성이 부족한 사람은 상대를 배려하지 못합니다. 창의적인 생각을 하지 못합니다. 그러니 연애 대상자로서의 자격이 부족한 사람입니다. 연애나 결혼대상자로는 늘 마음이 열려있어 상대방의 이야기를 잘 들어 줄 수 있는 유연성이 있는 사람이 필요합니다. 유연성이 많은 사람은 상대를 먼저 배려할 줄 알고 존중할 줄 아는 사람입니다.

셋째, 뜨거운 열정

연애는 마치 전기회로에 불이 들어오듯이 가슴에 불이 들어와 열광을 해야 됩니다. 전기회로에 불이 들어오지 않으면 죽은 것이나 다름없습니다. 가슴에 불이 들어오지 않는 사람과는 연애를 해서는 안 됩니다. 왜냐하면 가지가 마르면 열매가 떨어지듯이 넝쿨이 시들면 꽃이 지는 것과 같은 이치이기 때문입니다. 우리 생활에 꼭 필요한 전기는 눈에 보이지 않고 손으로 만질 수도 없듯이 우리의 마음도 똑같습니다. 내 가슴에 뜨거운 열정이 없으면 연애 대상은 아닙니다.

연애를 할 때에는 이렇게 세 가지 기본 요소를 갖추고 있어야 됩니다. 연애와 결혼은 인생에서 매우 중요한 부분입니다. 그런데 이런 기술들은 부모님이 가르쳐 주지 않습니다. 학교에서도 안 가르쳐 주지 않습니다. 다만, 나중에 나이가 들면 스스로 알게 된다고 말합니다.

연애기술

연애를 하려면 먼저 기술들이 있어야 됩니다. 연애대상자를 잘못 선택하게 되면 큰 상처로 남을 수도 있습니다. 그 상처로 인하여 더 이상 다른 사람을 만나지 않겠다고 거부하는 경우도 생기고, 결혼을 기피하는 경우도 생깁니다. 그렇다면 연애는 매우 중요합니다. 매우 중요하다고 하지만, 이 기술을 아무도 가르쳐 주지 않습니다.

첫째, 긍정적인 생각

인간관계의 기초는 밝은 마음으로 다가가는 것입니다. 마음이 밝아야 긍정적인 생각들이 자연스럽게 나옵니다. 인간관계는 긍정적인 생각이 작용되어야 소통이 원활하게 잘 됩니다. 특히 연애를 처음 시작할 때에는 '너는 나를 좋아할 수밖에 없을 거야, 또는 너는 꼭 나를 좋아하게 될 거야' 하고 긍정적인 상상을 먼저 해야 연애를 잘 시작할 수 있습니다. 왜냐하면 이 세상은 자기가 뿌린 대로 거둡니다. 자기가 표현한 대로 이루어지기 때문에, '나를 싫어하면 어떡하지' 하고 부정적으로 생각하는 사람은 연애를 잘할 수가 없습니다. 왜냐하면 말이 씨가 되기 때문입니다. 출발부터 부정의 씨앗을 뿌렸으니 결과는 부정적일 수밖에 없습니다. 세상의 이치는 뿌린 대로 거두는 것이 순리입니다. 좋은 게 좋다고 첫 출발이 먼저 긍정적이어야 합니다.

나를 싫어하면 어떡하지 하고 부정적으로 출발하게 되면 자꾸 상대의 비위를 맞추려고 애쓰게 됩니다. 그러면 사랑의 감정이 일어나지 않고 상대의 눈치를 보면서 자꾸 비위를 맞추게 됩니다. 예를 들면 회를 좋아하느냐고 물으면, 나는 회를 싫어하는데도 불구하고 좋아한다고 대답할 수밖에 없습니다. 반면에 나의 매력에 빠져서 나를 좋아하게 될 거야라고 긍정으로 생각하는 사람들은, 자기가 가지고 있는 모든 장점을 보여주려고 많은 노력을 하게 됩니다. 그러니 연애를 시작할 때는 긍정적인 생각이 중요합니다.

둘째, 집중력

연애는 처음부터 긍정적으로 시작했더라도 고도의 집중력이 필요합니다. 연애든 인간관계이든 집중력이 없으면 상대를 배려하는 따뜻한 마음을 보여주지 못하기 때문에 맞춤식 서비스를 하지 못합니다. 고도의 집중력이 있어야만 상대를 잘 배려할 수 있습니다. 굽이 높은 하이힐을 신은 여성과 데이트 할 때에 집중하지 않으면 남성의 걷는 속도가 빨라져 여성이 매우 힘들 수도 있습니다. 그러면 데이트를 잘 할 수 없습니다.

결혼식장에서 성혼선언을 하고 나면 '신랑신부행진'을 합니다. 둘이서 손잡고 함께 걷는 연습을 하는 것입니다. 지금까지 서로 살아온 보폭이 조금씩 달랐지만, 결혼이란 이렇게 서로 다른 보폭을 잘 맞추어서 함께 걷는 걷는 연습을 결혼식장에서 제일 먼저 배우는 것입니다. 신랑은 신부를, 신부는 신랑을 배려해서 서로 속도를 잘 맞출 줄 알아야 한다는 의미입니다. 그런데 그런 의미를 아무도 가르쳐 주지 않습니다. 신랑신부행진이라는 의미가 그런 것인 줄도 모르고 많은 사람들이 결혼을 합니다.

신랑신부행진처럼 내가 집중을 해야만 상대방을 배려해 줄 수가 있습니다. 평소에 집중하지 않으면 멋있는 연애를 할 수가 없습니다. 예를 들어 그 동안 감동받은 영화가 무엇이냐고 물어보면 상대가 '나는 레미제라블이 감명 깊었다'고 대답할 수 있습니다. 만약 상대의 이야기에 집중했으면, 레미제라블에서 나온 명언이나 음악을 구해서 다음 데이트 때 그

음악을 틀어주면 상대는 감동받습니다. 이런 것이 연애기술에서 필요한 집중력입니다.

셋째, 창의력.

직장생활이나 연애를 할 때에는 창의력이 필요합니다. 이 창의력은 대단히 어려운 것도 아닙니다. 그냥 늘 있는 것을 약간만 변형하거나 편집하여 잘 활용하는 것만으로도 충분합니다. 커피를 한잔 마시더라도, 상대가 주문한 커피와 같이 먹을 수 있는 케이크(cake) 한 조각이나 비스킷(biscuit)이라도 하나 곁들이면 됩니다. 이렇게 창의적인 센스가 작용하면 연애가 더 잘 됩니다. 사소한 생각, 작은 배려 하나가 바로 창의력입니다.

첫 데이트 때 식당에 가면 창의력이 없는 사람들은 멋모르고 밥을 시킵니다. 첫 연애를 할 때에는 밥을 신청하는 것보다는 양식을 먹는 것이 좋습니다. 왜냐하면 첫 데이트부터 먹던 숟가락으로 밥을 떠먹여 줄 수는 없기 때문입니다. 반면에 양식을 시키면, 빵에 잼을 적당히 발라서 먹어보라고 서로 권하기도 합니다. 그러면 더 편해지고 분위기도 좋아집니다. 밥을 먹으면 그저 침묵한 데이트가 될 가능성이 큽니다.

연애뿐만 아니라 대인관계에서도 첫인상이 평생을 좌우하기 때문입니다. 첫 데이트에서 나는 매력이 넘치는 사람이라는 것을 보여줘야 합니다. 그래서 빵에다 잼을 발라주기도 합니다. 그러나 첫 데이트에 밥을 먹으면 그 밥을 떠먹여 주기는 서로 부담이 따릅니다. 그러니까 첫 데이트에는 약간의 창의력이 작용해야 합니다. 그러면 이 사람은 자상한 배려심이 몸에 배어 있는 사람이라고 생각합니다. 내가 따뜻한 사람, 자상한 사람이라는 것을 상대에게 보여 줄 수 있는 기회를 잘 이용해야 합니다.

그 후에는 같이 식사를 하더라도 상대가 시킨 음식하고 궁합이 서로 잘 맞는 것을 시키면 더 좋습니다. 그때는 서로 나누어 먹을 수도 있습니다. 상대가 '짜장면'을 주문하면 나누어 먹을 수 있는 다른 음식을 하나 시키면 서로 나누어 먹을 수도 있습니다. 이런 작은 센스가 모두 다 하나의 창의력입니다.

이렇게 작은 것이지만, 창의력이 없으면 연애를 잘 하지 못합니다. 그러니까 연애는 정말 뛰어난 기술이 필요합니다. 이런 것이 우리 생활에 매우 필요하고 중요합니다. 그래서 연애를 잘하려면 늘 창의적인 가치가 지속적으로 나와야 됩니다.

연애도 사업을 할 때와 마찬가지로 상상력, 집중력, 창의력 이라는 세 가지 연애기술이 반드시 필요합니다. 연애를 잘하는 사람치고 성공하지 못하는 사람이 없습니다. 왜냐하면 연애기술이 곧 성공기술이기 때문입니다. 연애를 하기 위해 긍정적인 생각을 키우고, 모든 것에 집중하고 그리고 지속적인 창의력을 발휘해야 합니다.

연애에서 결혼으로

남녀의 출생의 비밀과 관계형성

연애에서 결혼으로 이어지려면 잘 살펴봐야 하는 것이 있습니다. 연애를 사계절에 비유하자면, 봄에 시작해서 여름이 되면 불이 붙습니다. 그 다음에 가을로 갔다가 겨울 되면 금방 식어버립니다. 연애가 한참 불붙었을 때에 결혼을 하면 실수하기가 쉽습니다. 왜냐하면 남녀의 특성상 차이를 몰랐기 때문입니다. 연애가 한참 불붙었을 때는 자기 정신이 아니기 때문에 좋은 것만 자꾸 보게 됩니다. 계절이 바뀌듯 다시 봄이 왔을 때가 되면 상대를 냉정하게 관찰을 할 수 있습니다. 이 점을 중요시해야 합니다.

남자는 봄에 태어나면 도전적이고 자신감이 있고 당당함이 있습니다. 가을에 태어난 남자는 여성적인 감성이 부여되기 때문에 우울하고 우수에 젖어 바바리를 잘 입습니다. 겨울에 태어난 남자는 가슴속에 에너지가 무진장 많이 축적되어 있습니다. 그것을 끄집어내서 잘 활용하여야 합니다. 그러나 무한한 가능성이 있는데도 그것을 잘 쓰지 못합니다. 그래서 겨울에 태어난 남자는 사소한 것에도 계속 스트레스를 받아 예민하게 살아갑니다. 그것이 감지되면 자기 속의 에너지를 찾아서 자꾸 움직이려고 하고 활용하려고 애써야 합니다. 이것 생각하고 저것 생각해서 그 에너지를 충분히 사용하지 못해 누적되면 이유 없이 자꾸 짜증이 생겨 화가 납니다. 그 화의 불덩이를 자기계발로 쓴다면 충분히 큰일을 할 수 있습니다. 그 이유는 누구보다 뛰어난 기능과 많은 것을 개발해 낼 수 있는 에너지를 가지고 있기 때문입니다.

만약 겨울에 태어난 남자와 여름에 태어난 여자가 결혼하면, 남자는 겨울에 태어났으니 가장 강한 음(陰)이고 반대로 여자는 가장 강한 양(陽)의 정반대의 계절에 태어난 것입니다. 그러면 부부가 정반대의 성향을 갖고 태어났기 때문에 서로를 인정해 주어야 합니다. 예를 들어 내 물건을 다른 사람이 쓰면 기분이 상하는 것과 같이 자기 에너지를 자기가 쓸 때는 괜찮지만, 자기 것을 상대가 쓰고 있으면 스트레스를 받습니다. 그래서 그것을 서로 인정해야 합니다. 그것을 인정하지 않으면 계속 갈등 요인만 생깁니다.

사실 봄은 남자가 득세를 하는 계절입니다. 그런데 우리는 여자가 봄에 가장 아름답다고 합니다. 그 이유가 남자가 가장 기가 센 계절인데, 거기에 여자가 있으니 당연히 아름답게 보이는 이치입니다.

상식적으로 생각해 보면, 요즘은 남자도 화장을 많이 합니다만, 일반적으로 여자가 더 많이 했습니다. 그런데 남자가 요즘 화장을 많이 하는 이유는 과거에 비하여 여성적 호르몬과 여성성이 강해지고 내향성이 강해지기 때문에 요즘 남자들도 화장을 많이 합니다.

왜냐하면 남자는 예전에 비하여 자기 스스로 역할을 할 수 없는 환경적 요인이 더 많아졌습니다. 요즘 남자들은 가정이라는 환경과 부모에 의해서 좌우되기 때문입니다. 자기가 없고 자기 자신이 주체가 되지 못하기 때문입니다. 기질적으로 자라온 환경 자체가 자신을 드러내지 못하게 되어 여성화가 되어갑니다. 그런데 원기질은 남자가 봄이고 봄에 여자가 태어나니까 그게 돋보이는 것입니다.

그래서 여자는 봄에 뛰어나다고 합니다. 그리고 가을은 사실상 여자의 계절입니다. 여자의 계절인 가을에 남자가 태어나면 우수에 젖어 여자 형태를 하게 됩니다. 따라서 봄의 여자는 아름답다고 표현하지만 가을의 남자는 멋있다고 표현합니다. 그런 자연의 이치가 하나의 원리로 작용한다는 것을 알아야 합니다.

여자가 화장을 하는 가장 근본적인 이유는 아담과 하와가 세상에 만들어졌을 때 거울이라는 개념이 없었습니다. 이 때 남자는 여자를 여자는 남자를 본 것입니다. 그게 처음의 거울 역할이었습니다. 남자는 처음으로 여자를 봤는데 피부가 뽀얗고 예쁘니까 '나도 똑같이 저렇게 예쁘구나!'라고 남자는 생각한 것입니다. 그러니 남자는 화장을 할 필요를 처음부터 느끼지 못했습니다.

그런데 여자가 남자를 봤습니다. 남자는 털도 나 있고 일을 하기 때문에 얼굴이 엉망입니다. 이때 여자가 '아!, 나도 저렇구나!' 생각하고 화장을 하게 된 것입니다. 그래서 여자가 더 꾸미고 씻을 수밖에 없었던 것입니다. 그게 거울 원리입니다. 그런 이치를 알아야 합니다.

이렇게 근본 이치를 알고 이해가 되었을 때 완전히 자기 것으로 됩니다. 완전히 자기 것으로 소화가 되면 어떤 것이든 하나하나 받아들일 때에 그것이 자연스럽게 자신감이 생겨 밖으로 표현됩니다. 자신감은 누가 주는 것이 아니라 자기가 만드는 것입니다. 예를 들어 부모들은 자녀에게 '자신감을 가져라'고 많이 이야기합니다. 그게 자녀에게 자신감을 준다고 착각합니다. 그런데 자신감은 준다고 주어지는 것이 아닙니다. 자신감은 이치를 알고 자신을 세울 수 있을 때에 비로소 생기는 것입니다. 어떤 환경이든지 스스로 자신감을 갖고 자신을 믿는다면 자기 에너지를 다 쓸 수 있는 사람이 됩니다. 그리고 도전할 수 있습니다.

이처럼 결혼을 하기 위해서는 남녀의 차이점을 잘 알아야 합니다. 남자는 몸에 불이 많이 들어 있습니다. 바람도 많이 들어있고 그래서 불이 금방 잘 붙습니다. 남자들은 여자를 금방 좋아합니다. 남자는 금방 사랑할 수 있고 그래서 진도가 빨리 나갑니다.

반면에 여자들은 뭔가 한 템포가 늦습니다. 여자의 특성에는 좋아하는 데에도 반드시 어떤 과정이 있습니다. 좋아하는 과정이 있어야 사랑합니다. 그러니까 남자는 봄이 되고 나서 금방 여름이 되지만, 여자는 이제 봄이라고 말합니다. 그런데 남자는 빨리 식어서 가을이 되면 여자는 그때부터 열을 받아 여름이 시작됩니다. 그래서 연애를 할 때 남자가 '그만 헤어지자.' 라고 하면 그때부터 여자는 병이 나기 시작합니다.

이런 남녀의 리듬을 잘 알고 있어야 합니다. 남자들이 이 리듬을 알면 마치 밥을 지을 때 뜸을 들이듯이, 여자들에게도 뜸이 드는 시간이 필요하니까 공을 많이 들여야 한다는 것을 알아야 합니다. 상대를 알아야 연애를 할 때도 속도를 제대로 맞출 수 있습니다. 여자는 '남자들은 바로 불이 붙을 수 있다'는 것을 알아서 바로 불이 붙더라도 '남자는 원래 그렇구나' 하고 이해해야 합니다. 그렇지 않고 '이 남자가 무슨 짐승이냐'고 무시하거나 주눅들게 만들면 안 됩니다. 남자는 원래 특성상 불이 잘 붙는 줄 알아야 합니다. 자꾸 무시하거나 주눅들게 해버리면 그 사람 앞에 가면 자기가 갖고 있는 장점을 충분히 발휘하지 못합니다. 이런 남녀의 차이점을 알아야 합니다.

그래서 남자가 가을쯤 되면 여자는 여름이 오고, 남자는 겨울이라 식어서 이제 이 사람과 연애를 끝내려고 다른 여자들한테 눈독들일 때, 그때서야 여자가 한번만 더 만나면 안 되겠냐고 계속 따라다닙니다. 이렇게 남녀의 특성을 모르면 연애는 끝에 가면 여자가 비참한 시나리오로 끝나게 되는 경우가 많습니다. 그래서 연애에서 결혼으로 갈 때는 반드시 사계절이 바뀌듯, 겨울이 지난 다음에 결혼을 생각해야 됩니다.

이미 결혼한 사람들은 늘 신혼이라 생각하고 지금부터 새로 시작해야 합니다. 남편보다 부인이 너무 득세를 하면 가정이 원활하게 돌아가지 않습니다. 부인은 자기를 조금 한 단계 낮추는 것이 가장 건강한 가정을 만드는 것입니다. 도저히 낮추지 못하겠다면 그냥 당신이 최고라고 말하던 신혼 기분으로 다시 시작하면 도움이 될 것입니다. 그러면 남편은 부인을 더 믿고 존중하게 됩니다.

그리고 남편들은 늘 부인에게 '당신 덕분에' 하루 일과를 잘 마쳤다고 감사를 표시해야 합니다. 열심히 살아주는 것을 알아만 주어도 부인은 힘이 날 것입니다. 또 경쟁력을 쌓기 위해 매일 한 시간 이상씩 반드시 공부를 해야 합니다. 그리고 경쟁력을 쌓기 위해 체력을 보강해야 합니다. 그러기 위해 땀 흘리는 운동을 한 시간씩 해야만 합니다.

그 이유는 부인한테 가장 큰 선물이 남편의 실력이기 때문입니다. 실력을 갖춘 남편은 언제나 듬직하고 믿음직스럽습니다. 남편의 실력은 곧 우리 가정에 안전을 보장하기 때문입니다. 남편이 자기 관리를 철저히 하면서 미래를 준비한다면 우리 가정은 걱정할 것이 없습니다. 그런 모습을 보고 자라는 자녀들도 아버지를 본받아 공부도 잘하고 자기 관리를 잘하게 됩니다.

따라서 남편은 실력으로 내 가정을 지키려는 노력이 부인에게 가장 큰 선물입니다. 분명한 것은 목걸이나 반지나 사랑한다는 말보다 훨씬 더 위력이 있는 것은 남편의 실력입니다. 그래서 남편은 어떤 경쟁에서도 이겨나가기 위해 실력을 갖추어야 합니다.

음양의 기능과 활용

사람은 누구나 타고난 기능과 자기 에너지를 충분히 활용할 수 있는 사람이 되어야 합니다. 그게 자기 속의 보배입니다. 자기 속에 보배가 있는 줄 알면 그것을 끄집어내서 잘 활용해야 합니다. 자기 속의 보배를 끄집어내기 위해서는 몸을 쉬게 하지 말아야 합니다. 자기 몸을 충분히 활용할 줄 알아야 합니다. 그래서 심리치료를 하면서 때로는 운동을 병행시키는 것입니다. 몸이 준비가 되면 어떤 일을 내가 착안했을 때

도전하는 용기가 생깁니다. 몸이 충분히 이완되면 마음도 따라 편안하게 반응을 합니다. 또 마음이 편안해지면 몸도 따라서 편안하게 반응을 합니다. 그러나 운동을 하지 않아 몸이 움직일 준비가 되어 있지 않으면 도전하려는 용기가 생기지 않습니다.

재벌이든 정치가이든 우리 주변에 큰일을 하는 사람들을 보면 항상 운동을 합니다. 특히 남자는 새벽[1] 에 에너지가 굉장히 강하고, 가장 왕성한 시간대입니다. 그래서 일찍 일어나서 운동을 하고 자신의 경쟁력을 향상시키기 위해, 가정의 안정을 지키기 위해 늘 공부를 해야 합니다. 반면에 그 시간에 여자들은 가족들을 위해 밥을 짓고 반찬을 만듭니다. 여성들의 음핵이 세어 기가 세지면 가정에 어두움이 오기 때문에 새벽시간대에 운동보다는 가정을 위해 헌신하는 것입니다.

옛날 우리 속담에 여자의 목소리가 너무 크면 집안이 망한다고 했습니다. 그런 말의 근거를 알아야 합니다. 음양의 이치에 의하면 여자의 기는 음이고 남자의 기는 양입니다. 음이 양보다 세면 습하니까 곰팡이가 핍니다. 가정에 곰팡이가 피면 썩을 수밖에 없습니다. 우리 가정이 원활하게 잘 돌아가라는 의미에서 여자의 기가 세면 집안이 망한다는 말이 나오게 된 것입니다.

그래서 우리들 부모세대는 여자가 시집가면 귀머거리 삼년, 벙어리 삼년, 봉사 삼년을 시켰던 것입니다. 그것은 지혜로운 여자를 만들기 위해서 그랬던 것입니다. 여자들을 폄하하기 위해서 만든 것은 결코 아닙니다. 분명한 것은 적응하기에 따라 다르긴 하지만, 일반적으로 남편이든

1 인시(寅時)가 되면 남자의 생식기가 가장 왕성하게 발기되며, 잠에서 일어날 시간입니다.

부인이든 어느 한쪽의 기가 너무 세면 상대는 상처받고 고통이 따릅니다.

그런데 2030세대의 사람들은 상당수가 매우 늦게 자고 에너지가 넘치는 이른 아침에도 계속해서 잡니다. 그러니 게으르고 나태해지고 무기력한 젊은이들이 너무 많습니다. 우리 부모가 먼저 자기 스스로 반추(反芻)[1] 시켜 보아야 합니다. 자신을 긍정적으로 반추시켜 보는 것은 건강해집니다. 학습적인 것을 반추시키면 자기계발로 이어집니다. 문제는 부정적으로 반추시키는 것은 자기를 퇴보(退步)시킵니다. 그래서 반추시켜야 할 것과 반추시키지 말아야 할 것을 구분할 줄 알아야 합니다.

모든 것은 이치라는 게 있습니다. 좋은 게 있으면 싫은 게 있듯이, 이치라는 것은 항상 음과 양이 같이 갑니다. 좋은 게 있으면 반드시 좋지 않은 게 있습니다. 그 중에서 우리가 활용해야 될 게 무엇인지를 구분할 줄 알아야 합니다. 음을 사용하면 습해서 곰팡이가 자꾸 생기기 때문에 버리려고 합니다.

중요한 것은 자기를 최대한 극대화시켜서 좋은 것, 긍정적인 것, 이로운 것만 활용하면 에너지가 자꾸 생기게 됩니다. 그러면 자연스럽게 자신감이 생깁니다. 에너지가 생기고 자신감이 붙으면 자기 속에 눌려 있던 기능들이 하나씩 하나씩 밖으로 나오려고 합니다. 그럴 때에 그 기능들을 긍정적으로 활용하면 자존감은 증가하면서 저절로 화가 줄어듭니다.

자기 스스로 화가 많이 나고 스트레스를 많이 받는다는 것은 결론적으로 자기 기능을 많이 억압시켜 놓았기 때문입니다. 억압된 삶은 자존감과 자신감을 떨어뜨립니다. 결국 자기 삶에 대한 자기 효능감과 자기

---

1 어떤 일을 되풀이하여 음미하거나 생각함. 또는 그런 일.

안정감, 자기 조절감이 떨어져 상대의 눈치를 많이 보게 됩니다. 그러나 자기 자신을 가장 극대화시켜서 쓸 수 있는 방법은 도전하는 것입니다. 내가 성공하겠다고 처음 생각한 것은 반드시 성공하게 되어 있습니다.

다만, 자존감이 낮은 사람들은 성공하겠다는 목표를 너무 크게 잡지 말고, 한 단계 낮추는 것이 더 효율적으로 성취할 수 있습니다.

DNA의 내력과 결혼

결혼은 나 혼자 하는 것이 아닙니다. 반드시 배우자라는 상대가 있어야 합니다. 그래서 결혼에서 제일 중요한 것은 '배우자(配偶者)' 입니다. 배우자라는 말은 자신의 배우자(配偶者)를 '배우자'라는 말입니다. 문제는 자신의 배우자를 배우지 않고 결혼을 하니까 결혼생활이 곤경에 처해 실패하는 것입니다. 결혼생활이 실패하는 이유는 배우자의 내면에 내재해 있는 습관, 어릴 때 받지 못했던 사랑, 상처, 아픔, 정서, 배고픔이 자리 잡고 있어서 갈등이 일어납니다. 사랑의 굶주림이 거의 대부분 의처증이나 의부증 또는 소유욕으로 왜곡되기 때문입니다.

그래서 우리가 결혼하기 전에 상대방의 두 가지 얼굴을 미리 배워야 합니다. 하나는 상대방과 그 부모가 가지고 있는 습관입니다. 이 습관으로 인해서 성격이 보이는 것입니다. 또 하나는 상대방과 그 부모가 갖고 있는 정서입니다. 이 두 가지를 반드시 배워야 됩니다. 그 사람들의 습관과 정서를 배운 뒤에 결혼을 해야 합니다. 만약 그 사람들의 습관과 정서를 모르고 결혼을 하면 많은 혼란이 생깁니다. 왜냐하면 연애할 때는 잘 보이려고 계속 예쁜 짓만 골라서 하기 때문입니다.

그러나 결혼을 했는데, 그 집안의 내력에 너무 좋지 못한 습관이 있어 세수도 잘 하지 않고 발도 잘 씻지 않아 너무 지저분합니다. 그러면 깔끔한 사람은 지저분한 그 자체가 엄청난 스트레스로 작용합니다. 그래서 '도저히 못살겠다며 이혼하자'고 말합니다. 그러면 상대는 '연애할 때는 왜 못 봤냐?'고 따집니다. 연애할 땐 뽀뽀를 하려고 꼭 이를 닦았으니 들키지 않았을 뿐입니다. 문제는 막상 결혼을 하고 나서 보니 본색광명이 드러납니다.

그래서 옛날에 우리 조상들은 혼사를 정할 때 집안을 많이 보았습니다. 그 이유는 그 집안의 부모들의 정서와 생활 습관을 보기 위한 것입니다. 그것도 모르고 요즘 젊은 사람들은 자기만 좋으면 결혼한다지만 너무 경솔합니다. 왜냐하면 그 집안의 내력이 DNA에 다 들어 있습니다. 그 집안의 부모가 소통이 되지 않아 행복하지 않다면 그런 위험요소가 자녀들에게 습관적으로 내재되어 있습니다.

왜냐하면 어렸을 때 부모의 모습을 그대로 보고 듣고 배웠기 때문에 자녀들에게 그대로 나타납니다. 그래서 결혼하기 전에 배우자를 꼭 배워야 합니다. 그 집 부모가 행복하게 사는지를 잘 보아야 합니다. 행복하게 살지 못하는 부모 밑에서 자란 사람과 결혼해서는 안 됩니다. 왜냐하면 서로 사랑받지 못한 부부에서 태어난 자녀가 자라 결혼을 하게 되면, 특히 그 엄마는 자식한테 '너만 믿고 산다'는 식의 보상심리가 많이 작용합니다. 자기 남편으로부터 충분히 사랑을 받지 못한 것을 아들로부터 채우려고 하기 때문입니다. 만약에 며느리가 예쁜 짓을 하지 않으면 내 아들을 빼앗아 간 나쁜 년으로 만들어 버립니다. 또 부모로부터 사랑을 제대로 받지 못한 자녀가 자라 결혼을 하면, 아이가 젖을 얻어먹으려 하듯이 배우자한테 계속 사랑을 갈구하며, 인정받으려고 칭얼댑니다.

그래서 우리는 결혼을 하려면 그 집안의 정서를 잘 살펴봐야 합니다. 그 집안에 어떤 상처가 들어있는지, 사랑에 굶주리지는 않았는지, 정서적으로 건강하게 자랐는지, 그 집안이 소통은 잘 되는지, 행복하게 사는지, 형제간에 잘 지내는지, 알콜중독이나 게임중독은 없는지, 고혈압은 없는지, 당뇨병은 없는지, 심장병은 없는지 등등 그 집안의 내력인 습관과 정서를 잘 보고 결혼해야 합니다.

이런 것은 매우 중요한 결혼의 조건입니다. 그런 것을 살펴보지 않고 경제적인 조건이나 외모를 중시하여 결혼을 했다가 둘은 서로 사이가 좋은데, 그 부모들과의 사이가 좋지 않아 상처를 받기도 합니다.

결혼을 왜 하는가?

어느 연구소에서 결혼을 왜 하는지 조사한 결과에 의하면 남자는 노후에 외롭지 않기 위해서 53%, 여자는 35%가 결혼한다는 이유입니다. 그 다음에 2위가 행복하기 위해서 남자는 19%인데 여자는 13%가 결혼한답니다.

그런데 3위는 남자는 16%가 가정이 필요해서, 여자는 13%가 경제적 안정을 위해서 결혼을 한답니다. 4위는 남자는 경제적 안정을 위해서, 여자는 3%가 자녀를 낳기 위해 결혼을 한다고 합니다. 그 다음에 2%정도의 남자나 여자는 부모가 결혼을 원해서 한답니다. 그 다음에 결혼하는 이유 중에 당연히 해야 하니까 라고 말합니다.

결혼을 하지 않는 사람들은 경제적 자유가 없고 또 고부, 장서 이런 관계 때문에 책임지고 부양하는 게 너무 부담이 되어서 결혼을 하지 않는다고 합니다. 그래서 어린 아이에게도 어른이 되어가는 과정을 잘 설명해주어야 합니다. 제일 먼저 부모는 태아 때부터 어린아이 그리고 성인이 되고 결혼을 하여 어른이 되기까지 서로 연관되어 있는 과정을 잘 가르쳐야 합니다. 그리고 학교에서도 선생님들이 이런 과정을 잘 가르쳐야 합니다. 왜냐하면 이것이 바로 관계지수를 형성하고 사회성을 길러주고 인간관계를 잘하게 하기 때문입니다.

그런데 가정에서부터 이런 것을 제대로 가르치지 않았기 때문에 하나의 독립체로 살다가 결혼을 하게 되면, 배우자를 이해하는 것, 배우자를 존중하는 것, 배우자에게 맞추는 것 자체를 구속이라고 생각하는 사람이 많아졌습니다. 그러니까 결혼을 하여 부부로서의 역할, 부모로서의 역할, 자녀로서의 역할, 형제자매로서의 역할 등이 매우 부담스럽게 느껴질 뿐입니다.

그 다음에 부모가 행복하게 사는 모습을 못 봐서 결혼해봤자 불행해질까봐 두려워서 하지 않는다고 합니다. 또 드라마처럼 부부가 행복하게 사는 모습을 보여주지 않고, 늘 장서갈등이라든지 고부갈등이라든지, 불륜 관계들만 보여주니까 결혼하고 싶지 않다는 사람이 계속 늘어나고 있습니다.

그렇다면 결혼을 해서 잘 사는 방법은 기를 살려야 운이 좋아집니다. 그래서 서로서로 상대방의 기를 살려서 운을 좋게 해야 합니다. 그러면 부부사이도 좋아지고 기가 살아 움직여서 가정도 잘 풀립니다. 남편의 하는 일이 잘 되면 아량이 넓어집니다. 여자도 마찬가지입니다. 그러면 가정이 잘 풀리면 사는 게 훨씬 수월해집니다.

이미 결혼해서 살고 있는 사람은 이왕 만났으니까 서로 상대방 기를 살려서 운을 좋게 만들어야 합니다. 왜냐하면 인연에 의해서 다음에 또 만나기 때문입니다. 그러니 지금 내가 잘해놔야지 다음에 만나도 괜찮습니다. 이렇게 윤회하고 환생하고 부활합니다.

결혼을 이미 한 사람들은 배우자에게 '당신 덕분입니다. 당신이 최고입니다.' 하면서 서로의 기를 살리는 밝은 쪽으로 생각하면 더 좋은 가정을 보여줄 수 있습니다. 그로 인해서 자녀도 결혼하고 싶은 마음이 생기게 됩니다.

열여섯 번째 강의

인간관계와 행복기술

사랑의 기본은 무엇인가?

사랑

우리들이 이 땅에 태어나는 과정에 대해서 먼저 알아야 하고, 그리고 앞으로 태어날 자녀들에게 도움이 되도록 길 안내를 해야 합니다. 구체적으로 어떻게 해서 임신을 하며, 어떤 방법으로 태교를 하며, 이 세상에 태어난 이후에는 어떤 방법으로 어떻게 잘 가르칠 것인지를 생각해야 합니다.

그 전제로 우리들 가정에 있어서 가장 중요한 핵심은 바로 '행복'입니다. 우리의 가정이 행복하기 위해서 제일 중요한 것은 부부가 서로 참된 사랑을 하여야 합니다. 그 참됨이 곧 믿음(신뢰, 信賴)입니다. 부부가 서로 신뢰를 바탕으로 사랑하면서 행복하게 살면 인간이 도달할 수 있는 최고의 행복과 기쁨을 누릴 수 있습니다. 사랑은 단순한 감정의 산물이 아니라 지혜와 오랜 기간 축적된 과학적 노력의 산물임을 알아야 합니다.

우리는 사랑에 믿음이 없으면 절대 행복할 수가 없습니다. 하지만 우리들의 부모님이나 학교에서 그 어떤 선생님도 사랑하는 기술을 가르쳐 주지 않습니다. 그들의 대답은 한결같이 자라면서 혹은 결혼해 살면서 스스로 알아가는 것이라고 말합니다. 그런데 우리는 스스로 사랑하는 법을 잘 터득하지 못하기 때문에 사귀던 연인이 헤어지고, 수십 년을 같이 살던 부부가 이혼을 합니다. 전세계에서 이혼율 1위라는 불명예를 안고 살아가는 이유는 아무도 사랑하는 기술을 가르쳐 주지 않았기 때문입니다.

이제 부모님이나 선생님과 같은 어른들이 먼저 사랑을 어떻게 하는지를 제대로 알아야 합니다. 그리고 그것을 자녀들에게 잘 가르쳐야 합니다. 세상에서 가장 좋은 가르침은 직접 보여주는 것입니다. 그것은 살아있는 교육입니다. 귀로 듣고 눈으로 보고 행동으로 경험한 것은 자기 것으로 체득화됩니다. 사랑도 이렇게 체득화해야 합니다.

우선 사랑이 뭔지 그 개념부터 먼저 알아야 합니다. 많은 사람들이 사랑이 무엇인지 명쾌한 대답을 잘하지 못합니다. 명쾌한 대답을 못한다는 것은 사랑을 제대로 알지 못하기 때문입니다. 그러니 행동으로 실천할 수가 없습니다. 실천을 하지 못하니 사랑이 제대로 전달될 리가 없습니다. 그러니 조금만 서운하거나 바라는 대로 되지 않는다고 화를 내고 짜증을 내고 불평불만을 쏟아냅니다. 그리고는 서로 맞지 않다고 연인들이 헤어지고 부부들이 이혼을 합니다. 이혼을 하는 가장 큰 이유는 사랑하는 기술이 부족하기 때문입니다.

그래서 남녀로서 연인으로서, 부부로서 살아가기 위해 제일 먼저 배워야 될 선수과목이 바로 '사랑'입니다. 그런데 우리의 부모들은 사랑을 제대로 가르치고 있지 않습니다. 학교에서도 '사랑'이란 교과과정은 없습니다. 이제 겨우 몇몇 대학에서 '사랑학'이라는 교양과목을 가르치고 있습니다. 사춘기가 빨라져 이미 열네 살이면 초경을 다 경험하는 세상인데, 겨우 스무 살이 넘어서 그것도 아주 일부 대학에서 사랑을 가르친다는 것이 참으로 우스운 일입니다.

문제는 사랑이라는 것은 자연발생적이기 때문에 그냥 시간이 지나면서, 자라면서 저절로 하는 것인 줄 착각하고 있습니다. 그럴 수도 있습니다. 부모세대의 사랑은 숨기고 은밀하게 하는 것으로 알고 있습니다. 그러나 제대로 된 사랑은 굳이 숨길 이유는 없습니다. 그렇다고 무분별하게 남의 눈살을 찌푸리게 해서도 안 됩니다. 그러나 진실된 사랑은 보이지 않고 그저 육욕에 이글거리는 가짜 사랑만 온천지에 노출되어 있습니다.

그러니 부모가 사랑을 똑바로 알아야 자녀들에게 제대로 가르쳐 줄 수 있고, 자녀는 부모의 본을 받아 사랑을 제대로 실천할 수 있습니다.

사랑은 인간관계를 배우는 것이다

우리가 사랑을 하려면 먼저 자신과 사랑할 대상이 있어야 합니다. 자신이 사랑을 하려면 먼저 사랑할 대상이 있고, 그 대상 덕분에 사랑할 수 있습니다. 그러니까 사랑할 대상의 덕분임을 우리는 깨달아야 합니다. 내가 사랑할 대상이 있어야 내가 사랑을 시도해 볼 수 있습니다. 그러니 사랑이라는 것은 사랑할 대상의 덕분인 줄 먼저 알아야만 합니다.

그래서 사랑을 하려면 먼저 나는 누구인지, 나는 어떻게 존재하는가? 또는 나는 지금 어떻게 살아가고 있는가? 하고 먼저 자기 자신에 대해 정확히 알아야 합니다. 그래야 사랑도 제대로 할 수 있습니다.

인간은 무에서 태어나 배우고 익힙니다. 사랑 역시 그렇게 배우는 것입니다. 이 배움이란 태초부터 지금 그리고 내일까지 그 속에서 사랑에 대해 배워야 합니다. 그 원리를 '배운다'는 말의 배울 학(學)자를 통해 의미를 찾을 수 있습니다.

배운다는 의미의 가장 쉬운 말은 학생(學生)입니다. 학(學)은 배운다의 의미로서 가장 기본적인 글입니다. 생(生)은 태어남을 말합니다. 학은 좌우가 똑같이 두 손을 내밀고 뻗어 있습니다. 그런데 서로 마주보고 있어서 서로 반대로 보입니다. 이것을 거울기법이라 합니다. 우리는 마주보고 있어서 서로 반대로 보이므로 자신을 돌아보지 못하고 있습니다. 두 개의 x는 서로 반대로 보고 있는데 한번 더 뒤집어 보면, 즉 자신을 되돌아보면 서로를 제대로 볼 수 있게 됩니다. 그러면서 신뢰를 쌓게 되는 것입니다. 우리가 음과 음(- (-))이 만나면 양(+)이 되듯, 내 모양은 상대를 보면서 그리고 그 상대는 이 세상의 나 외의 어떤 대상을 보는 것입니다. 상대를 존중한다는 의미에서의 연결(冖)은 사랑이라는 신뢰를 쌓으면 함께 연결하고 싶어 결혼을 하게 됩니다. 그 속에서 사랑의 싹인 자식을 품게 되는 것입니다. 이것이 인간이 태어나서 죽을 때까지 배움의 의미를 갖습니다.

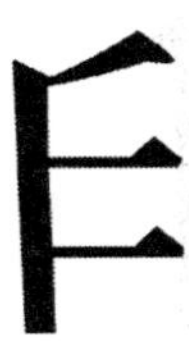

〈그림 1〉

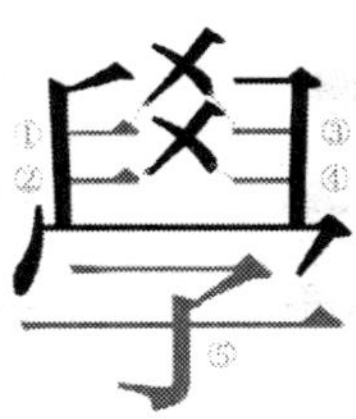

〈그림 2〉

〈그림 3〉

학(學)자를 보면, <그림 1>은 자신의 신체 중에서 왼쪽 부분을, <그림 3>은 자신의 신체 중 오른쪽으로 볼 수 있습니다. 또 <그림 1>은 자기 자신, <그림 3>은 배우자로 볼 수 있습니다. 내가 배우자에게 좋은 것을 주면 배우자도 나에게 좋은 것을 줍니다. 반대로 부정적은 것을 주면 배우자도 부정적인 반응을 보여줍니다. 이것은 상대로부터 나를 배우는 거울기법입니다.

<그림 2>의 왼쪽은 자기 자신의 좌뇌와 좌측, 오른쪽은 우뇌와 우측을 의미합니다. 그리고 ①은 자신의 팔 ②은 다리입니다. 우측에 있는 팔과 다리를 사용하면 대각선으로 좌뇌가 발달됩니다. 그리고 좌측에 있는 팔과 다리를 사용하면 대각선으로 우뇌가 발달합니다. 이런 원리를 먼저 알아야 합니다.

그래서 자신이 눈을 감았다가 떴다가 운동을 할 때 왼쪽 눈을 감으면 오른쪽 눈에 운동이 됩니다. 오른쪽 눈을 감으면 왼쪽의 눈에 운동이 됩니다. 이런 것도 균형된 운동에 중요한 공부입니다. 한의원에 가면 아픈 곳이 아닌 반대쪽 방향에 침을 놓는 원리와 같습니다.

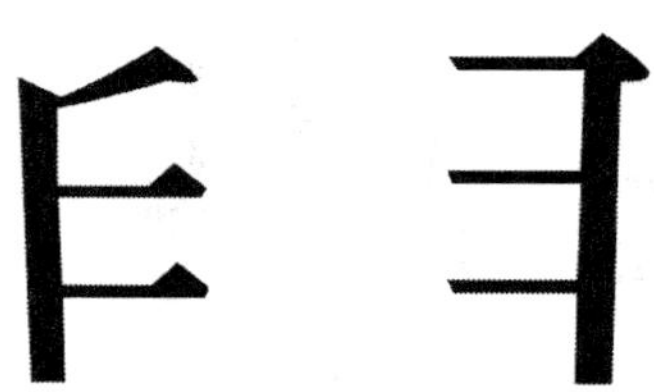

왼쪽(나)　　　　　오른쪽(상대)

그래서 자기 자신을 볼 때는 왼쪽과 오른 쪽이지만, 나와 대상으로 보면 왼쪽의 모양이 '나'라면 오른 쪽의 모양은 상대 즉, 배우자나 연인 같은 사랑할 대상을 의미합니다. 상대가 모를 것 같아도 이것이 모두 다 하나로 연결(冖)[1] 되어 있습니다. 그런데 이것이 사랑 즉, 자(子)자로 전달됩니다.

자(子)는 자녀입니다. 바로 종자입니다. 보통 사람들은 아들 자(子)자인 줄만 알고 있습니다. 이것은 우리 인간이든 동물이든 식물이든 종자입니다. 이게 씨입니다. 이 씨를 우리는 뿌리라 말합니다. 종자가 씨이고 뿌리이고 그것이 바탕이고 근본입니다. 이 근본을 우리는 다르게 표현하면 성품이라고 부르기도 하고, 일반적으로 마음이라고 합니다.

우리가 이 마음의 뿌리, 종자를 어떻게 사용하느냐에 따라서 놀라운 변화를 일으킵니다. 그래서 이 놀라운 변화를 꼭 알아야 합니다. 이 비밀을 알아 본(견, 見) 사람을 깨달은 사람입니다. 그래서 깨달을 각(覺)자[2] 가 있습니다. 견은 보는 것만 보지만, 각은 보는 것도 보고, 보는 사람도 봤다는 것입니다. 그래서 근본, 뿌리, 마음, 성품을 본 사람을 깨달은 사람이라 합니다. 따라서 우리가 사랑을 배우는 과정에서 제일 중요하게 여겨야 될 기본 글자가 배울 학(學)자와 깨달을 각(覺)자 두 개를 잘 알아서 사용하여야 합니다.

1 물건(物件)을 위에서 덮어씌워 사방(四方)으로 드리워 놓은 모양을 본뜸. 따라서 덮다의 뜻으로 쓰임

2 깨달을 각(覺)자는 뜻을 나타내는 볼견(見, 보다)部와 음(音)을 나타내는 글자 學(학)의 생략형(省略形)으로, 학과 각이 합(合)하여 이루어집니다. 學(학, 배우다)과 見(견, 나타나다→명확해지다)의 합자(合字)로 배운 것이 확실해지다→깨닫다→눈이 뜨이다의 뜻으로 쓰임.

상대의 도움 덕분입니다

여기서 사랑할 때 제일 중요한 게 자기 자신에 대해 '나는 누구인가? 즉, 나는 어떻게 존재하느냐?'를 잘 공부하여야 합니다. 그러면 내가 살기 위해서는 뭐가 필요합니까? 제일 먼저 숨을 쉬기 위해 공기가 반드시 필요합니다. 그리고 햇빛도 있어야 되고, 물도 있어야 되고, 밥도 먹어야 되고, 땅도 있어야 되고, 바람도 있어야 되고, 불도 있어야 되고, 구름도 있어야 하고, 옷도 있어야 되고, 나무도 있어야 되고, 풀도 있어야 되고, 농사짓는 사람도 있어야 되고……, 이웃사람 등등이 있어야만 합니다. 이렇게 자신이 하나씩 공부를 해봐야 합니다.

왼쪽은 '나'입니다. 그리고 오른쪽에 있는 것은 '상대 또는 대상' 입니다. 그것을 다르게 표현하면 '나 아닌 나'라고 합니다.

나는 '나 아닌 나'가 없으면 내가 존재할 수 없습니다. 그렇다면 나 아닌 것이 곧 나입니다. 나 아닌 것하고 나는 분명히 둘이 아닙니다. 우리는 모두 하나로 연결되어 있습니다. 이것을 빨리 깨달아야 합니다. 네가 있기에 내가 있고, 네가 행복하면 나도 행복하며, 네가 사라질 때 나도 사라지고, 네가 괴로울 때 나 또한 괴로울 수밖에 없는 생명공동체로써 하나인 것입니다. 나라는 실체가 있어 나만 잘 먹고 잘 살면 되는 것이 아니라 내가 곧 우주이며, 내가 곧 나 아닌 다른 대상들 즉, 모든 존재와 둘이 아닌 하나로써 그들의 행복이 곧 내 행복이 되는 것입니다.

너무 거창하게 생각할 필요가 없습니다. 우리는 보다 쉽게 공부하여야 합니다. 그러기 위해 '나는 인생을 어떻게 살 것인가?' 또는 '나는 지금 어떻게 살아가고 있는가?' 혹은 '나는 어떻게 존재하는가' 하고 자신을 하나씩 분석해 보면 됩니다.

그러면 '아! 나는 공기가 없으면 숨도 못 쉬고 겨우 몇 분 만에 죽는구나. 밥이 없으면 겨우 며칠밖에 못 살구나, 물도 못 마시면 며칠밖에 못 살고 죽는구나……' 그러면 나는 '공기의 도움 덕분에 존재할 수 있구나, 밥의 도움 덕분에 존재할 수 있구나, 물의 도움 덕분에 존재할 수 있구나!' 하는 것을 금방 깨달을 수 있습니다.

꽃 한 송이는 그저 단순한 꽃 한 송이가 아닙니다. 인연으로 온 우주가 함께 피워낸 꽃이요, 온 우주의 숨결이 그 안에 들어 있습니다. 사람도 단순히 내가 아니라 온 우주의 반영이며, 우주적인 진리가 나로써 피어나고 있는 것입니다. 마찬가지로 나의 말 한마디, 생각 하나 하나, 행동 하나 하나가 낱낱이 온 우주로 퍼져나가고 있습니다. 그리고 온 우주와 끊임없이 에너지를 주고받으며 공존 공생하고 있습니다. 온 우주가 더불어 나를 살려주고 있고, 나를 돕고 있으며, 마찬가지로 '너'를 돕고 있습니다. 이처럼 온 우주가 하나의 인연덩어리입니다.

여기서 우리는 '덕분인 줄 아는' 것이 매우 중요합니다. 그래서 나는 결국 '나 아닌 나', 어떤 대상의 덕분이니까 제일 먼저 그런 대상들에 대해 감사해야 됩니다. 사랑에서 제일 기본은 내가 아닌 상대의 덕분인 줄을 먼저 알아야 됩니다.

이렇게 상대의 덕분인 것을 알지 못하면, 상대를 자꾸 미워하고, 원망하고, 바라고, 불평불만을 하게 됩니다. 미워하고, 원망하고, 바라고, 불평불만을 하게 되면 사랑은 금방 식어버립니다. 사랑이 식기 시작하면 살얼음이 생겨 금이 가고 깨어지는 것입니다. 그래서 여러분들은 '늘 상대의 덕분인 줄' 알고 살아야 합니다.

그럼 부모는 자식이 있어야 부모가 되고, 부부는 배우자가 있어야 부부가 되는 것입니다. 이것 하나만이라도 제대로 깨달으면 가족 간의 사랑은 절대 식을 수가 없습니다.

부모들은 이런 기본적인 이치를 모르니까 '내가 너를 낳는다고 얼마나 고생했는데?', '내가 너를 키운다고 모든 것을 다 희생했어.' 라고 말합니다. 그럴 때마다 자식들은 가슴이 무너집니다. 부모가 표현을 잘못했기 때문입니다. 그러면 자식들은 '누가 낳아달라고 했느냐?'며 바로 부정적으로 반응합니다.

좋은 부모라면 '네가 태어나서 나를 엄마라는 이름으로 불리워지게 되었구나! 고맙다.' '우리 아들딸 덕분에 내가 아버지도 될 수 있었단다.' 이렇게 출발해야 하는 것입니다. 세상 어떤 것도 상대의 존재 덕분에 내가 존속한다는 사실을 잊어서는 안됩니다.

만약에 자녀를 낳지 않으면, 죽을 때까지 부모가 될 수 없습니다.

자식 없는 부모는 없습니다. 마찬가지로 부모 없는 자식도 없습니다. 이런 사실을 빨리 깨달아야 됩니다. 지금까지 우리는 부모와 자식을 수직적 관계로 봤습니다. 부모는 위에 있고 자녀들은 아래 있고, 이렇게 수직적으로 교육을 받았습니다. 하지만 오늘날 디지털세대는 심리 내적인 부분이 수평적인 관계로 변해버렸습니다.

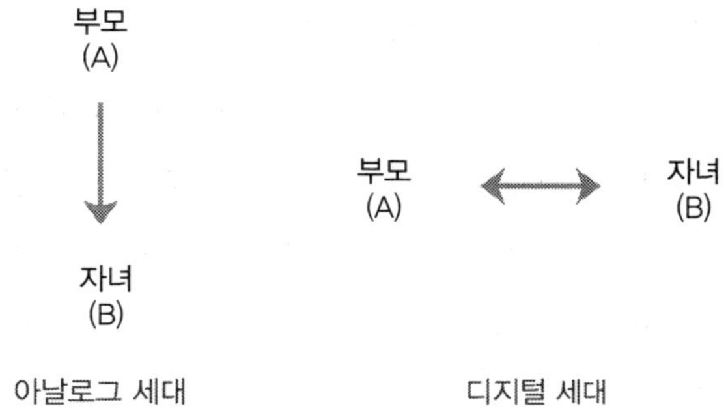

디지털세대는 온통 수평적 시대를 향하고 있습니다. 부모가 여기(A) 계시고 자녀도 여기(B)에 있습니다. 그래서 자녀 덕분에 부모가 되었습니다. 부모들은 갓난아기를 보면서 가장 행복한 시간을 보냈습니다. 왜냐하면 갓난아기 때에는 하루에도 몇 백번씩 웃어주었기 때문입니다. 갓난아기가 부모를 따라 하는 것이 즐겁고 신났기 때문입니다. 결국 자녀의 웃음 덕분에 부모는 엔돌핀(endorphine)이 많이 생성되고, 옥시토닌[1] 도 생

1 맛있게 냠냠 먹는 것을 바라만 보아도 행복해지는 마음, '사랑해 괜찮아 곧 좋아질 거야'라는 따뜻한 말 한마디에 생기는 호르몬이 옥시토닌이다. 옥시토닌은 엔돌핀처럼 사랑, 신뢰, 기쁨의 호르몬이다. 임산부의 젖 분비 때 옥시토닌이 과다분비되고, 사랑할 때 생성되기에 이 호르몬은 수줍음을 극복하고 자폐증도 치료하고 불안을 해소하기도 한다.

성되고, 세로토닌(serotonin)[1] 도 생겨나 행복 물질이 마구 쏟아졌었습니다. 또 자녀의 재롱 덕분에 너무너무 행복했습니다.

살면서 자녀들에게 이런 이야기를 많이 해주어야 합니다. 그래야 자녀가 '행복 속에서 자랐구나.'를 생각합니다. 그런 생각이 들면 나도 '부모님께 웃게 해드려야 되겠다.'고 하는 마음이 저절로 생기는 것입니다.

그런데 많은 부모들은 이런 밝은 단어를 사용하지 못하고 '널 키운다고 얼마나 힘들었는 줄 아니?', '앞으로 네가 잘 해야 돼.'라고 자꾸 이런 부정적인 말이나 부담을 주는 말만 합니다. 이런 말만하는 사람은 부모로서의 자질이 부족한 사람입니다. 흔히 우리는 2% 정도 부족한 사람이라고 말합니다. 그러니 아날로그식 수직적 사고는 이제 그만해야 합니다. 지금의 디지털시대에는 서로 존중하는 수평적 사고가 필요합니다.

지금까지 사랑의 기본 조건을 요약하면 사랑할 대상의 '덕분인 줄' 알아야 합니다. 덕분인 줄 알아야 우리는 감사하는 마음이 저절로 우러나오고, 사랑이 저절로 되는 것입니다.

---

1 세로토닌은 기분을 조절할 뿐만 아니라, 식욕, 수면, 근육 수축과 관련한 많은 기능에 관여한다. 또한 사고기능과 관련된 기억력, 학습에 영향을 미치며, 혈소판에 저장되어 지혈과 혈액응고 반응에 관여한다. 따라서 세로토닌이 모자라면 우울증, 불안증 등이 생긴다. 또한 식욕 및 음식물 선택에 있어서 중요한 조절자로 작용하며 탄수화물 섭취와 가장 관련이 있는 것으로 알려져 있다.

사랑에서 제일 중요한 것

사랑은 감사하는 마음이다

우리가 살아가면서 나 아닌 다른 대상의 덕분인 줄 알 때는 저절로 감사한 마음이 생깁니다. 이때는 이성적이고 객관적인 판단이 나옵니다. 왜냐하면 내가 감정이 흔들리지 않기 때문입니다. 우리가 상대의 덕분인 줄 알 때 상대를 더 잘 이해하고 파악할 수 있습니다. 사랑은 먼저 사랑할 대상이 존재해야 합니다. 사랑할 대상이 존재하는 덕분에 사랑할 수 있습니다. 그러기 때문에 사랑할 대상에게 먼저 감사해야 합니다. 거기서 우리는 사랑이 출발합니다. 그래서 사랑은 상대방을 신뢰하고 이해하며 존중해 주어야 합니다.

이해하기 위해서는 상대와 눈높이를 맞춰야 합니다. 자기의 눈높이 보다 두 단계정도만 낮추어 보면 됩니다. 그래야 상대를 제대로 이해하고, 맞춤식 서비스를 할 수가 있습니다. 사랑은 이해하는 것만으로는 부족합니다. 상대를 반드시 신뢰하며 존중해야 됩니다. 따라서 사랑에서 가장 중요한 것은 바로 신뢰와 이해 그리고 존중입니다.

사랑은 존중이다

자녀를 내려다보지 말고 부모보다도 더 높게 대하여야 합니다. 자녀를 대할 때에는 절대 윽박지르지 말고 그들의 생활을 항상 즐겁게 해주어야 합니다. 그들을 항상 칭찬해 가며 가르쳐야 합니다. 자녀들을 하나의 인격체로 대접하는 뜻이 담겨야 합니다. 그러면 자녀들의 마음속에는 존중의 개념이 형성됩니다. 그러나 존중의 개념을 모르면 우리는 존중할 수가 없습니다. 존중은 귀하게 여겨 높이 대하는 것입니다. 그래서 개인의 특성을 인정하고 '나름대로'의 성장과 성장가능성을 모두 수용하고 이해하는 것입니다. 즉, 개인의 특성에 따라 자기 '나름대로' 성장하고, 발달하고, 성장잠재력을 확장시키도록 적극적으로 도와주는 관심입니다. 문제는 자기 나름대로 성장하고 발달하고, 성장잠재력을 확장시키도록 해야 되는데, 우리의 부모님들은 꼭 내 맘에 들게 자꾸 바꾸라고 강요합니다.

사랑은 상대를 먼저 인정해주는 것입니다. '내 맘에 들게 고쳐라. 바꿔라.'고 강요하는 것은 결코 사랑이 아닙니다. '내 맘에 들게 고쳐라. 바꿔라'고 하는 것은 상대를 자꾸 '내 것'이라고 생각하기 때문에 생기는 소유욕 내지는 소유물로 착각합니다.

'내 것이니까 내 맘에 들게 해.'라고 요구하거나 수정하기를 원하는 것은 사랑이 아니라 강요이며, 억압이며, 아집입니다. 이것은 사랑이 크게 왜곡된 것입니다. 이것이 사랑인 줄 착각하는 사람들이 너무 많습니다. 사랑이 왜곡되면 소유욕으로 바뀌어버립니다. 마치 자기 것인 줄 알고, '몇 시에 어디서 무엇을 했어?'라며 계속 감시감독을 합니다. 배우자나 자녀뿐만 아니라 인간관계에서도 이런 식으로 간섭하는 것이 사랑인 줄 착각하는 사람이 많습니다. 여기에는 존중이라는 개념이 없어서 그렇습니다.

부부나 연인, 부모자식 간에도 존중이 빠진 것은 사랑이라고 할 수 없습니다. 그래서 사랑은 한 사람의 인격체로 대접하면서, 자기 나름대로 성장하고 발달하고 성장잠재력을 확장시키도록 도와주는 관심입니다. 많은 사람들은 사랑에 대한 이런 공부가 전혀 되어 있지 않습니다. 그 이유는 우리의 부모님이 부부간에 서로 존중하는 모습을 제대로 보여주지도 않았고, 자녀를 양육할 때에도 실제로 그런 모습을 자녀들이 거의 본 적이 없기 때문입니다.

부모들이 자신의 배우자에게 함부로 막말을 하고, 폭행을 하고, 비난하고 무시하고, 멸시하고 손가락질 하는 갑질 행동[1]……등등 이런 것만 늘 보여 준 것입니다. 그러니 자녀들이 존중하는 사랑을 보고 배운 적이 없습니다.

사랑에 있어서 가장 중요한 게 '그럴 수밖에 없는 사정이 있겠지?' 하고 먼저 이해하려는 노력이 필요합니다. 그리고 자기 나름대로 성장하고 발달하도록 또는 그 가능성을 존중해 주는 것이 사랑입니다. 그런데 이런 것을 잘 모르니까 상대를 이해하지도 못하고 존중하지도 못합니다. 그러니 행복한 사랑으로 이루어질 수가 없습니다.

그런데 관심이 있다고 해도 존중이 빠져버리면 '내 말만 잘 들으라', '내가 시키는 대로만 하라'고 자꾸 지시를 하게 됩니다. 지시하면서도 마치 내 것처럼 소유하려고 합니다. 지시하고 소유하면 상대를 자꾸 지적하고 함부로 무시하려고 합니다. 내 것이라고 착각해서 계속 소유하기 위해 어디에도 가지 못하게 구속합니다. 이런 것은 사랑이 아닙니다. 구속이며 속박이며, 집착입니다. 이런 것을 사랑이라고 착각하여 스스로의 체면 속에 빠져 있습니다. 이것은 독이 든 사랑일 뿐입니다.

그래서 부모는 자녀들에게 제대로 된 사랑을 할 수 있도록 가르쳐야 합니다. 그러기 위해서 부모 스스로가 신뢰하고 이해하며 존중하는 사

---

1 갑과 을의 관계에서 권력이나 힘의 우위에 있는 갑이 약자인 을에게 하는 부당 행위를 말한다. 갑의 무한 권력을 꼬집어 '슈퍼 갑' 내지는 '울트라 갑'이라고도 한다.

랑을 실천해야 합니다.

사랑은 보호하고 책임져야 한다

사랑하는 사람은 상대를 보호하고 책임져야 됩니다. 보호하고 책임지지 못하는 사람은 사랑의 기본을 갖추지 못한 것입니다. 기본을 갖추지 못한 사람과 사랑하면 언제나 상처만 받습니다. 중요한 것은 어릴 때부터 부모들이 사랑의 기본을 먼저 보여줘야 됩니다. 그리고 선생님들이 그렇게 보여줘야 합니다. 사랑하는 사람은 내가 항상 보호하고 책임지는 자세가 중요합니다.

자식을 낳아놓고도 아무 죄책감도 없이 쓰레기통에 버리거나 자식을 키우면서 심하게 학대하면서도 아무 책임을 지지 않는 사람들이 너무 많습니다. '나는 모르겠다.' 하고 아예 신경을 꺼버리고 사는 비정한 부모들도 있습니다. 이것은 사랑보다는 오직 육체적 욕정에 사로잡혀 그렇게 된 것입니다. 처음부터 갓난아기를 버리는 쓰레기 같은 인간들도 나쁘고, 자기 옆에 두고 늘 괴롭히는 것도 짐승보다 못한 인간입니다. 사람이라면 누구나 아기를 낳으면 그냥 자연적으로 키우게끔 되어 있습니다.

자녀의 양육은 초등학교를 졸업하거나 대학을 졸업하거나 아무 상관이 없습니다. 그냥 자연적으로 유전정보적으로 키우도록 되어 있지 않았다면 인간은 그 종족들을 유지할 수 없습니다. 문제는 부모들이 자녀들에게 자꾸 지식공부만 주입시키려고 합니다. 그러니 학원도 보내고 과외도 시키고 그러면서 자녀를 키우기가 힘들다고 정부의 육아정책을 비난합니다.

우리의 삶은 지식보다는 지혜가 필요합니다. 자녀를 사랑하는 부모라면 자신이 먼저 지혜롭게 살아야 합니다. 지식교육보다는 지혜교육이 이 세상의 삶을 더 행복하게 만든다는 사실을 알아야 합니다.

우리의 생활과 밀접한 자연생태계를 보면, 집에서 키우는 개나 닭도 어린 새끼를 키울 때는 나름의 독특한 모성애가 있어, 자기 주인에게도 달려듭니다. 이러한 모성애는 생태적으로, 본능적으로, 유전정보적으로, 자연적으로 주어지는 것입니다.

또 한편으로는 부모가 너무 신경을 많이 써서 문제가 되기도 합니다. 즉 자신이 원하는 대로 자식을 틀 속에 자꾸 집어 넣어서 어떤 모양(의사, 판검사, 운동선수 등)을 만들려고 하는 부모들도 많습니다.

이런 현상은 사랑의 기본을 너무 몰라서 그렇게 된 것입니다. 사랑은 사랑하는 사람의 보호와 책임이 따라야 합니다. 그래서 사랑을 하게 되면 사랑하는 사람의 생명을 제일 먼저 보호하고 책임지는 것입니다.

사랑은 성장가능성이다

사랑에는 나름대로의 성장이 있어야 합니다. 이것은 지금보다도 더 정서적, 정신적으로 성장하고 발달하려면 사랑하는 사람을 존중해야 한다는 의미입니다. 사랑이란 자기 나름대로 성장하고 발달하도록 도와야 하는 것입니다. 그래서 성장과 성장가능성에 대한 적극적인 관심과 스스로 잘 해 나갈 수 있을 것이라는 믿음이 필요합니다.

문제는 상대방이 성장하고 발달하는데 필요한 길 안내를 거의 하지 않습니다. 예를 들면 배우자가 무엇을 좀 배우려고 하면 '그 나이에 무슨 쓸데없는 일을 하느냐?'고 무시하거나 거절하거나 외면하거나 주눅들게 합니다.

이런 말은 배우자가 성장하고 발전하는 것을 가로막는 장애물입니다. 여자가 집에서 밥이나 하고 빨래나 잘 해라고 핀잔을 주거나 무시하는 이런 말투는 사랑하는 사람의 성장을 가로 막는 말입니다. 적어도 사랑한다면 우리 가족을 위해 애쓰는 당신이 '이제라도 자신을 찾으려고 하는 것 같아 보기가 좋다.'고 용기를 주어야 합니다. 문제는 우리의 부모들이나 선생님이 '사랑이란 사랑하는 사람의 생명과 성장에 대한 적극적인 관심'이라는 것을 아무도 가르치지 않습니다. 그러니 자녀들은 뭐가 사랑인지 잘 모릅니다.

그냥 둘이서 잠이나 같이 자고 성관계나 하는 것이 사랑인 줄로 착각하고 살아갑니다. 그러다 보니까 조금만 마음이 뒤틀려도 그만 살아야 되겠다고 말합니다. 그리고 헤어지자고 하고 이혼하자고 합니다. 따라서 우리는 사랑에 대해서 제대로 알아야 하고 동시에 자녀들에게 사랑에 대한 기본을 반듯하게 정리해 주어야 합니다.

사랑은 어떻게 왜곡되는가?

사랑을 보는 시각

원효대사는 어제 달게 마신 물이 오늘 해골에 담긴 것을 보고 구역질을 하다가 크게 깨달았습니다. 더럽고 깨끗한 것이 물이나 바가지에 있는 것이 아니라 바로 자신의 마음에 있다는 것을 깨달았습니다.

조금 전까지만 해도 사이좋은 잉꼬부부였는데, 우연히 남편과 나란히 걷는 여성의 모습 때문에 아내가 남편을 의심하게 되었습니다. 두 사람이 나란히 걷는 모습을 보기 전에는 정말 좋은 남편이었는데, 나란히 걷는 모습을 보는 순간부터 원수가 되었습니다.

바람을 피운 것이 아니라 우연히 같은 방향이라 걷게 되었고 남편은 어제나 오늘이나 그대로인데, 그를 바라보는 아내의 마음이 순간 바뀐 것입니다. 똑같은 사람인데 방금 전에는 좋은 남편이었고, 지금은 원수입니다. 우리는 원수와 남편이 따로 있는 것이 아니라 내 마음 속에 있다는 것을 깨달아야 합니다.

사랑은 소유욕이 아니다

사랑이 왜곡 되는 것은 소유욕과 불신 때문에 생깁니다. 우리가 사랑한다는 것을 자세히 들여다보면, 대부분의 경우에 사랑이 아니라 소유욕(소유물)을 말합니다. 소유욕이 사랑인 줄 잘못 알고 있습니다. 많은 사람들이 소유하고 싶어서 결혼을 합니다. '내 것'으로 만들어 가지려고 결혼을 합니다. 결혼하는 마음 자세가 '내 것' 하나 가지려 한다는 것입니다.

내가 원하는 것을 하나 더 가지려고 하는 소유욕 때문에 부부갈등이 생깁니다. 그런데 우리는 그것을 모르고 속고 있다가 '이게 아니구나! 뭔가 잘못 되었구나!' 하고 또 헤어지는 일이 생깁니다. 잠시잠깐이지만 돈과 권력은 내가 소유할 수는 있습니다. 마찬가지로 이 육신도 잠시 내가 소유할 수는 있습니다. 그러나 영원히 소유할 수는 없습니다.

그런데 우리는 자꾸 상대방을 소유하려고 합니다. 소유욕이 생기면 사랑하고는 점점 거리가 멀어집니다. 거기다 '내'자를 하나 더 붙이면 더 심각합니다. '내 마누라. 내 남편. 내 자식.' 이렇게 '내' 자를 더 붙여가지고 또 애착하고 집착합니다.

이렇게 애착하고 집착하는 이유는 '내 것'이라는 생각이 은밀히 숨겨져 있기 때문입니다. 무의식적으로 내 것이라는 소유욕이 작용해서 그렇습니다. 이것은 사랑의 기본조건이 전혀 갖추어지지 못한 상태입니다.

사랑의 왜곡

사랑은 편안해야 합니다. 사랑은 존중해야 합니다. 사랑이 왜곡되면 소유욕으로 변질되어 애착하고 집착합니다. 사랑의 감정에는 부러움과 서러움과 두려움 그리고 노여움이 있습니다. 그러나 부러움이 왜곡되면 시기질투가 일어납니다. 심각한 시기질투로 인하여 공황장애가 일어나기도 하고, 심리적 위축으로 인하여 대인기피현상이 일어나기도 합니다. 서러움이 왜곡되면 자기연민으로 빠져들어 우울증이 생깁니다. 두려움이 왜곡되면 항 공포증과 같은 공포가 요동칩니다. 노여움이 왜곡되면 분노로 인한 폭행, 묻지마 폭행이 일어나기도 하고, 분노를 표출시키지 못하여 자기 내면 안으로 끌고 들어오게 되면 자기위축이 됩니다.

심리는 자기를 다스리는 것입니다. 애지중지하는 육신도 내 마음대로 통제되지 않아 밤새 안녕 하는데, 내 마음을 붙들 수가 없습니다. 그런데 하물며 상대방의 생각이나 마음을 내가 어떻게 붙들 수가 없습니다. 우리는 '내 것'이라고 하는 소유욕에서 벗어나야 합니다. 배우자나 자녀와 같은 사랑하는 사람을 소유하려는 환상이나 꿈을 깨야 합니다. 그냥 편안히 놔주고, 자유롭도록, 행복하도록 바라보며 존중하고 성장할 수 있도록 도와주어야 합니다.

이해하고 존중하여야 하는 사랑의 근본이 자꾸 소유욕(물)으로 변질되어 가고 있습니다. 그래서 서로 미워하고 아파하고 헤어지고 이혼합니다. 그래서 부모나 선생님은 자녀들에게 사랑의 기본을 잊어버리지 않게 잘 가르쳐야 합니다. 그래야 정확하게 각인되어질 것입니다.

소중한 자산인 사랑

사랑은 먼저 주는 것이다

자녀에게 물질적인 재산을 물려주는 것을 중요시 하는 부모가 의외로 많습니다. 지금 평균수명이 90세에 육박하고 있으며, 앞으로 약 20년 후에는 평균 수명이 110세가 될 것입니다. 우리의 인류 사회는 부모나 자식이 함께 늙어가는 이른바 노노(老老)현상이 일어나고 있습니다. 부모와 자녀가 함께 늙어 가는 노인세대는 부모나 자녀가 함께 일을 할 수 없는 노인이 되는 현상이기에 부모가 자녀에게 사실상 물려줄 재산은 없습니다.

그렇다면 좋은 부모가 자녀에게 물려줘야 될 가장 소중한 자산은 바로 사랑입니다. 어떤 사람들은 사랑을 받지 못해서 외롭고 허전하다고 말합니다. 또 어떤 사람들은 사랑을 받지 못해서 우울증이 걸린다든지, 힘들다고 말합니다. 이런 사람들은 늘 사랑을 받으려고만 하였습니다. 숨을 내쉬듯이 사랑을 받기 전에 자신이 먼저 상대에게 주어야 합니다.

무엇이든 받고 싶으면 '상대도 받고 싶겠구나!'를 먼저 생각하고, 내가 싫으면 상대도 '싫어하겠구나!'하는 것을 생각해야 합니다. 문제는 자꾸만 사랑을 받으려고만 합니다. 그래서 상대방이 사랑을 주지 않으면 외롭고 허전하고 병이 생기는 것입니다.

만약 상대가 사랑을 주지 않으면 자신은 영원히 사랑받지 못할 것입니다. 다시 말해 콩을 심어야 콩을 수확합니다. 씨앗을 뿌려야 열매를 얻을 수 있습니다. 이게 세상이치이며, 자연의 섭리이고 순리입니다. 그러니 내가 먼저 사랑을 주는 연습을 해야 됩니다. 나는 주지도 않고 자꾸 바라기만 한다면 그것은 욕심입니다.

사랑을 받고 싶으면 사랑을 먼저 주고, 칭찬을 받고 싶으면 칭찬을 먼저 해주고, 선물을 받고 싶으면 선물을 먼저 주고, 감사를 받고 싶으면 감사를 먼저 주고, 무엇이든지 먼저 주는 것이 내가 받을 수 있다는 사실입니다. 그래서 상대가 먼저 잘 돼라고 합니다.

그러니 자신이 먼저 사랑을 주면 외로움도 서운함도 사라질 것입니다. 우리의 가족에게, 이웃에게 먼저 사랑을 줘야 합니다. 이것은 예상외로 아주 간단합니다.

우리는 그동안 내가 먼저 주려고 하지 않고 오직 받을 것만 생각했던 것입니다. 사랑을 받아야지 우울증이 해결되고, 사랑을 받아야지 외롭지 않은 줄로 착각하고 있습니다. 그런데 사랑을 받는 것보다 사랑을 주는 게 훨씬 더 행복합니다. 그래서 먼저 사랑을 주라는 것입니다. 분명히 당신도 많은 사랑을 가지고 있습니다.

따뜻한 칭찬 한 마디는 상대의 기운을 밝게 만들어 주고, 상대에게 희망과 꿈을 안겨 줍니다. 타고난 재능을 키우고 성장시키는 힘도 칭찬입니다. 칭찬은 한 인생을 변화시켜 훌륭한 사람으로 만듭니다. 진정한 칭찬으로 자녀들에게 용기와 희망을 주어 그들의 재능을 일깨워주고 또한 고난을 극복할 수 있는 용기를 주어야 합니다.

어떤 경우에는 상대의 이야기만 들어줘도 그 사람은 너무 좋아합니다. 어떤 사람은 내가 그냥 옆에 묵묵히 있어만 줬는데도 행복해 합니다. 누군가가 소리쳐 울고 싶을 때 옆에 있어 주기만 해도 위안이 됩니다. 온몸에 힘이 빠져 걷기도 힘든 사람에게는 기대어 쉴 수 있게만 해줘도 큰 힘이 됩니다. 이런 것은 당신이 지금 당장 할 수 있습니다. 왜냐하면 지금까지는 내가 먼저 사랑해야 된다는 것을 몰랐기 때문입니다. 사랑을 자꾸 받으려고만 하니까 힘들고 고통스러운 것입니다.

자기 나름대로 성장하고 발전하는 것이 사랑이다

모든 생명체는 내 마음에 들기 위해서 존재하지는 않습니다. 중요한 것은 나를 위해 존재하는 것은 아무것도 없습니다. 그러니 내 마음에 들지 않는다고 상대에게 시비를 걸 필요도 없고, 상대를 비난할 필요도 없습니다. 비록 부부라 해도 부모 자식 간이라 해도, 아무도 내 맘에 들기 위해서 태어나지 않았습니다. 이것을 깨닫지 못해 자꾸 마음에 들지 않는다면서 못 살겠다고 말합니다. 이것은 결국 가정이나 학교에서 사랑의 기본을 전혀 안 가르쳤기 때문입니다.

우리는 결혼을 하고 부모가 되어 자녀를 출산하여 키울 때는 반드시 가르쳐야 할 것이 있습니다. 그것은 '어떤 사람도 네 마음에 들려고 숨을 쉬거나 밥을 먹지 않는다.'는 사실을 먼저 알게 해야 합니다. 그러면 '내 마음에 들지 않는다고 학교를 가지 않겠다거나 직장을 가지 않겠다'는 말은 하지 않을 것입니다. 이런 것은 기본적으로 부모가 가르쳐야 합니다. 그런데 어떤 부모도 이런 이치를 안 가르쳐 줍니다. 또 학교에서도 아무도 안 가르쳐 줍니다.

부부간에도 상대의 마음에 들려고 같이 사는 것은 아닙니다. 모든 생명체는 다른 상대를 위해서 살아가는 것이 아니라, 자기 나름대로 성장하고 발전하려고 살아갑니다. 어느 누구도, 아무리 좋은 부부관계라도 '내 마음에 들려고 밥을 먹어 주지는 않습니다.' 또 '내 마음에 들려고 숨을 쉬어 주지는 않습니다.' 이런 사실을 깨달아야 합니다. 그래서 상대방에게 바라지 마라는 것입니다.

그래서 요즘은 NQ(Network Quotient, 사회적 관계)지수가 높아야 된다고 말합니다. 지능지수(IQ)나 감성지수(EQ)보다 NQ가 높아야 합니다. 요즘은 사회성, 사회적 관계가 더 좋아야 행복할 수 있습니다. 인간관계를 잘 하는 사람들이 행복하고 모든 일에서 성취를 잘 합니다. 왜냐하면 이 세상은 본인의 노력과 주위의 도움으로 되어 있기 때문입니다. 그래서 주위의 도움을 받으려면 인간관계를 잘 해야 합니다. 대기업의 공채에서도 NQ지수가 높은 사람을 찾습니다.

그런데 우리는 살아가면서 반드시 본인과 주위의 도움으로 이 세상을 살아갑니다. 우주가 그렇게 이루어져 있고, 그렇게 살아갈 수밖에 없습니다. 하지만 아무도 어디에서도 이것을 가르쳐 주지 않습니다. '주위의 도움 없이는 살 수 없다'는 사실을 부모나 선생님이 제일 먼저 가르쳐야 할 부분입니다. 그러나 우리는 주위의 도움으로 살아간다는 사실을 구체적으로 아무도 가르쳐 주질 않습니다.

그러다보니까 자녀들이 자기밖에 모르는 이기주의, 개인주의적인 사람으로 너무 빨리, 그리고 너무 많이 변해갑니다. 그래서 이런 부분을 부모들이 잘 보아야 됩니다. 따라서 자녀에게 가르쳐야 될 것 중의 하나는 바로 NQ지수입니다. 얼마 전까지만 해도 많은 사람들은 IQ지수나

EQ지수가 높아야 된다고 했었습니다. 지금은 인간관계를 얼마나 잘하느냐에 달려 있습니다.

요즘은 면접을 볼 때에 합숙을 하거나 집단면접을 보거나 그룹별 연수를 거치게 하거나 토론을 시키기도 합니다. 심지어 TV에서 보면 연인을 선택하는데도 그런 관계지수를 살펴볼 수가 있습니다. 그래서 유머가 있는 여자나 남자를 많이 선호합니다. 이것 역시 가장 중요한 것은 '이 세상에 내 마음에 들기 위해 태어난 사람은 아무도 없다'는 사실을 가르쳐야 됩니다.

그러면 관계하기가 너무 쉬워집니다. 어떤 사람도 내 마음에 들기 위해 태어나지 않았다는 사실을 알고 나면, 내가 상대를 먼저 이해하게 됩니다. 무조건 이해하고 들어갑니다.

사랑의 방정식

사랑은 하나의 작은 방정식이다

만약 누군가가 아버지의 어떤 면이 가장 존경스럽느냐고 묻는다면, 아들은 '저는 아버지가 어머니를 사랑하시는 모습이 가장 존경스럽다고 대답했습니다. 아버지께서 어머니를 사랑하시기 때문에 우리 가족이 행복하다는 것을 알고 있습니다. 아버지께서 어머니를 사랑하시니까 어머니 역시 아버지를 사랑하시고, 또 그것을 본보기로 보여주시니 두 분 다 제겐 너무나 감사하고 존경스럽다'고 말했습니다.

이처럼 가족의 중심에서 부부간의 사랑이 자녀들에게 큰 영향을 미치게 됩니다. 부부간에 서로 사랑하는 것은 자녀를 위한 최고의 선물입니다. 부모가 사랑과 행복으로 넘치면 자녀들은 안정과 행복을 느끼고, 그리고 자신이 얼마나 소중하고 사랑스러운 존재인가를 깨닫게 됩니다.

부부는 이유를 묻지 않고도 그 사람이 하는 모든 행위가 다 이해가 되어야 비로소 둘이는 서로 사랑하는 사이입니다. 만약 아직 당신의 배우자에게 이유를 물어야 되면, 아직 그건 사랑하는 사이가 아닙니다. 이심전심으로 하나가 되어 있지 않다는 의미입니다. 이유를 묻지 않고서도 그냥 다 이해해 줄 수 있다면 그때는 서로 사랑하는 사이가 되는 것입니다. 이해하는데 있어서 기본 전제가 이 세상 어느 누구도 내 마음에 들려고 살지는 않는다는 사실입니다. 자기 나름대로 각자의 삶을 살고 있다는 사실을 어릴 때부터 가르쳐야 합니다.

모든 사람은 자기 나름대로 특성을 가지고, 그것을 차별화 전략으로 자기 상품을 내세우려고 한다는 사실을 알아야 합니다. 그것을 자꾸 '내 맘에 들게 바꾸라'고 강요하는 것은 잘못입니다. 부모들은 자꾸 '부모 맘에 들게 바꾸라, 무조건 따르라, 시키는 대로 하라'고 지시합니다. 부모가 시키는 대로, 부모가 원하는 대로 하지 않으면 고집 부린다고 자녀를 자꾸 억압합니다. 그것은 첫 출발부터 잘못 되었다는 의미입니다. 이런 강요는 자녀의 인생 첫발부터 엉뚱한 길로 가게 만든다는 것입니다.

어느 내담자의 경우 남편이 발을 안 씻어서 도저히 같이 못살겠다고 합니다. 또 어떤 내담자는 이빨을 안 닦아서 같이 못자겠다고 합니다. 또 어떤 사람들은 소통이 안 된다고, 또 어떤 사람들은 자기가 원하는 대로 해주지 않는다면서 실제로 헤어지고 이혼합니다.

문제는 결혼 전에도 후에도 남편이 변한 것은 없습니다. 결혼 전에는 콩깍지가 씌여 진실을 알아보지 못했거나, 아니면 연애할 때에는 일시적으로 상대가 유혹한 것에 대해 자신이 현혹된 것뿐입니다. 중요한 것은 우리 인간은 서로 다르기 때문에 같이 사는 것입니다. 인간은 절대 같을 수가 없습니다.

피를 나눈 부모형제도 성격이 다 다른 것이 정상입니다. 심지어 쌍둥이들도 다 성격이 다릅니다. 하물며 남남이 서로 만나 부부가 되었으니 다른 것은 아주 정상입니다. 오직 우리 인간은 서로 다름을 통해서 가치를 배우고, 다름을 통해 신비감을 알게 되고, 그 다름 때문에 함께 해야 될 이유를 알아가는 것입니다.

그런데 결혼을 하면 그 다름을 자꾸 무시하려고 합니다. 왜냐하면 기본을 안 가르쳤기 때문입니다. 그 다름을 내가 먼저 이해하려고 노력해야 합니다. 이유를 묻지 않고 이해가 되어야 됩니다. 다름이라는 게 아름다운 것이며 특징이며 재능입니다. 그래서 부부는 서로 다름을 인정하고, 그 다름에서 생기는 단점은 상호 보완하고, 그 장점은 서로 활용하는 것이 중요합니다. 그런데 많은 사람들은 연애를 하거나 결혼을 하면, 남녀가 서로 다르다는 사실을 망각하고 살아갑니다. 그 결과 연애나 결혼생활이 불필요한 갈등과 마찰로 가득 차게 됩니다. 분명한 것은 남녀가 서로 다르다는 것을 인정하고 서로를 존중할 때 신뢰가 형성됩니다.

부부가 살아가면서 먼저 자기 생각을 하나도 남김없이 다 빼고 그리고 제삼자의 입장에서 보아야만 그것이 이해가 됩니다. 살면서 서로가 오해를 하는 대부분의 이유는 자기 생각을 주장하고 강요하기 때문에 그렇습니다. 자기 생각을 주장하지 않고 역지사지의 입장으로 돌아가 제삼자의 입장에서 보니까 '아하!' 하고 이해가 되는 것입니다. 이것은 매사에 자기 생각을 강요하거나 주장하지 말라는 뜻입니다. 부부간의 대화이든 부모자녀간의 대화이든 자기 생각을 강요하지 않으면 무조건 순탄하게 잘 풀려나가게 되어 있습니다.

또 부부가 살면서 백 번을 잘하다가 딱 한 번만 잘못해도 신뢰가 하루아침에 와르르 무너져 버립니다. 왜냐하면 백 번을 잘 해줘도, '당신이 옛날에는 잘 해줬잖아.' 이런 말을 하는 사람은 아무도 없기 때문입니다. 잔인하게도 우리 인간은 옛날에 아무리 잘 해줘도 단 한 번의 실수만을 기억합니다. 그래서 사람의 마음은 간사하다고 합니다. 수많은 좋았던 기억들보다는 단 한 번의 서운함에 오해하고 실망하여 전체가 뒤틀려 헤어집니다.

결혼을 해서 부부가 되면 과거에 수십 년 동안 백 번 천 번 잘한 것은 모두 잊어버려야 합니다. 지금부터 새로운 한 번으로 생각하여야 합니다. 오늘 또 한번 잘 해주고, 내일 또 한번 잘 해주고, 이렇게 계속 잘 해줘야 하는 것입니다. '왕년에 내가 잘 해줬잖아.' 이런 말은 아무 의미가 없습니다. 왜냐하면 예전의 나와 지금의 나는 완전히 다르기 때문입니다. 그러니 지금까지 잘 해준 적이 없다고 생각해야만 계속 잘 할 수가 있습니다.

부부는 서로 다르다

사랑을 잘 하기 위해서는 부부가 서로 어떻게 다른 가를 잘 알아야 합니다. 남자와 여자는 서로 다른 기질적 차이가 있습니다. 남자는 자기 업무 중심적이거나 목표달성을 중요시하지만, 여자는 관계 중심적이거나 정서 충족 위주로 반응합니다. 예를 들어 쇼핑을 가더라도 남자는 자기가 필요한 것만 최단시간 내에 적정한 가격으로 구매하여 돌아오려고 합니다. 반면에 여자는 지금 당장 구매할 생각이 없어도 아이 쇼핑(eye shopping)이나 윈도우 쇼핑(window–shopping)을 하거나 이것저것 구경하며 만져보고 입어보는 것을 즐기는 경향이 있습니다.

서로 대화를 할 경우에 남자는 대체로 필요한 말만 하려고 하는데, 여자는 이것저것 대화하는 과정에서 서로 정서적 교감을 나누고 상대방과의 친밀한 관계를 확인하고자 합니다. 남자는 사회적 힘의 우열에 기초하고, 여자는 유대감을 기초로 한 대화를 원합니다. 남자가 경쟁적이며 공격적인데 반하여 여자는 상호 지지적이며 방어적입니다. 남자는 권위적이며 주도적인데 반하여 여자는 사교적이며 협조적인 대화를 원합니다.

의사전달의 체계에서도 남자는 자기주장이 강하며 전달식인 반면에 여자는 질문이 많으며 공감을 중요시 합니다. 이것은 남자와 여자의 일반적인 차이로 그런 특성을 가진 사람이 남자나 여자 중에 많다는 것을 의미합니다. 하지만 어느 한 쪽이 옳고 어느 한 쪽이 틀린 것이 아니라 단지 서로 다를 뿐입니다. 그래서 부부는 서로가 '다르다'는 것을 인정하고 배려함으로써 행복한 대화를 나눌 수 있습니다. 이렇게 서로 다른 남녀의 기질적 차이를 이해하지 못한 채 결혼을 하면 상대방이 모든 것을 자기중심으로 한다면서 자기 방식대로 따라오게 강요하거나 수정하거나 길들이려고 하니 자꾸 싸우고 갈등하게 됩니다.

따라서 부부가 되면 남녀의 이런 기질적 차이를 인정해야 합니다. 서로 '다르다'는 것은 '틀린 것'이 아닙니다. 서로 다르다는 것은 상호 보완이 필요하다는 의미입니다. 이는 곧 서로 조화롭게 상생(win-win)할 수도 있다는 의미입니다.

인간은 누구나 태어나면서부터 기본적으로는 불완전하고 미숙한 존재입니다. 그래서 기질이 서로 다른 남여가 만나면 원천적으로 갈등이 일어나게 되는 것입니다.

또 남자는 좁게 멀리 보는 것이 발달되어 있습니다. 반면에 여자는 넓게 가까이 보는 것이 발달되어 있습니다. 이런 두 사람이 만나면 황금 콤비입니다. 멀리 보고 투자해야 될 것은 남편이 담당하고 지금 현실적인 문제들은 부인이 담당하면 됩니다. 그래서 특히 남편이 사업이나 무슨 일을 하고자 할 때는 부인한테 반드시 조언을 구하면 좋습니다. 왜냐하면 부인은 넓게 보는 시야가 발달되어 있기 때문입니다.

우리의 뇌는 좌뇌와 우뇌 사이에 뇌들보[1]가 있습니다. 그런데 이 뇌들보는 여자가 남자보다 30%나 더 두껍습니다. 일을 하다가 피곤해서 잠깐 쉴 때에도 여자의 뇌는 90% 이상이 가동됩니다. 뇌들보가 왔다갔다 하면서 계속 일을 합니다. '남편이 그 집에 왜 갔을까?, 왜 그 여자만 자꾸 쳐다볼까?' 쉬면서도 여자의 뇌는 계속 돌아갑니다. 그래서 남자보다 30%나 두꺼워진 것입니다.

그런데 남자들은 한번 쉬면 뇌의 70% 정도가 작동이 멈추게 됩니다. 남자가 쉴 때는 아무것도 생각 안하고 그냥 신나게 잡니다. 이렇게 부부는 완전히 다릅니다.

가정생활에서 많이 경험하는 것 중에서, 옷장 문을 열고도 필요한 와이셔츠를 찾을 수가 없어 부인에게 어디 있느냐고 자꾸 묻습니다. 남편은 한 번에 절대 쉽게 찾지 못합니다. '여보, 옷 어디 있어?' 하면 부인은 '거기 있잖아.' 하고 늘 이렇게 반복합니다. 이게 남자는 좁게 멀리 보고

---

1 좌우 대뇌 반구를 연결하는 신경 섬유 다발이 반구 사이의 세로 틈새 깊은 곳에 활 모양으로 밀집되어 있는 것. 뇌량(腦梁)이라고도 합니다.

여자는 넓게 가까이 보는 현상입니다.

남여 소통의 차이

부부나 부모자식 간에 자주 싸우는 이유를 성격 차이로 단정짓는 사람들이 많습니다. 그러나 대부분의 부부상담과 가족치료를 오는 상담자들을 보면 첫째, 가장 친밀하고, 소중한 사람들 간에 소통하는 대화법의 차이가 가장 많습니다. 물질문명과 매체의 발달로 인한 신세대와 노년층의 소통방법이 크게 다릅니다. 젊은 층은 속어, 비어, 약어, 신조어, 단문도 많이 쓰지만, 매체를 통한 문자나 카톡 등의 영향으로 존댓말이 크게 사라져가고 있습니다. 존대말인지 반말인지 무시하는 건지를 구분하기 어렵습니다. 둘째, 서로 다름을 인정하지 못하는 등의 성격차이가 있습니다. 셋째, 기성세대와 신세대의 충효의 관점에서 부모자식간의 대립이 있습니다. 특히 셋째의 경우, 예전에는 부모가 시키면 무조건 '예'부터 시작했으나, 지금은 '싫어요, 안해요.'의 대답이 굉장히 증가했다는 점입니다.

그리고 대부분의 부부 싸움은 적절한 대화법을 잘 모르기 때문에 일어납니다. 부부간에는 말을 안 해도 '알아서 해라'는 식의 표현입니다. 대부분의 부부싸움은 말하는 내용이 아니라 말하는 방식과 태도에 기인합니다. 대부분의 인간관계에서도 대화법의 차이에서 갈등이 빚어집니다. 부부관계에서는 남자는 자신의 의견이 존중받고 있다고 느끼면 말이 많이 부드러워지고 아내를 위해 헌신하려고 합니다. 여자는 남편이 애정 어린 말투로 설득하면 절대 화를 내지 않습니다. 그게 남여의 차이입니다.

기를 살리는 방법

소통의 방법에는 배우자가 말하는 것에 귀를 기울일 줄 알아야 합니다. 우리는 다른 사람의 말을 다 받아 줄 수는 없습니다. 그런데 부부간에는 한평생을 살아가야 합니다. 한 평생을 함께 가야 하는 부부의 말 하나하나에 신경을 쓰고, 서로 맞추어 가는 과정에서 어느 하나라도 버려야 할 것이 없습니다. 부부란 서로 관심을 가지고 열심히 들어 주고 함께 해야 합니다. 그게 진정한 부부의 참모습입니다.

이제 우리가 또 한가지 잊지 말아야 될 것은 가정에 기(氣)가 살아나야 합니다. 건강한 에너지가 생성되지 않으면 운이 나빠집니다. 운이 좋지 않으면 사랑을 지속시키기 힘듭니다. 왜냐하면 자꾸 힘이 들다보면 짜증이 나기 때문입니다. 그래서 운을 좋게 만드는 방법은 기를 살리는 것입니다. 기가 살아나면 운은 저절로 살아납니다.

누군가가 '그동안 어떻게 지냈습니까?'할 때 자신의 기를 살리는 방법은 간단합니다. 첫째, 기쁜 척 합니다. 그러면 기가 살아나 에너지가 생성됩니다. 지금은 비록 조금 불편하더라도 기쁜 척하고 얼굴에 미소를 띠면 기가 살아납니다. 둘째, 좋은 척 해야 기가 살아납니다. 누구나 싫은 척 표현을 해버리면 아무도 도와주지 않습니다. 셋째, 즐거운 척해야 기가 살아납니다. 비록 지금은 힘들지라도 내 마음이 즐거워지려고 노력해야 기가 살아납니다.

그런데 많은 사람들은 기를 살리기 위해 부적을 찾습니다. 자신의 기를 살리는 데에는 부적도 필요 없고, 돈도 필요 없고, 백도 필요 없습니다. 또 100일 기도를 하지 않아도 되고, 108배를 하지 않아도 됩니다. 그러니 그냥 내 마음이 기쁜 척, 좋은 척, 즐거운 척하면 됩니다. 이렇게 실천하면 기가 살아나서 운은 저절로 좋아집니다. 기가 살아나면 집안이 잘 풀리니까 사랑을 지속할 수 있는 힘이 계속 나옵니다.

부부가 서로 기를 살리는 방법을 알면 운은 저절로 좋아져서 사랑이 오래오래 지속될 수 있습니다. 세상의 진리는 인과의 법칙에 따라 내가 짓는 대로 거두기 때문입니다.

열일곱 번째 강의

인간관계의 상호작용

부모가 모델링이다

우리가 명품인간이 되기 위해서는 가장 먼저 신뢰받는 사람이 되어야 합니다. 그러기 위해서는 자신의 성품(性品)과 역량(力量)이 신뢰받는 사람이 되어야 합니다. 따라서 명품(名品)이 되기 위해서는 성품과 역량을 두루 갖추어야 하고, 신뢰받을 수 있어야 합니다. 명품이 되려면 부모가 먼저 명품이 되어야 합니다. 왜냐하면 자녀들은 부모를 본받기 때문입니다. 부모들이 사용하는 말투나 말씨를 잘 분석해 보면 알게 모르게 그 자녀들이 그것을 그대로 본받아서 사용한다는 사실을 알 수 있습니다.

우리가 살아오면서 가장 많이 듣는 말 중의 하나가 '말이 씨가 된다.'는 것입니다. 이 '씨'는 바로 열매입니다. 좋은 씨를 심어야 좋은 열매를 얻을 수 있습니다. 그래서 우리는 '뿌린 대로 거둔다'고 말합니다. 즉 말한 대로 열매를 수확한다는 뜻입니다.

그런데 우리가 매일 쓰는 이 말씨의 중요성을 많이 망각하고 있습니다. 어쩌면 관심을 전혀 가지지 않고 있습니다. 예전에 우리는 대가족이 한집에 살면서 '그렇게 말을 하면 안 된다'고 하는 밥상머리 교육을 많이 했습니다. 그래서 예전에는 말씨를 잘 쓰도록 늘 훈련이 되었습니다.

문제는 대가족제도에서 점점 핵가족으로 분화되고 자녀를 둘, 하나만 낳게 되면서, 자녀를 너무 귀하게 키우게 되었습니다. 그 결과 자녀가 함부로 말을 하는데도 전혀 여과 없이, 아무런 수정 없이 '오냐 오냐'하면서 키운 결과가 지금 나타나고 있습니다. 잔에 담긴 물은 한번 쏟으면 주워 담을 수 없습니다. 검은 콩 한 말과 흰 콩 한 말을 섞는 데는 한 순간이지만, 그것을 다시 원래 상태로 되돌리려면 한 나절이 걸려도 부족합니다. 이처럼 말은 중요합니다. 신뢰를 쌓는 데는 여러 해가 걸려도 말 한마디에 공든 탑이 무너집니다. 따라서 말은 씨가 되어 내 인생에 있어서 성공과 행복, 평온과도 바로 직결됩니다.

내 자녀를 건강한 자녀 훌륭한 자녀로 키우려면 부모가 먼저 명품이 되어야 합니다. 왜냐하면 자녀들의 최초 교육은 가정에서부터 시작되기 때문입니다. 그것도 아주 자연스럽게 보고 듣고 느끼며 그대로 모방해서 따라 하기 때문입니다.

사실 여부를 확인하는 습관을 기르자

자석(磁石)의 원리처럼 욕망하는 말은 끌어당기는 힘이 있고, 저항하는 말은 밀어내는 힘이 있습니다. 그래서 우리가 말을 할 때에는 지금 하는 이 말이 사실인가 하는 것입니다. 어떤 경우에도 사실이 아닌 것을 말해서는 안 됩니다. 흔히 말을 할 때 사실 여부를 제대로 확인하지도 않고 그냥 옮길 때가 많습니다. 가장 무책임한 말은 '그렇다고 하더라.'는 것입니다. 인간관계 중에서도 '누가 이런 말을 하더라.'는 말을 자주 듣게 됩니다. 사실여부를 확인하지도 않고 '누가 이런 말을 하더라.'고 하는 말들을 전달하는 것은 정말 위험합니다. 결국 '어디서 들었다'든지, '누가 하더라'는 근거 없는 풍문이나 비난, 악성댓글로 인하여 많은 사람들이 상처를 받았고 심지어는 자살을 하는 사례들도 많이 있었습니다.

내가 알고 있는 어떤 사실과는 전혀 다르게, 누군가가 그 사람의 약점이나 비리, 비난이나 험담 같은 이야기를 하면서 '저 사람은 나쁜 사람이니 조심해.'라고 하면 참으로 묘한 기분이 듭니다. 자신이 직접 그 사실을 확인해보지도 않았지만, 다음에 그 사람을 다시 만날 때 뭔가 석연치 않은 기분으로 만나지는 것을 느낄 수 있습니다.

그래서 항상 무슨 말을 듣더라도 그것이 사실인지 여부를 직접 확인하는 아주 중요한 습관을 길러줘야 합니다. 직접 확인해야 확신이 서게 되고 확신이 서면 100% 믿을 수 있는 말이 됩니다. 따라서 확인되지 않는 말은 함부로 해서는 안 됩니다.

인간관계에서 말을 해야 할 때와 하지 말아야 할 때

우리가 말을 할 때는 주의해야 할 것이 하나 있습니다. 즉, 지금 내가 이 말을 해야 할 때인지를 먼저 생각해야 합니다. 어떤 말이 사실이라 해도 입에 담아서는 안 되는 것이 있습니다. 그래서 하고자 하는 말이 사실이라 해도, 또는 똑같은 말을 할지라도 그것이 때에 맞지 않으면 효과가 없습니다. 오히려 말을 하지 않는 것보다 결과가 더 못할 수도 있습니다. 그래서 항상 말을 할 때는 지금 말할 때인지, 아니면 더 기다려야 할 때인지를 어릴 때부터 잘 훈련시켜야 합니다.

또한 그 말이 사실이고 말할 때라 해도 만약에 화를 내면서 말을 하면 그 효과는 부정적입니다. 특히 말속에 가시가 들어 있으면 상대는 부정적인 감정으로 받아들이기 때문입니다. 그리고 말속에 부정적인 감정이 개입되면 내가 정말 전달하고자 하는 내용과는 아무 상관없이 거부당할 수도 있습니다.

그래서 말이란 그것이 사실이며, 지금 말할 때라 해도 부드럽고 자비로운 말이 매우 중요합니다. 이런 습관은 우리가 어릴 때부터 훈습되어져야 됩니다. 세 살 버릇이 여든까지 간다고 했습니다. 말하는 습관은 무엇보다도 가정에서 제일 먼저 가르쳐야 합니다. 이것은 우리가 말할 때 생각해야 할 가장 기본원리입니다.

자신과 이웃을 배려하는 인간관계

설사 위의 세 가지 조건에 모두 다 맞는 말이라 해도 우리는 상대를 배려하는 말을 해야 합니다. 아직 상대가 들을 준비가 전혀 되지 않은 상태에서 내가 서둘러 말을 함으로써 상황만 더 악화될 수도 있습니다. 아직 상대가 들을 준비가 되지 않았다면, 아무리 좋은 말을 한다 해도 그 효과가 적거나 부작용만 발생할 수도 있습니다. 그런 경우에는 좀 더 배려해서 기다려 주어야 합니다. 그렇지 않으면 서로 사이만 더 나빠질 수도 있습니다.

만약 그것이 진실이라 해도 다수의 이익에 관한 것일 때는 함부로 발설해서는 안 됩니다. 사람은 누구나 궁지에 몰리거나 억울하다고 생각될 때에는 말하지 말아야 할 것까지도 함부로 말하는 경향이 있습니다.

상대를 전혀 배려하지 않고 '내가 말한 것은 모두 진실입니다. 또한 앞으로도 진실만을 말할 것입니다.' 면서 진실공방의 논쟁으로 끌어내어 더 큰 혼란을 겪는 사례들이 많이 있습니다.

때로는 그것이 진실이라 한들, 일일이 파헤쳐서 도대체 무슨 이득이 있는가 하고 의문이 들 때가 많습니다. 문제는 말한 당사자는 진실을 말했다고 하지만, 그 속의 상대는 얼마나 괴롭겠습니까. 또한 그것이 다수의 이익에 관한 것이라면 얼마나 안타까운 일입니까. 그렇기 때문에 진실이라고 해서 모두 다 발설해서는 안 되는 이유입니다.

그래서 어떤 말을 하던 간에 말을 할 때는 그 말한 내용이 먼저 자신에게 영향을 미치게 됨을 알고 말을 해야 됩니다. 만약 네가 나한테 그럴 수가 있느냐고 시작하면 벌써 자기가 기분이 나빠지고 화가 납니다. 우리가 무슨 말을 할 때 이렇게 자신에게 먼저 영향을 미친다는 것을 결코 잊어서는 안 됩니다. 이것을 우리는 '내가 짓고 내가 받는다.'고 합니다. 자업자득이요. 자작자수, 인과응보입니다. 어떤 말이든 그 시작은 무조건 나로부터 출발합니다. 그렇기 때문에 직접적으로 나한테 먼저 영향을 미친다는 사실입니다. 결국은 자기가 자기에게 고통을 주고 괴롭힘을 주고 상처를 준다는 것입니다.

예를 들면 상대방이 나한테 듣기 싫은 말을 했을 때, '네가 나한테 어떻게 그럴 수가 있느냐?'고 크게 분노합니다. 그러면 그 즉시 자신에게 먼저 영향을 미쳐서 자신이 더 속상하고 더 화가 나도록 만들어 버립니다. 그때 자신에게 영향을 미친다는 것을 딱 알아차리고 받아들이면 자기를 더 이상 괴롭히지는 않을 것입니다. 그러면 두 번째 화살은 안 맞는다는 의미입니다.

상대방이 먼저 쏜 화살에는 어쩔 수 없이 맞았지만 내가 다시 '네가 나한테 그럴 수 있느냐?'고 분노하는 순간, 내 기분이 또 상하게 됩니다. 결과적으로 자신에게 한 번 더 화살을 쏘게 되는 꼴입니다.

씨앗을 뿌려야 열매가 열리듯이, 어떤 말이든지 자신의 입을 통해서 먼저 나가기 때문에 자신한테 반드시 영향을 줍니다. 이런 이치를 알고 나면 사용할 수 있는 말은 오직 '긍정적인 말' 하나밖에 없습니다. 인간관계에서는 긍정적인 말이 아니면 자신한테 아무런 도움이 되지 않습니다. 그래서 '오죽하면 네가 그렇게 했겠느냐?', '그럴 수밖에 없는 어떤 사정이 있었겠지.', '너가 얼마나 게임을 하고 싶으면 거짓말까지 하겠니?' 이런 연습을 하라는 것입니다.

이 말은 다른 누구를 위해서 하라는 게 아니라 자기 자신을 힘들게 하지 않기 위해서 항상 긍정적으로 말하는 훈련을 해야 합니다. 긍정적으로 말하기 위해서는 '내가 짓고 내가 받는다.'는 이치를 먼저 알아야 합니다. 내가 잘못한 것도 없는데 느닷없이 날아 온 화살에 자기도 모르게 몹시 화가 납니다. 만약 그럴 때도 '내가 그 이전에 잘못해서 이런 일이 돌아왔구나.' 하고 바라보는 시각을 넓혀야 합니다. 왜냐하면 이 세상은 어떤 경우에도 '내가 짓지 않으면 나한테 돌아오지 않는다.'는 사실입니다. 이것이 세상의 이치입니다.

따라서 말하기 전에 꼭 생각해서 말해야 합니다. 내가 한 말이 결국은 나한테 돌아온다고 생각하면, 우리들은 긍정적인 말, 이로운 말, 따뜻한 말, 부드러운 말을 할 수밖에 없습니다.

그러면 왜 우리는 부정적인 말을 만들어 놨는지 생각해 봐야 합니다. 부정적인 말도 분명히 어떤 용도가 있어서 만들어졌습니다. 옳은 것을 더 강하게 표현하기 위해서 때로는 부정적인 말이 필요합니다. 어두움이 없으면 밝음이 없고, 손등이 없으면 손바닥은 없습니다. 이처럼 부정적인 것이 있음으로 인해서 긍정적인 것을 알게 하는 것입니다.

인간은 원래부터 세워져 있기 때문에 조금 힘들고 어렵더라도 부정적인 말을 하기보다는, 바로 세우기를 먼저 해야 합니다. 즉, 긍정적인 것을 바로 찾아주기 위해서 부정적인 것이 존재한다는 것을 알아야 합니다.

따라서 부정적인 말도 때로는 기분이 상하지 않고 자기를 돌아볼 수 있게 해줍니다. 인간관계에서 늘 좋은 말만 듣는다고 해서 좋기만 하는 것은 아닙니다. 즉, 단 것만 먹어도 몸에 해롭고, 신 것만 먹어도 위장에 탈이 납니다. 설사 부정적인 말을 듣더라도 그것을 받아들일 수 있는 역량(力量)과 아량(雅量)이 있어야 합니다. 그리고 나에게 '왜 이런 말을 했을까?' 하고 먼저 자기 자신을 돌아보고, 잘못을 반성할 필요가 있습니다.

그러나 만약 그게 사실이 아닌데도 불구하고 계속 부정적으로 말하는 사람에게는 주의를 줘야 됩니다. 실제로 부정적인 말의 상당수는 사실이 아닌 경우가 많습니다. 그 이유는 그 말이 사실인지를 제대로 확인하지 않았기 때문입니다. 그래서 우리는 자녀가 어릴 때부터 확인하는 연습을 잘 가르쳐야 합니다.

말씨의 중요성

지금까지 이 말씨가 얼마나 중요한지에 대해 강조한 것입니다. 우리가 사용하는 이 말씨는 바로 씨앗입니다. 일반적인 씨는 2, 3년만 지나도 썩어 싹이 잘 나지 않습니다.

그런데 이 말씨라는 것은 30년이 지나도 싹이 나고, 100년이 지나도 싹이 틉니다. 씨 중에 말씨만 그런 게 아니라 글씨도 한번 써 놓으면 천 년이 지났는데도 계속 싹이 납니다. 마음씨, 솜씨, 맵씨 같은 것도 시간이 한참 지나서도 싹이 틉니다. 물론 조상대대로 물려받은 우리의 성씨(姓氏)도 계속 이어집니다. 하지만 요즘은 성씨를 바꾸어 근본을 뒤흔드는 사람도 가끔 생깁니다. 뿌리나 근본을 자꾸 해롭게 하려는 사람이 나타납니다. 자기만 생각하기 때문입니다.

이런 씨들은 참으로 소중해서 오랫동안 싹이 납니다. 씨가 그대로 열매가 됩니다. 그 중에서도 이 마음씨가 그대로 밖으로 드러난 게 말씨입니다. 따라서 이 말씨는 매우 중요합니다.

요한복음 1장 1절에 '태초에 말씀이 있나니. 말씀이 하느님과 함께 계셨나니. 말씀이 곧 하느님이니라.'고 나옵니다. 이 말씀이 하느님과 함께 계셔서 말씀이 하느님이라는 것입니다. 이 하느님을 우리는 창조주라고 부릅니다. 그러니까 우리가 말을 하는 대로, 말을 사용한 대로 창조가 되는 것입니다. 즉 말이 곧 씨가 되고 씨가 곧 열매가 됩니다. 그래서 '네가 짓는 대로 네가 받는다. 씨가 열매니라' 이렇게 말합니다. 어떤 종교에서도 똑같이 강조하고 있습니다.

지금까지 이 말씨에 대해 대단히 위력적인 이야기를 했습니다. 우리는 말씨에 대해 평상시에 너무 소홀히 다루고 있습니다. 이 놀라운 말씨를 제대로 가르치지 않아 길거리에서 함부로 욕을 하고 비속어를 여과없이 막 쏟아냅니다. 부부간에도 화가 나면 가슴에 못이 박히는 막말까지 해버립니다. 그리고는 '내가 뭘 잘못했는데?' 라고 말합니다. 우리는 평상시에 사용하는 말이 씨가 되어 반드시 열매로 되돌아온다는 사실을 결코 잊어서는 안 됩니다.

우리는 화가 났든 안 났든 말을 함부로 해서는 안 됩니다. 왜냐하면 당신이 화가 났을 때나 화가 나지 않았을 때에도 콩을 심으면 콩이 나고, 수박을 심으면 수박이 나고, 마늘을 심으면 마늘이 나고, 벼를 심으면 벼의 싹이 올라오는 것입니다. 그게 자연의 이치입니다. 우리가 화가 났든 안 났든 9번을 틀면 KBS 1 방송이 나옵니다. 따라서 우리는 해야 할 말과 하지 말아야 할 말을 구분해서 사용하는 연습을 많이 해야 합니다.

열여덟 번째 강의

부모로부터 형성된 최초의 인간관계

우리는 말씨가 얼마나 중요한가에 대해 배웠습니다. 지금까지 학습한 내용을 살펴보면, 우리가 말을 할 때에는 그것이 사실인지 확인한 후 부드럽게 자비심으로 말할 수 있어야 합니다. 그리고 지금 말할 때인지 확인한 후 부드럽게 자비심으로 말할 수 있어야 합니다. 어떤 말이든지 자신에게 먼저 영향을 미치게 됨을 알고 말할 수 있어야 합니다. 또 그 말이 사실이고 지금 말을 할 때라 해도 화를 내거나 감정을 개입시키지 않고 말할 수 있어야 합니다. 마지막으로 그것이 진실이고 지금 말을 할 때가 되었다고 해도 상대가 들을 준비가 될 때까지 배려할 수 있어야 합니다.

확인하는 습관을 기르자

우리는 정서적으로 건강하게 성숙하기 위해서는 배려와 용기가 꼭 필요합니다. 용기는 크게 두 갈래로 나누어집니다. 하나는 따뜻하게 확인을 잘해야 되고 다른 하나는 지혜롭고 정중하게 거절을 잘해야 됩니다.

그렇다면 우리는 인간관계에서 어떻게 확인을 잘 할 것인지 생각해봐야 합니다. 어떤 업무를 계약할 때 '죄송합니다만, 만약을 위해 다시 한 번 더 여쭙겠습니다.'고 말하면 됩니다. 부모는 상대의 감정을 상하지 않게 확인하는 말씨를 자녀가 어릴 때부터 잘 가르쳐야 합니다. 그러기 위해서는 부모가 먼저 확인하는 말을 잘 사용해야 합니다. 그러면 자녀는 자연스럽게 부모로부터 보고 듣고 따라 배웁니다.

그런데 부모들은 '금방 듣고도 잊어버린다.'거나 소귀에 경 읽듯이 건성건성 들으니까 '너는 이야기 해줘도 소용이 없다.' 면서 제대로 가르쳐 주지 않는 사람들도 많습니다. 누구나 한 번에 다 이해하고 기억하는 것은 어렵습니다. 우리가 콩나물을 키울 때, 먼저 콩을 시루에 넣고 콩이 움직이지 않게 그 위에 천으로 살짝 덮어서 물을 줘보면 물이 금방 주르륵 다 빠져버립니다. 콩나물을 키우는데 전혀 도움이 안 될 것 같습니다. 그런데도 며칠 지나면 싹이 나고 또 며칠이 지나면 뿌리가 완연하게 내립니다.

여기서 우리는 시루에서 물이 금방 쭉 빠져내려도 콩나물이 잘 자라고 있다는 사실을 확인할 수 있습니다. 마찬가지로 같은 말을 한번 들려주고 두 번 들려주고 반복하면, 어느새 자리가 잡힙니다. 이것이 반복의 놀라운 힘입니다. 따라서 자녀에게 확인하는 연습을 절대로 포기해서는 안 됩니다.

대인관계에서의 확인절차는 어떤 계약을 하거나, 돈 거래를 하거나, 중대한 의사결정을 할 때 주로 많이 쓰게 됩니다. 예를 들면 '죄송합니다만, 방금 강 사장님께서 이렇게 말씀하셨는데 그 내용이 맞는지 다시 한 번 더 확인해 주시지요.' 하면서 문서를 쓰고 사인을 받아야 합니다.

이렇게 확인하는 이유는 아주 사소한 것으로 인해 법정소송들이 너무 많이 벌어지고 있기 때문입니다. 일단 분쟁이 일어나면 서로가 얼굴을 맞대고 이해하고 양보하는 그런 시대가 아닙니다. 너무 이기적이고 자기 계산이 앞서기 때문에 자신만 챙깁니다. 그러다보니 아주 사소한 것까지도 시비가 일어나면 법정으로 달려갑니다. 그렇게 되면 돈도 잃고, 사람도 잃고 또 큰 상처를 받을 수 있기 때문에 작은 것일지라도 조금만 더 세심하게 확인하면 나중에 일어날 수 있는 큰 사고를 예방할 수 있습니다.

이렇게 확인하는 습관을 길러 놓지 않으면 나중에 큰 고통에 시달릴 수 있습니다. 어떤 거래나 계약일지라도 그 당시에 확인을 잘 해 놓으면 아무 문제가 생기지 않습니다. 그러나 확인절차가 없으면 서로 오해하기도 하고 이게 문제가 발생해서 심각해질 수도 있습니다. '사장님이 전에 약속했잖아요.' 그러면 상대는 '내가 언제 그랬느냐'고 오리발을 내밉니다. 이렇게 되면 그 말 자체도 문제가 되지만, 그 사람에 대한 배신감이 더 큰 감정으로 다가와 수십 년 동안 맺었던 친분관계를 모두 잃게 됩니다. 이렇게 되면 돈만 잃어버리는 게 아니라 사람 자체를 잃어버리게 됩니다.

따라서 확인하는 것은 결코 나쁜 것이 아니라 친구를 잃어버리지 않기 위해 배려하는 마음이라는 것을 자녀들에게 가르쳐야 합니다. 결과적으로 친구도 잃지 않고 자신도 이롭게 되는 하나의 안전장치입니다. 만약 상대가 '그렇게 나를 믿지 못하겠나?'고 하면 '만약을 위해 사장님을 잃어버리지 않기 위해 배려하는 저의 마음을 이해해 주십시요.' 하고 정중히 확인하는 방법을 어릴 때부터 가르쳐야 합니다.

특히 부모가 확인하는 자세가 건강한지를 알아보려면 자녀가 부모를 어떻게 대하는지를 보면 쉽게 알 수 있습니다. 왜냐하면 부모의 마음을 가장 잘 알아보는 사람이 바로 자녀들이기 때문입니다. 우리가 길을 걷다가 큰 바위에 걸려서 넘어지는 경우는 거의 없습니다. 언제나 아주 작은 돌부리 하나가 걸림돌이 되어 넘어져 다치기도 합니다. 인간관계에서도 대수롭지 않게 여기던 아주 작고 사소한 것들이 항상 걸림돌이 되어 큰 문제가 발생합니다. 그 작은 것 하나 때문에 우리는 잔혹하게 무너지거나 때로는 치명적인 상처를 받습니다. 연천 댐과 같은 큰 댐들도 결국 바늘구멍만 한 그 틈새 하나 때문에 붕괴되었습니다. 그러므로 우리들의 자녀들에게 아주 작은 일일지라도 확인하는 것을 잘 가르쳐야 합니다.

동방예의지국이라 하던 부모세대에는 습관적으로 사람을 믿어왔기에 지금까지는 확인하는 것에 익숙하지 못했습니다. 그래서 자꾸 문제가 생기는 것입니다. 따라서 부모가 먼저 확인하는 것을 제대로 보여줘야 합니다. 지금 이 시대가 개인주의와 이기적인 자기계산 위주로 변하면서, 그리고 인정이 점점 메말라가면서 사람들은 모든 것을 자꾸 법적으로만 처리하려고 합니다. 그러니 자녀들에게 확인하는 훈련을 잘 가르쳐야 나중에 큰 낭패를 당하지 않습니다.

정중히 거절하는 용기

지금까지 확인하는 용기를 제대로 가르치지 않아 문제가 된다는 것을 공부했습니다. 우리가 아직 제대로 행동하지 못하는 용기 중에 하나가 바로 거절입니다. 거절을 잘하지 못하면 자신의 삶은 아쉬움과 후회, 원망과 화, 더 나아가 자책하면서 살아가야 합니다. 지금까지 우리의 문화는 거절하는 것이 참 어려웠습니다. 앞에서 배운 확인하는 절차보다 훨씬 더 어려울 수도 있습니다. 부탁하는 사람의 입장도 있겠지만, 거절해야 하는 내 입장도 있습니다. 따라서 가끔은 '죄송하지만 안 됩니다.' 하고 말할 줄도 알아야 합니다. 특히 평소에 친분이 많은 사람들이 부탁을 할 때는 'No'라고 거절하는 용기가 없습니다. 그것은 거절하는 방법이나 거절하는 연습이 제대로 훈련되지 않았기 때문입니다.

그러니 기말시험 전날 친구의 하소연을 들어주느라고 밤을 지새우기도 합니다. 외판원이 방문하면 거절하지 못해 자기가 사고 싶지 않은 물건도 삽니다. 어릴 때 거절의 상처를 받아 본 사람은 거절당한 사람의 아픔을 알기 때문에 부탁을 받으면 절대로 거절하지 못합니다. 그것도 아주 친밀한 사람이 부탁할 때는 절대로 거절하지 못합니다. 또 평소에 '착하다'는 말을 많이 듣고 자랐던 사람일수록 다른 사람들의 요구를 거절하지 못해 우울해지거나 무기력해지는 경우도 있습니다.

그리고 자신을 부정적으로 보는 사람이나 늘 상대와 비교하는 열등감이 심한 사람도 거절을 하지 못합니다. 왜냐하면 '나 같은 게 뭐가 잘났다'고 스스로 자책하면서 학대하고 다른 사람의 부탁을 거절할 권리도 없다고 생각합니다. 또 주체성이 약해 자기 주관에 따라 결정을 내리지 못하고 남의 도움에 의지하는 의존적인 성격도 거절을 잘하지 못합니다.

특히 어려서 거절당한 아픈 기억을 무의식에 담고 있는 연민형의 경우에도 거절을 하지 못합니다. 이들은 대체로 엄마로부터 버림받았거나 할머니 손에서 자랐거나 아들만 편애하는 집에서 자랐거나 학교에서 왕따 당한 기억들 때문에 거절을 절대로 못합니다. 또 직위가 낮은 경우, 외로운 사람들도 거절을 잘하지 못합니다. 이것을 우리는 '미성숙'이라고 합니다.

때로는 적절하게 거절할 줄 알아야 편하게 삽니다. 성숙한 사람은 대체로 거절을 잘 합니다. 중요한 것은 부탁하는 상대방의 자존심이 상하지 않게 정중히 거절할 줄 알아야 합니다. '매우 죄송합니다만, 저에게는 당장 필요한 물건이 아니라서 구입하기가 곤란합니다.'고 거절해야 합니다. 또는 상대가 목돈을 빌려달라고 할 때에는 '죄송하지만, 저는 그렇게 많은 돈도 없지만 우리집의 경제권은 남편이 관리해서 어떻게 할 수가 없습니다.'고 상대의 기분을 상하지 않게 최대한 정중하게 거절해야 합니다.

요즘은 특히 인터넷이나 전자쇼핑몰 매체가 많이 발달하다보니, 전화나 광고를 통해 뭘 자꾸 사라고 종용 받습니다. 이럴 때에도 정중하게 거절하는 용기가 필요합니다. 자꾸 물건을 사라고 홍보전화가 올 때에는 개인정보보호법에 의해 피해신고를 할 수밖에 없다고 정중히 거절해야 합니다.

만약 기업의 사장이 실무담당자의 의견을 무시하고 어떤 물건을 사게 되면 나중에 회계처리가 힘들어질 때가 생겨 참으로 난감해질 수 있습니다. 이럴 땐 '매우 죄송합니다만, 저로서는 약속하기가 어렵습니다.' 왜냐하면 이런 문제는 제가 관할하지 않고 담당부서가 따로 있으니까 그 부서에 연락하셔서 의논하시면 좋겠습니다.' 이렇게 말해야 합니다.

그런데 우리는 이런 거절을 잘하지 못합니다. 그냥 상대가 좀 힘들어 보이거나 안쓰러워 보이거나, 직장상사나 친분관계에 있는 사람이 부탁을 하면 정중히 거절하지 못해 큰 낭패를 당하기도 합니다. 그래서 '매우 죄송합니다만 저로서는 이런 약속을 결정하기가 어렵습니다.' 하는 정중한 거절 방법을 자녀에게 가르쳐야 합니다. 여기서 거절이 회피로 오인되어서는 안 될 것입니다.

어릴 때부터 자녀들이 자꾸 뭔가를 해달라고 떼를 쓰면, '미안하지만, 엄마로서는 그것을 약속하기가 어렵단다.' 하고 부모가 계속 시범을 보여 줘야 합니다. 한 번 듣고 두 번 듣고 나면 반복학습이 되어 정중히 거절하는 방법을 배우게 됩니다. 만약 자녀에게 부탁을 했을 때도 그냥 '안 해. 못해' 라고 거절하면, 그 즉시 '매우 죄송합니다만, 저로서는 약속하기가 어렵습니다.' 하고 정중하게 표현하는 훈련을 자꾸 시켜야 합니다.

인간관계에서도 갑자기 상사가 어딜 좀 가자든지, 또는 아는 사람이 좀 데려다 달라고 부탁을 하면 그 자리에서 '매우 죄송합니다만, 제가 선약이 있어서 약속하기가 어렵습니다.' 하고 정중히 거절해야 합니다. 그리고 체면이나 직위 때문에 마음의 상처를 받지 않아야 합니다.

인간관계를 잘하기 위해서는 확인하고 거절하는 것을 잘해야 합니다. 대체로 확인하고 거절을 잘하는 친구들은 다 잘살고 있습니다. 그런 친구들은 확인과 거절을 잘 함으로써 큰 어려움을 사전에 방지했기 때문에 특별하게 어려운 일도 생기지 않습니다. 그래서 확인하고 거절하는 것을 자녀에게 잘 가르쳐야 합니다. 상대방이 부탁할 때 내가 수용할 상황이 아니라면 정중히 거절을 하되 부정적인 감정을 드러내서는 안 됩니다. 부정적인 감정은 상대방의 기분을 상하게 해서 다음에 내가 필요한 요구를 거절할 수도 있습니다.

정중히 부탁하기

앞에서 정중히 거절하듯 우리가 부탁을 할 때도 매우 정중하게 해야 합니다. 부탁을 하는 입장에서는 먼저 상대의 의사를 확인한 후 정중히 양해를 구해야 합니다. 예를 들면 '선생님 죄송합니다만, 제가 양해를 좀 구해도 되겠습니까?'라고 해야 합니다. 옆에 있는 사람에게 '선생님 죄송합니다만 저를 좀 도와주실 수 있겠습니까?' 이런 정도로 정중히 부탁하면 그 자리에서 거절하기가 참 어렵습니다.

매우 어려운 부탁이나 힘든 부탁은 먼저 도와달라고 말하는 것보다는 '제게 시간을 좀 내어주실 수 있겠습니까?'라고 먼저 양해를 구하는 것이 좋습니다. 특히 바쁜 사람한테 어려운 부탁을 할 때는 시간을 먼저 할애 받는 게 중요합니다.

예를 들면 짐이 너무 무겁다면 지나가는 사람에게 '죄송합니다만. 저기까지만 도움을 요청해도 되겠습니까?'라고 정중히 부탁을 하면, 아주 급한 용무가 있지 않는 한 거의 대부분의 사람들이 도와줍니다. 그래서 어릴 때부터 부모한테 부탁할 것이 있으면 '죄송합니다만, 어머니 도와주실 수 있겠습니까?' 혹은 '아버지 힘드시겠지만 잠깐만 절 도와주실 수 있겠습니까?' 이렇게 정중히 표현하는 훈련을 가르쳐야 합니다.

왜냐하면 우리는 이 세상을 살아가면서 부탁할 일이 참으로 많기 때문입니다. 자녀들에게 따뜻하게 부탁하는 방법을 가르치지 않아서 학습이 되어 있지 않습니다. 또 부탁하는 방법을 가르치지 않았기 때문에 자존심 상하는 것 같아 다른 사람에게 부탁을 못하는 사람이 너무 많습니다. '개똥같은 자존심이나 쓸데없는 체면치레' 때문에 부탁을 하지 못해 자기가 몇 배로 힘들게 살아갑니다. 문제는 우리가 이 세상을 살면서 부탁을 하지 않고 살 수 있을 만큼 좋은 형편에 놓여 있지 않습니다. 그러니 이 세상은 본인의 노력도 있어야 되지만, 주위의 도움이 반드시 있어야만 합니다. 지금 당장 공기의 도움 없이는 살 수가 없는데, 체면이나 자존심 때문에 도움을 청하지 못하는 것은 어리석은 짓입니다. 눈을 크게 뜨고 세상이치를 바로 볼 줄 알아야 합니다.

누구나 지금 당장 공기나 물의 도움을 받아야 하고, 바람이나 햇볕, 나무나 풀, 밥과 불 그리고 가족이나 친구들의 도움을 받아야만 살아갈 수 있습니다. 이런 세상이치를 어릴 때부터 바로 보는 훈련을 시켜야 합니다. 지금까지 본 이 세상은 자신의 노력만으로는 되지 않습니다. 반드시 주위에서 누군가가 또는 무엇인가가 도와줘야만 합니다.

그러니까 우리는 주위의 도움을 받기 위해 부탁하는 것을 철저히 훈련해야 합니다. 그리고 어린 자녀들에게도 반드시 가르쳐야 합니다. 부부간에도 서로 부탁을 할 줄 몰라서 '당신이 알아서 해야지. 내 마음을 그렇게도 몰라?, 말을 꼭 해야만 아니?' 이런 식으로 상대를 비난합니다. 그러면 상대는 상처를 받습니다. 우리는 같은 시간에, 같은 장소에서, 같은 것을 듣고 보고도 서로 다른 생각을 하는 게 너무 많습니다.

많은 인간관계에서도 '그런 말을 꼭 해야 알아듣니, 당신이 알아서 해?'라는 이런 말을 너무 자주 사용합니다. 우리는 같이 살아도 서로 너무 모를 때가 많습니다. 방금 똑같은 것을 보고도 서로가 보는 것이 다르고, 똑같은 장소에서 들어도 듣는 것이 다릅니다. 보는 시각도 다르고 보는 각도도 다르고 생각하는 것도 다르고 느끼는 것도 서로 다 다릅니다. 부부간에도 부탁을 잘하는 경우에는 서로가 소통이 잘 됩니다. 단적으로 말하면 서로 부탁을 하지 못한다는 것은 소통이 잘 되지 않고 있다는 증거입니다.

앞에서 어떤 말이든 내 입에서 나온 말은 자신에게 먼저 영향을 미친다고 했습니다. 부탁을 잘하지 못하는 사람은 당장 자기가 하는 일이 힘들고 어렵습니다. 그래서 자녀가 어렸을 때부터 '엄마! 도와주세요.' 할 때부터 정중하게 부탁하는 연습을 제대로 시켜야 합니다.

왜냐하면 지금 당장 도움이 필요한데, 정중히 부탁할 용기가 없어 도움을 받지 못해 힘들어 합니다. 그래서 '죄송합니다만 저를 좀 도와주실 수 있겠습니까?' 하고 정중히 부탁하는 것을 어릴 때부터 훈련시켜야 합니다.

식사 예절과 인간관계

인간관계란 때로는 풍성한 열매를 맺기도 하지만, 때로는 칼바람에 맨살을 드러내고 버텨내기도 하고, 때로는 대접을 받으면서 외면하기도 합니다. 우리가 인간관계에서 대접을 받고 헤어질 때 하는 인사말은 '아이구, 잘 먹었습니다. 오늘 기분이 좋았습니다.' 하고 일반적으로 인사를 합니다.

하지만 상대로부터 대접을 받았을 때에는 그것보다 더 좋은 말을 할 수도 있습니다. 예를 들면 오늘 '너무 융숭한 대접을 받았습니다. 다음에는 제가 대접하겠습니다.' 융숭한 대접이란 말은 훈련을 하지 않으면 입에서 잘 나오지 않습니다. 상대 덕분에 대접받은 것이라 감사해서 꼭 보답하겠다는 의미가 포함되어 있는 말이기 때문입니다. 이런 개념의 어휘는 고전을 많이 읽으면 풍요롭게 활용할 수 있습니다.

그동안 할 이야기도 다했고 차도 마셨고, 디저트까지 다 먹었습니다. 그러면 대접이 끝나서 돌아가야 되겠다는 분위기가 감지됩니다. 그런데 대접하는 사람이 '좀 더 노시다 가시죠.' 하고 인사치레를 합니다. 우리의 문화는 지금까지 그렇게 해왔습니다. 중요한 것은 인사치레는 진심이 아닙니다. 그럴 때 자리에서 벌떡 일어설 수 있는 용기가 있어야 뒷맛이 개운해집니다. 시간이 어느 정도 지나고 이야기가 끝났다 싶을 때는 예의상 하는 인사와 진심에서 나온 인사를 구분할 줄 알아야 합니다.

시간이 많이 지나 이제 그만 빨리 갔으면 좋겠다는 의미의 말을 빨리 알아채야 합니다. 그럴 때는 '너무 융숭한 대접을 잘 받았습니다. 다음에는 제가 대접하겠습니다.' 하면서 깔끔하게 마무리하고 일어나는 용기가 필요합니다. 이런 것도 우리의 삶 속에 너무 중요한 지혜입니다.

이런 교육은 부모가 먼저 본보기로 하나하나 들려주고 보여줘야 합니다. 그러면 자연스럽게 자녀들은 보고 듣고 따라 하게 됩니다. 왜냐하면 자녀가 어릴 때 매일 듣고 본 것을 자연스럽게 학습하여 익숙해지면 습관으로 자리매김을 하기 때문입니다.

예전의 대가족제도에서는 어릴 때부터 어른들께서 늘 말씨를 훈련받으면서 잘해야 된다는 이야기를 많이 듣고 자랐습니다. 그런데 지금은 이런 훈육을 하는 집을 거의 찾아볼 수가 없습니다. 그러니 어떤 말이든 아무 여과과정 없이 툭 튀어나옵니다. 그래서 서로 상처를 주고 받으면서 아파합니다.

진정한 나눔과 소통

많은 사람들은 어떤 문제가 생겼을 때 걱정되겠다는 말을 많이 사용합니다. 그래서 '정말로 걱정됩니다.'고 마음을 나누는 표현을 잘 해야 합니다. 그리고 '제가 도울 것이 없을까요?' 하고 서로 같이 마음을 모으고 또 나름대로 내가 무엇을 해야 될 것이 있는지 여쭈어 보면 됩니다. 그런데 이런 말을 요즘은 잘 사용하지 못합니다. 그 이유는 개인주의와 이기적인 생각이나 이해타산적인 계산도 크지만, 자라면서 이런 말을 충분히 연습하지 않았기 때문입니다.

부부관계에서 볼 때, 친정집이나 시댁에 어떤 문제가 생겼습니다. 그때 '제발 당신은 신경 좀 꺼.'라고 말합니다. 남편이라는 사람이 또는 부인이라는 사람이 겨우 하는 말이 '이번에 또 나서려고 그러니? 제발 당신은 신경 좀 꺼.'라고 말합니다. 그러면 '그럼, 당신 집이면 그렇게 할 거야?'라고 신경질적으로 반응합니다. 이것은 부모님의 문제로 생긴 것이 아니라 새로 문제를 만들어서 '아니, 당신 집에 문제가 생겼으면 가만히 있겠어?' 하고 또다른 부부갈등이 일어납니다.

그럴 때는 '정말로 걱정되겠습니다.' 혹은 부부가 서로 '정말로 걱정되네. 우리가 도울 게 없을까? 우리가 뭘 어떻게 하면 좋을까?' 하고 서로 대화가 되어야 됩니다.

그럼 '그동안 우리는 도움을 많이 줬으니까 이번에는 좀 더 지켜보고 상황에 따라서 하면 될 것 같아요.' 이렇게 이야기하면 서로 얼굴 붉히지 않고 하나씩 순리대로 해결할 수가 있습니다. 우리는 자라면서 이런 훈련이 잘 되어 있지 않습니다. 그냥 처음부터 신경질적인 말로 저질러버리니까 서로 상처만 남습니다. 그러면 원래의 목적보다는 신경질적인 반응으로 인하여 부부간에 싸움이 시작됩니다.

잔에 담긴 물은 한번 쏟으면 주워 담을 수 없습니다. 참깨 한 말과 들깨 한 말을 섞는 데는 한 순간이지만, 그것을 다시 원래 상태로 되돌리려면 한 나절이 걸려도 부족합니다. 이처럼 말은 중요합니다. 신뢰를 쌓는 데는 여러 해가 걸려도 말 한마디에 공든 탑이 무너집니다.

부부는 하루에도 수많은 말들을 합니다. 하지만 말은 주의해서 다루지 않으면 서로에게 큰 상처를 남길 수 있습니다. 요리사가 칼을 대하듯, 화가 나서 상대방의 마음을 해치지 않도록 주의해야 합니다. 내 마음의 그릇에 좋은 마음과 좋은 생각을 담는다면 서로 싸울 일이 없습니다.

우리는 어릴 때부터 이런 말 하나하나를 자녀들에게 가르치지 않고 있습니다. 우리가 무심코 내뱉는 말 한마디로 인해서 서로 감정이 상할 수도 있고 화목할 수도 있습니다. 우리는 이런 간단한 것들조차 자녀들에게 가르치지 않고 있습니다. 그래서 부모들은 이런 말 한마디라도 자녀들에게 본보기로 잘 안내하여야 합니다. 그러기 위해서는 부모가 평상시에 해야할 말과 하지 말아야 할 말을 잘 가려서 사용해야 합니다.

만약 문제가 생기면 '정말로 걱정되겠습니다. 제가 도울 것이 없을까요?' 이렇게 같이 위로하고 나름대로 한몫 도울 게 있으면 도울 자세가 되어야 합니다. 이런 게 잘 훈련되려면 상대를 '타인'이라는 생각을 해서는 안 됩니다. 너는 너고 나는 나니까 하는 생각이 들어 있으면 진정으로 걱정하고 도와줄 수가 없습니다. 특히 소통이 잘 되지 않는 부부일수록 문제가 생겼을 때는 더 많이 외롭고 힘이 듭니다. 그 이유는 소통이 되지 않으니까 서로 꺼내놓고 이야기를 나눌 사람이 없기 때문입니다. 그래서 혼자 끙끙 앓다가 일이 점점 더 크게 확산되어져 더욱 힘들어집니다.

열아홉 번째 강의

인간관계는 부모로부터 본받는다

이 장에서는 부모나 선생님 그리고 인생의 선배가 본보기로 보여야 될 말씨에 대한 공부를 하고 있습니다. 말은 씨가 되므로 매우 중요합니다. 하지만 그동안 우리는 말씨에 대해 좀 소홀히 다루었습니다. 그래서 자녀에게도 훈련을 제대로 시키지 못했습니다. 따라서 이 부분을 좀 더 정확하게 공부하도록 길 안내를 시작하겠습니다.

아주 늦게 연락이 도착할 때

매일 만나던 사람도 어쩌다가 아주 늦게 연락이 될 때가 있습니다. 대부분의 사람들은 갑자기 연락이 되지 않거나 한참 동안 연락이 되지 않으면 몹시 화를 냅니다. 아니면 아주 짜증스럽고 신경질적인 말투로 '그동안 뭐하다 이제 연락했느냐?'고 화를 냅니다. 문제는 그 상대방이 지금 어떤 사정인지도 모르고, 또 그 사람의 상황이 어떤지 먼저 물어보지도 않고 그냥 다그치면 상대는 몹시 불쾌하게 됩니다.

늦게 연락이 왔을 때 '늦어서 몹시 걱정했습니다. 지금이라도 연락이 되어 다행입니다.' 하고 그 동안 내 심정을 먼저 부드럽게 표현하면 됩니다. 이렇게 부드럽게 표현하는 것은 어릴 때부터 오랜 연습이 있어야만 가능합니다. 보통의 경우 한참 만에 전화가 오면 먼저 상대를 생각해주는 멘트보다는 '야, 넌 전화도 할 줄 모르니?'라고 몹시 화를 내면서 야단

치거나 불만을 표시합니다. 그래서 우리는 표현하는 방법이 매우 중요합니다.

부드러운 언어 표현이 습관적이고 자동적으로 나오도록 부모가 먼저 연습을 해야 합니다. 왜냐하면 자녀들이 어렸을 때부터 늘 부모의 모습을 보면서 자기도 모르게 거기에 익숙해져 습관화되기 때문입니다. 어쩌다가 늦게 연락 왔을 때는 스스럼없이 '늦어서 크게 걱정했습니다. 지금이라도 연락이 되어 다행입니다.' 하고 부드럽게 표현하면 됩니다.

부부 간의 사소한 어투 때문에 생기는 갈등

생활에 안정적인 기반이 잡히거나 자기 개발을 위해 새로운 일이나 취미생활을 할 수도 있습니다. 특히 그동안의 일상생활에 일관성이 전혀 없었거나 인내심이 부족한 사람이 뭔가 마음을 다잡고 처음으로 어떤 일이나 취미 생활을 시작할 수 있습니다. 그럴 때 상대 배우자는 '꼴에 며칠이나 하는가 보자.'라고 부정적으로 반응하는 사람들이 있습니다. 이것은 그동안의 삶을 지켜 본 배우자가 화가 나서 불쑥 내뱉는 말입니다. 그러나 마음을 다잡고 '여보, 오늘부터 내가 수영을 한번 시작해보겠다.'고 말하면 보통 '허이구, 또 며칠이나 가는가 한번 보자.' 또는 쓸데없는 짓을 한다.'는 식으로 무시하거나 아예 부정적으로 반응해 버립니다.

이럴 때는 매사에 습관적으로 삐딱하게 부정적으로 말할 것이 아니라 언제나 기분 좋게 시작해서 오랫동안 할 수 있도록 도와주는 표현을 해야 합니다. 이를테면 '당신께서 수영을 하시는 동안 내내 행복했으면 좋겠습니다.' 하고 용기를 주어야 합니다. 특히 자녀가 어떤 일을 처음 시작할 때 누군가가 이런 용기를 주거나 격려의 말을 해주면 정말 기분이 좋습니다. 이런 긍정적인 표현들이 우리 생활에서 정말 필요한 것입니다. 하지만 이렇게 중요한 말씨에 대한 공부를 가르치는 곳이 전혀 없습니다.

그런데 이 말 한마디를 잘못해 부부간에도 싸움이 시작되고, 갈등이 생깁니다. 욕망하는 말은 끌어당기는 힘이 있고, 저항하는 말은 밀어내는 힘이 있기 때문에 어떤 말을 쓰느냐에 따라 갈등이 일어나기도 하고 좋아지기도 합니다. 모든 인간관계에서도 마찬가지입니다. 말 한마디로 인하여 서로 사이가 멀어지고 불화가 시작되는 원인이 됩니다.

감사하는 선물과 감사하지 않는 선물

누군가로부터 선물을 받는다는 것은 매우 기쁜 일입니다. 그러나 어떤 사람들은 선물 받는 것을 매우 부담스러워 합니다. 지금 당장 공과금이나 이자가 연체되어 있거나 임대료가 밀려 있는 경우에는 돈 때문에 크게 상처받고 고통스럽습니다. 그런 사람에게는 지금 선물보다는 전기요금이라도 낼 수 있는 작은 돈이 절실히 필요합니다. 그래서 이들에게 선물을 하려고 하면 공통적으로 '그냥 돈으로 줘라.', '쓸데없는 걸 사오지 말고, 꼭 하고 싶으면 돈으로 줘'라고 말합니다.

이런 사람들은 평소에 경제적 상황이 대체로 좋지 않아, 최소한의 생활비로 살아가는 사람입니다. 또 노인들의 경우 전혀 수입이 없거나 자녀들이 생계비를 거의 지원해 주지 않기 때문에 나타나는 현상입니다. 이들의 생활은 경제적으로나 심리적으로 볼 때 대체로 풍요롭게 살지 못합니다.

돈이 없어도 행복하다고 말하는 사람은 적어도 최소한 생계는 보장된 사람들이 하는 말이지만, 그러나 생계에 허덕이는 사람들은 생각이 전혀 다릅니다. 생계에 허덕이는 사람이나 빚을 갚는데 급급한 사람들은 선물을 사 온 그 사람의 마음을 생각하지 않습니다. 지금은 상대를 생각할 만큼 그럴 여유가 전혀 없습니다.

그러니 선물을 하는 입장에서는 무엇이 필요한지 먼저 물어보는 것도 매우 중요합니다. 또 선물을 받은 입장에서는 자신이 원하는 것과 상관없이 받을지라도 '당신이 사준 것이라 제겐 아주 특별합니다.' 하고 기분 좋게 받으면 됩니다.

부부나 부모님 또는 자녀가 어떤 선물을 일단 사왔으면 거기다가 토를 달지 말고 '유용한 것을 주셔서 감사합니다' 하고 받으면 됩니다. 물론 선물을 하기 전에 상대가 필요한 것이 무엇인지 확인하여 선물을 하면 좋습니다.

한편 주는 사람은 마음으로 사주고 싶지만, 받는 것을 부담스러워 하는 사람도 있습니다. 사람은 각자가 생각하는 바가 다릅니다. 특히 지금 놓여 진 환경에 따라 모두 다 다릅니다. 주는 사람은 마음으로 준다고 하지만, 받는 사람의 입장에서는 지금 꼭 필요한 것이 따로 있기 때문입니다.

받는 사람 입장에서 지금 형편이 좋지 못할 경우에는 당장 필요한 것이 아니면 사치이거나 매우 부담스러운 것이 됩니다. 이자가 연체되거나 전기요금도 내지 못하는 형편인 사람은 선물을 받아도 결국 물건을 반품하고 환불해 옵니다. 주는 사람은 이런 기분을 알아야 합니다.

따라서 상대가 선물하려고 무엇이 필요한지 확인할 때에는 '사주실 것 같으면 나는 이게 지금 필요하니까 이것을 사줬으면 좋겠습니다.'고 말하는 것은 참으로 좋습니다. 이렇게 꼭 필요한 게 있으면 솔직히 말함으로써 주는 사람도 선물을 선택하기 편하고, 받는 사람은 바라는 것을 받아서 서로가 좋습니다. 그런데 서로 그렇게 하지 못하는 게 어차피 돈이라는 것과 가격이라는 것이 늘 장애물로 가로막아 있어서 그렇습니다. 가격에 큰 문제가 아니라면 선물을 하고자 하는 사람은 받을 사람에게 먼저 필요한 것을 확인하는 것이 좋습니다.

그런데 주는 입장에서는 받을 사람에게 먼저 물어보지도 않고, 내가 마음에 우러나서 '이것을 선물 해주고 싶었다.'고 할 때도 있습니다. 그럴 때는 받는 쪽에서는 그냥 '마음의 선물을 주셔서 감사합니다', 또는 '네가 마음을 내서 이렇게 선물을 해줘서 고마워.' 하고 받아들이면 됩니다. 우리는 이렇게 말하는 연습이 필요합니다.

그런데 남편이 큰맘 먹고 선물을 사다 주거나 자녀가 부모에게 선물을 사주면 '왜 쓸데없이 이런 걸 사왔느냐, 차라리 돈으로 줘.'라고 합니다. 주는 사람의 성의를 잘 모릅니다. 그리고 그 성의를 정성껏 받지 못합니다. 이런 현상은 부부나 부모자녀, 형제자매인 경우에 많이 생깁니다. 그 이유는 이 세상에 살고 있는 사람들 중에서 받는 사람의 지금 상황을 가장 잘 알고 있다고 생각하기 때문입니다.[1] 특히 자신과 가장 가까이서

---

1 받는 사람의 경제적 형편이 많이 힘들 때는 선물을 받는다는 것이 하나도 반갑지 않습니다. 적금이나 보험을 다 해약하고도 연체 이자, 전기가스 등 독촉장을 받고 있을 때는 선

무엇인가 베풂과 이끎, 근검을 공유해야 할 사람들이기 때문에 갈등을 빚게 됩니다. 만약에 이해관계에서 베풂과 이끎, 근검을 자신과 나누거나 공유할 사람들이 아니라면 갈등을 빚을 이유가 없기 때문입니다.

어쩌다가 자녀가 부모에게 선물을 사줄 때는 '고마워. 잘 사용할게.' 이렇게 반갑게 해야 됩니다. 그런데 사다 줘도 반갑지 않게 '내가 언제 이런 옷 입는 것을 봤느냐?, 이런 걸 왜 사왔느냐?'고 오히려 야단을 칩니다. 그러면 선물을 사 온 자녀도 기분이 좋지 않습니다. 사주고도 욕 얻어먹을 것 같으면 다음부터는 사주지 않습니다. 왜냐하면 나름은 신경을 써서 선물을 했는데 핀잔만 들었기 때문입니다. 그럼 다시는 자녀로부터 선물을 받을 수 없습니다.

설이나 추석, 생일이나 특별한 기념일에 선물을 주는 것은 우리생활 속에서 많이 일어나는 일입니다. 이럴 땐 그냥 '당신이 사준 것이라 제겐 특별합니다.' 하고 감사히 받아들이면 됩니다.

일반적으로 선물을 거절하기에 앞서 '왜 나한테 선물을 사주고 싶

물이라는 개념은 사치로 여겨집니다. 당장 가스나 전기가 없으면 밥을 먹고 잘 수가 없습니다. 이런 사람은 꼭 필요한 선물이 아니면 받아도 신경질이 나고 짜증이 납니다. 그래서 선물을 받고도 시큰둥하거나, 화가 나면 쓰레기통에 버리기도 하고 심지어 칼이나 가위로 잘라버리기도 합니다.

이런 어려운 환경을 경험하기 전에는 선물 받는 사람들이 왜 짜증을 내고, 왜 화를 내는지 도무지 이해하지 못합니다. 예를 들어 자녀가 선물로 뭘 사줄까 물어서 '나는 아무것도 필요 없다. 그냥 지금은 만원만 있으면 좋겠다'고 대답했는데도 불구하고 자녀는 부모의 옷을 사주거나 구두를 사줍니다. 받는 부모는 지금 형편이 너무 어려워 자존심도 체면도 다 버리고 지푸라기 잡는 심정으로 그냥 '만원이 필요하다'고 했는데, 자기 말이 무시당하고 거절당하고 외면당하니 당연히 화가 납니다. 이런 경우 주는 사람은 마음으로 준다고 말하지만, 받는 사람은 선물을 받고도 몹시 화가 납니다. 특히 자녀에게 선물을 받고도 몹시 화를 내는 이유는 지금 살아가는 형편이 매우 절박하다는 것입니다.

었을까?'를 먼저 생각해야 합니다. 사람들은 자기 마음에서 우러나 누군가한테는 꼭 해주고 싶은 것이 있다는 것을 깨달아야 합니다. 이런 경우에는 받는 사람의 입장에서는 그냥 내가 잘 받으면 됩니다. 잘 받았다가 내가 필요할 때 쓰면 되고, 꼭 필요치 않으면 이것을 필요로 하는 다른 사람에게 다시 나눌 수도 있고, 사이즈가 맞지 않으면 맞는 걸로 바꾸면 됩니다. 이게 지혜입니다.

물론 선물하기 전에 뭐가 필요한지 확인하고 사주면 가장 좋긴 하겠지만, 선물을 꼭 물어보고 사줄 수도 없습니다. 그냥 그 사람에게 사주고 싶은 것이 있고, 사주고 싶을 때가 있는 것입니다. 그럴 때는 감사한 마음으로 그냥 받아주면 됩니다. 그래야 그분이 다음에 또 사다 주고 싶은 마음이 생깁니다. 나한테 선물해 주고 싶은 마음은 소중한 것입니다. 이런 소중한 마음 자체의 싹을 삭둑 잘라버리지 않아야 합니다. 중요한 것은 선물을 할 때는 먼저 확인하는 습관을 그리고 받을 때는 감사하는 마음을 가져야 합니다. 이런 것을 자녀들에게도 가르쳐야 합니다.

스무 번째 강의

인간관계는 말씨에서 시작된다

지혜로운 말 한마디는 작은 부부싸움부터 나라간의 전쟁까지 화해하게 하는 큰 힘을 지니고 있습니다. 서로를 비난하고 헐뜯기에 앞서 상대방의 입장에서 먼저 생각해서 말을 해야 합니다. 지금까지 상대의 탓으로만 향했던 마음을 내 탓으로 보는 발상의 전환이 일어나면 세상은 점점 더 살아갈 만한 가치가 생깁니다. 이처럼 말은 매우 소중합니다

말 한마디가 천 냥 빚을 갚는다

우리 속담에 말 한마디가 천 냥 빚을 갚는다고 했습니다. 즉, 말이 씨가 됩니다. 이 말이 씨가 돼서 싹이 올라와 열매를 맺습니다. 마찬가지로 말을 곱게 잘하면 상대방의 기분이 좋아집니다. 이 기분이라는 게 인간의 감정을 묘하게 작용시킵니다. 그래서 이 기분에 대해서 좀 더 깊이 알아야 합니다.

인간관계에서 대부분의 의사결정은 감정에 의해서 '좋다', '싫다' 를 판단합니다. 그런데 이성적 판단은 전체 생활 속에 차지하는 비중이 5% 미만입니다. 우리는 이성적으로 옳고 그르다고 판단을 잘 하지 않습니다. 왜냐하면 우리의 두뇌는 먼저 어류, 양서류, 파충류, 포유류, 짐승의 이런 뇌 구조로부터 차츰차츰 발달해서 사람의 뇌로 진화했습니다. 이렇게 지나온 과정에서 감정이 잠재의식 속에도 들어있고 무의식 속에도 들어 있

습니다. 그래서 95% 이상이 감정으로 작동하게 됩니다.

선거 때마다 하고 있는 여론조사가 '지금 옳으냐, 그르냐?'를 보는 것이 아니라 '지금 누가, 어느 당이 네 맘에 드느냐?'고 물어보는 것입니다. 이것은 올바른 판단이 아닙니다. 만약 내가 갑이라는 사람이 마음에 든다면, 무조건 갑이라는 사람이 하는 것은 다 좋게 보고 가급적이면 좋게 말을 합니다. 어쩌면 이것이 오늘날 민주주의의 가장 큰 왜곡일지도 모릅니다.

감정을 건드리면 인간관계는 그르친다

우리 속담에 말 한마디가 천 냥 빚을 갚는다는 의미는 감정을 건드리면 일을 그르친다는 교훈을 일깨워 줍니다. 우리 인간은 자기편이 하는 것은 무조건 긍정적으로 해석하려고 합니다. 자기편이 하는 일이라면 옳고 그른 것은 아무것도 따지지 않습니다. 반면에 상대편이 하는 일은 무조건 잘못하고 있다고 비난하고 뒤집어씌웁니다. 이것이 민주주의나 정당이나 정치의 병폐입니다.

따라서 말 한마디가 천 냥 빚을 갚는다는 이 말은 감정을 건드리면 모든 일이 그르친다는 의미가 하나 담겨 있습니다. 다시 말해 상대의 감정을 건드리면 아무리 옳은 일이라도 '나는 반대다'면서 '너 혼자 다 해먹어라.'고 안면몰수하고 돌아섭니다. 상대의 감정을 자꾸 자극하면 서로의 관계가 단절되어 어떤 것도 잘할 수가 없습니다.

인간관계에서 말을 잘 표현하면 상대의 감정은 상하지 않습니다.

그래서 상대의 감정을 상하게 하지 않는 것은 매우 중요합니다. 그러기 위해 부모가 먼저 감정을 상하지 않게 하는 방법을 알아야 합니다. 그래야 그것을 자녀들에게 잘 가르치고 훈련시킬 수 있습니다. 말 한마디가 상대방의 기분을 상하게도 하고 기분을 들뜨게도 하고, 때로는 울게도 하고 때로는 웃게도 합니다. 필요할 때에는 감정에 호소하는 경우도 생기고, 어떤 때에는 이성적으로 말해야 될 때도 있습니다. 말 한마디가 이렇게 소중하기도 하고 중요합니다.

불편한 거래처와 만나도 그동안 '사장님 덕분에 잘 지냈습니다.' 하고 말하면, 아무리 화가 났더라도 자기들 덕분에 잘 지낸다고 먼저 알아주니까 화가 조금은 누그러집니다. 인간관계에서 먼저 상대를 알아주고 인정해 주면 상대의 감정이 부드럽게 가라앉습니다. 그리고 나서 이성이 작동이 되어 옳고 그름을 이야기하는 것이 귀에 잘 들립니다. 그래서 모든 일은 이 감정 하나를 잘못 건드리면 문제가 됩니다.

따라서 상대의 감정을 건드리지 않고 내 의사를 잘 표현하는 방법을 연습해야 합니다. 우리가 대인관계에서 서로가 기분이 좋아지게 표현하는 것, 상생(Win-Win)하는 방법은 너무 중요합니다.

많은 사람들은 자기보다 나이가 어리거나 직급이 낮은 사람에게 부탁할 때는 '야, 이것 좀 해라.', '야, 이것 좀 들어주라.'고 말을 합니다. 그러면 도와주고 싶고 들어주고 싶은데도 그 말투에 기분이 상해서 도와주고 싶지 않습니다. 그런데 나이가 아무리 어리고 직급이 낮아도 '김대리, 죄송하지만 이것 좀 도와주실 수 있겠습니까?' 하고 부탁을 하면 그냥 기분이 좋아져서 도와줍니다. 설사 조금 바쁜 일이 있더라도 기분이 좋으니까 '예. 도와드릴게요.' 이렇게 반응이 나옵니다. 그래서 우리는 서로의 감정을 건드리는 일은 하지 말아야 합니다.

어쩌면 인간관계는 옳고 그른 것과 아무 상관이 없이 진행되는 경우가 많습니다. 왜냐하면 우리 뇌의 95% 이상이 잠재의식과 무의식이 지금 당장 내 '마음에 드느냐? 들지 않느냐?, 좋으냐? 싫으냐?' 하는 감정으로 작용하기 때문입니다. 정말 사랑해서 결혼했는데도 나중에는 감정싸움으로 인하여 '이혼하자'고 합니다.

그렇다면 말 한마디가 천 냥 빚을 갚는다는 말은 상대의 감정을 어떻게 도와 드리느냐에 따라서 기분이 달라집니다. 예를 들면 '사장님, 그동안 도와준 덕분에 제가 잘 지냈습니다. 그런데 제가 염치가 좀 없습니다. 이자하고 원금도 빨리 갚아야 되는데 제가 지금 사정이 좀 여의치 않습니다.'고 하면서 지금까지 '사장님께서 도와준 덕분'이라고 말하는 게 매우 중요합니다. 그러면 자기 덕분이라고 들으니까 기분이 좋아져 '그 돈을 안 받아도 됩니다. 그 대신에 열심히 노력해서 잘 살아야 합니다.'는 말을 들을 수도 있습니다.

인간관계는 내가 짓고 내가 받는다.

말 한마디가 천 냥 빚을 갚는다는 의미는 말이 씨가 된다는 것입니다. 즉, 모든 것은 내가 짓고 내가 받는다는 의미입니다. 우리가 살면서 가장 많이 들었던 말이기 때문에 이 말을 모르는 사람은 아무도 없습니다. 요즘 2030세대들은 이런 말을 많이 듣지 못했을지도 모릅니다. 왜냐하면 그들은 대가족이 함께 어울려 살아온 적도 없고, 부모들도 맞벌이를 시작하면서 가르치지 않았기 때문입니다. 최근 부모자식 간에는 대화를 거의 나누지 않습니다. 게다가 자녀들은 주로 자기 혼자서 스마트폰이나 인터넷에 푹 빠져 있거나, 단순한 지식 공부하느라 가정에서 학원으로 밀려나서 시간을 보내기 때문에 서로 소통이 부족합니다.

옛날에는 대가족이 함께 살면서 할아버지나 할머니가 '말이 씨가 된다'고 항상 말조심하도록 가르쳤습니다. 하지만 지금은 가족 간에 대화를 많이 하지 않습니다. 그러면서 걱정하는 말은 여전히 많이 하면서 불안해합니다. 그런데 이렇게 걱정하고 불안해하는 것이 그대로 씨가 되어 걱정할 일이나 불안할 일이 또 생긴다는 사실을 잘 모릅니다. 말이 씨가 된다고 아무리 강조해도 계속 걱정하고 불안해합니다.

마치 부모가 전용 특허를 낸 것처럼 자녀를 걱정하고 불안해합니다. 아무리 걱정하지 말라고 가르쳐도 자고나면 또 자녀들을 걱정합니다. 부모가 서로 더 행복하게 살려고 노력하는 것이 가장 바람직한데 자꾸 자녀들을 먼저 걱정합니다. 그러니 자녀를 낳아 보지 못한 사람들은 이런 부모를 도저히 이해할 수가 없습니다. 이렇게 반복해서 자꾸 걱정하고 불안해하면 자녀에게 아무런 도움이 되지 않습니다.

왜냐하면 '너의 죄가 너를 찾아 간다'는 말이 있습니다. 모든 것은 내가 짓고 내가 받기 때문에 자꾸 걱정하고, 불안해하면 자녀에게 어두운 기운이 전해지기 때문입니다. 부모가 건강한 생각을 가져야 좋은 에너지가 생성되어 집안이 편안해집니다. 그런데 부모가 자꾸 어두운 생각을 하면 자녀에게도 어두운 기운이 전해지기 때문입니다.

가는 말이 고와야 오는 말이 곱다

가는 말이 고와야 오는 말이 곱다는 속담이 있습니다. 그런데 많은 사람들이 자기는 함부로 말하면서 상대가 말을 함부로 한다고 짜증내고 신경질적으로 반응을 합니다. 문제는 자기가 윗사람이라고 부모라고 또는 선생님이라고 함부로 말을 합니다. 그러면서 오는 말이 곱지 않다고 '네가 지금 나한테 따지느냐'면서 화를 냅니다. 지금 이 시대는 수평적 사고를 요구하는 디지털시대입니다. 윗사람이라고 해서 또는 나이가 많은 것을 무기로 삼아 함부로 말을 해서는 안 됩니다. 수평적 사고를 요구하는 이 시대에는 서열이나 직위, 나이가 힘으로 작용할 수는 없습니다.

기성세대의 아날로그 시대에는 나이와 서열 그리고 질서와 같은 수직적인 사고가 크게 작용되어 항상 위아래를 따지고 연공서열을 존중해서 장남, 장손을 중요시 했습니다. 그 시대는 그런 힘이 통용되었습니다. 지금은 시대가 수평적 시대입니다. 그래서 사고방식도 수평적으로 해야 소통이 됩니다. 지금 이 시대는 내가 윗사람이다거나 나이가 많다거나 직위가 높다고 해서 함부로 말을 하면 어느 누구도 좋아하지도 않고 따르지도 않고 그 의견을 귀담아 들으려고 노력하지도 않습니다.

이제 우리는 시대에 맞게 지혜롭게 잘 살아야 됩니다. 그래서 윗사람이나 직위, 나이를 무기로 삼아 주장하거나 강요해서는 아무 일도 할 수 없습니다. 그래서 자녀가 태어나면 처음부터 존댓말로 연습을 해야 합니다. 이것은 훈련을 반복해야만 가능합니다. 지금 시대는 우리에게 그런 사고방식을 많이 요구하고 있습니다.

요즘 뉴스를 통해 말 한번 잘못했다가 젊은 사람한테 된통 혼나는 장면들을 자주 보게 됩니다. 지금 세상이 수평적인 시대, 즉 평등한 사회를 요구하고 있습니다. 따라서 가는 말을 곱게 하는 법을 배워야 합니다. 그게 바로 부모들이 빨리 배워야 할 숙제입니다. 그리고 자녀에게 그것을 잘 가르쳐야 할 과제입니다.

칭찬은 인간관계를 좋게 한다

'칭찬은 고래를 춤추게 한다'고 했습니다. 칭찬은 인체의 기를 살리고 운을 살리기 때문입니다. 그래서 지혜로운 부모들은 자녀들에게 늘 칭찬만 합니다. 집에서나 밖에서도 늘 입버릇처럼 자녀들을 칭찬만 합니다. 다른 어두운 말은 하지 않습니다. 그래서 늘 '당신 덕분입니다. 며느리 덕분입니다. 사위 덕분입니다.'고 합니다. 이게 노후 준비 중에 최고의 보험 상품입니다.

사람들은 누구나 칭찬 받으면 기분이 좋습니다. 그래서 인간관계를 하면서 많은 칭찬이 필요합니다. 칭찬만 하면 우리 몸에는 엔도르핀과 같은 행복 에너지가 공급됩니다. 이 에너지가 바로 기(氣)입니다. 기가 좋아지면 신진대사가 이루어져 운(運)도 좋아집니다. 운이 좋아지면 자연히 명(命)도 길어집니다. 그 이유는 칭찬을 받으면 몸이 이완되고 편안해져 엔도르핀이라는 호르몬이 생성됩니다. 또 옥시토닌이나 세로토닌이라는 행복물질도 덩달아 나옵니다.

많은 사람들이 나이가 들면서 암이나 치매, 중풍과 같은 병에 걸릴까 봐 두려워합니다. 누구나 암이나 치매, 중풍과 같은 질병에는 걸리지 않고 싶습니다. 그러면서 남은 삶은 당연히 행복하게 마무리하고 싶어 합니다. 보약을 먹거나 부지런히 검진하는 것보다 더 중요한 것은 바로 칭찬입니다.

그저 '잘한다.', '감사하다.', '덕분이다.' 이런 칭찬을 잘 하는 사람들이 대체로 다 건강하게 살아갑니다. 그 이유는 칭찬을 하게 되면 기가 잘 돌아 인체의 모든 순환이 잘 되기 때문입니다. 순환이 잘되면 화를 내거나 분노할 일이 없어 암에 걸릴 일도 없습니다. 치매나 중풍에 걸릴 일이 없습니다. 평소에 칭찬만 잘 해도 평생 아플 일이 없습니다. 그래서 늘 밝고 고운 말을 해야 합니다. 그런데도 화가 나면 말을 함부로 하는 사람이 있습니다. 심지어는 하지 말아야 할 막말까지 합니다.

상대에게 상처를 한번 주면, 나도 그 사람에게 최소한 준만큼 이상의 상처를 입게 됩니다. 내가 땅에 수박씨 하나를 심었습니다. 비록 한 알만 심었지만 수박이 주렁주렁 열립니다.

감씨를 심으면 돌감나무(a wild persimmon tree)가 자랍니다. 감나무는 몇 년간 자라야 감이 열립니다. 그리고 감이 한 번만 열리는 것이 아닙니다. 수십 년, 수백 년까지 감이 계속 열립니다. 이게 세상의 법칙입니다. 자기가 상처를 한 번 줬다고 해서 자기는 상처를 한 번만 입을 것이라는 것은 착각입니다. 그래서 말을 할 때에는 정말 조심하라는 것입니다.

상대에게 한 번 상처를 줘서 한 번만 받는다면 그나마 다행입니다. 한 번 상처를 준다고 해도 당장 화가 미칠 수도 있고, 감나무처럼 몇 년 후에 화가 되돌아 올 수도 있습니다. 상처를 한 번 주면 백 개도 넘는 상처가 나한테 되돌아올 수도 있습니다. 또 한 번만 수확되어 돌아오는 콩이 있는가 하면 수 십 년, 수 백 년 동안 돌아오는 돌감나무도 있습니다.

그래서 항상 말을 밝게 하고 따뜻하게 해야 하는 것입니다. 그러나 상처 주는 말은 하지 말아야 합니다. 그냥 '덕분에 감사합니다'고 하는 것이 좋습니다. '덕분에 감사합니다'고 하면 아무도 싫어할 사람이 없습니다. 예를 들어 '도와주신 덕분입니다.', '반찬을 주신 덕분입니다.', '잘 챙겨주신 덕분입니다.' 하면 됩니다. 그러면 기가 살아 에너지가 순환되어 운이 좋아집니다. 그러면 우리 몸속에서 행복물질이 분비되어 죽을 때까지 치매나 중풍, 암에 걸리지 않고 건강하게 잘 삽니다.

일상생활에서 사용하는 말씨는 하나의 씨앗(子)이며, 열매이고 그게 우리의 마음입니다. 말씨가 열매인데, 최소한 몇 곱절의 열매가 열린다는 사실을 반드시 기억해야 합니다. 그래서 '덕분입니다. 또는 감사합니다'고 말해야 하는 이유입니다. 당신 덕분입니다만 잘하면 아무 문제가 없습니다. '당신 덕분입니다.'고 하면 잘못될 일이 하나도 없습니다. 그러니 '덕분입니다. 감사합니다'를 내가 먼저 해야 됩니다. 그 이유는 내가 '호' 하고 먼저 공기를 내쉬지 않으면 '흡' 하고 공기를 들이마실 수가 없기 때문입니다. 그게 세상의 이치입니다. 자연의 순리입니다.

내가 땅에 콩을 심어야 수확이 되듯, 덕분입니다, 감사합니다는 말은 윗사람이 먼저 하거나 아랫사람이 먼저 해야 하는 것이 아닙니다. 누구든지 먼저 한 사람에게 수확이 돌아옵니다. 왜냐하면 내가 먼저 하나 주면 몇 곱절로 되돌아오기 때문입니다. 이 법칙을 안다면 자기가 먼저 감사해야 하고, 자기가 먼저 사과해야 합니다. 그런데 우리는 서로 '네가 잘못했으니 먼저 사과하라'고 감정싸움을 하고 있습니다.

내뱉는 숨이 없이는 들이마실 일이 없듯이, 땅에 콩을 먼저 심지 않고서는 몇 곱절의 수확이 나올 수 없듯이, 이 세상 모든 것은 '가는 말'이

고와야 오는 말도 곱습니다. 먼저 좋은 씨앗을 심어야 좋은 결실을 얻습니다. 이것이 진리입니다. 그렇기 때문에 윗사람 아랫사람하고 아무 상관없이 내가 먼저 '덕분입니다. 감사합니다. 죄송합니다'고 하면 됩니다. 그동안 많은 사람들이 화가 나면 입에 담지도 못할 막말을 상대에게 거침없이 퍼부었습니다. 이렇게 되면 나중에 돌아 올 상처가 너무 크다는 사실을 알아야 합니다.

내가 너한테 아무 잘못도 하지 않았는데, '너는 나한테 왜 그러느냐?'고 하는 사람들이 있습니다. 세상이치에 우연은 없습니다. 반드시 그럴 수밖에 없었던 어떤 원인이 과거에 있었기 때문입니다. 비록 지금은 나쁜 짓을 하지 않았는데도 상대가 자꾸 나를 비난하거나 무시하거나 화를 내고 신경질 나게 하는 이유는 '아, 내가 그 전에 잘못한 것이 이제 돌아왔구나.' 하는 것을 알아야 합니다.

우리가 씨앗을 뿌리면 싹이 나옵니다. 싹이 나와 자라면 열매를 맺습니다. 열매를 맺기까지 다소 시간이 걸립니다. 따라서 말이 씨가 되어 어느 시점이 되면 반드시 열매가 맺혀 되돌아옵니다. 예를 들어 벼를 본다면 벼의 직접원인인 '인'은 씨앗이 될 것이고, 간접적인 원인인 '연'은 흙과 햇빛과 공기와 물과 거름과 농사를 짓는 농부의 노력 등이 함께 어우러져 벼를 싹틔우게 하고 열매를 맺게 하는 간접적인 일체의 원인을 말하는 것입니다.

즉, 어떤 한 존재가 생겨나는 데는 그것이 아무리 근본적인 원인이었다고 하더라도, 그 한 가지 원인만을 가지고 생겨날 수는 없으며, 인과 함께 수많은 보조적이고 간접적인 연들이 무수하게 도움을 주어야만 생겨날 수 있습니다. 결국 지금 돌아오는 상처는 전부 다 과거에 뿌려 놓은 상처들 때문입니다.

따라서 자신의 미래가 궁금하다면 '지금 현재' 자신이 하고 있는 것을 보면 됩니다. 지금 자신이 뿌리는 것이 씨가 되어서 장차 수확할 열매가 될 것입니다. 지금 내 앞에 닥친 것은 전부 다 과거에 내가 뿌린 씨앗을 되돌려 받는 것입니다.

앞으로 우리가 정말 좋은 일이 생기고 싶다면 말씨부터 정말 부드럽고 따뜻하고 밝게 해야 합니다. 그래서 늘 '덕분입니다. 또는 감사합니다'고 말하는 연습을 해야 합니다.

스물 한 번째 강의

인간관계의 근본 바탕

당신부터 잘돼라

인간관계의 근본은 자기 마음속에서부터 시작합니다. 그러니 자기 속을 먼저 한번 들여다보아야 합니다. 자기 속에 나부터 잘 되어서 좋은 일을 하겠다고 하는 프로그램이 깔려있으면 앞으로 하는 일이 잘 풀리지 않습니다. 대부분의 사람들은 '나부터 잘돼라'고 하는 욕심이 깔려 있어서 자꾸 서로 부딪히게 됩니다. 그러면 상대가 도와주지 않아서 대인관계가 자꾸 힘들어집니다. 그런데 인간관계를 하면서 상대를 향해 '당신부터 잘돼라.'고 마음을 먹으면 서로 부딪힐 일이 없어서 오히려 내가 하는 일이 순조롭게 더 잘 풀립니다.

그러기 위해서 우리는 다 같이 잘 살기 위한 큰 목적을 근본이념으로 세워야 합니다. 그리고 인간관계를 원활히 하기 위해 '상대가 잘 돼라'고 목표를 먼저 정하고 그 수단으로 나도 잘돼야 한다는 순서를 정해야 합니다. 인간관계의 순서를 이렇게 순리대로 정하고 실천하면 일이 더 빨리 잘 진행됩니다.

인간관계의 근본 바탕에 자꾸 나부터 잘되려고 하는 심보가 작동되기 때문에 자꾸 꼬이고 부딪칩니다. 그 이유는 내가 나부터 잘되려고 하듯이 상대도 자기부터 잘되려고 할 것이기 때문입니다. 마치 '당신만 바꾸면 우리 집은 아무 문제가 없다'는 것입니다. 가정이든 직장이든 '내 방식이 옳으니 나만 믿고 따라 해'라고 강요하면 서로 부딪칩니다. 그런데 가정이든 직장이든 모든 인간관계에서 당신부터 잘돼라, 회사부터 잘돼라고 하면 꼬일 일이 하나도 없습니다.

내가 움직이지 않았다면 내가 멈출 일이 없습니다. 내가 상대와 부딪히지 않았다면 소리 날 일도 없을 것입니다. 내 생각이 꼬이지 않았다면 풀 일이 없는 것입니다. 이게 세상의 이치입니다.

인간관계에서 당신부터 잘돼라고 해서 내 인생이 없어지는 것은 아닙니다. 왜냐하면 몇 배로 일이 더 잘 풀리기 때문입니다. 곧 다가올 미래를 알기 때문입니다. 곧 다가올 한 수 앞을 내다보는 사람은 곧바로 실천하게 됩니다. 한 수 앞을 내다보지 못하니 실천을 하지 못합니다. 내가 몇 배로 더 빨리 잘되는 것을 알면 실천하지 못할 이유가 없습니다. 특히 인간관계는 다가올 미래까지 한 수 내다 볼 수 있어야 실천이 가능합니다. 그러기 위해서는 사람을 좀 더 세밀하게 살펴야 합니다.

모두가 내 마음에 들지는 않는다

자기의 두 손을 먼저 잘 살펴보면 가정이나 직장이라는 큰 틀을 보게 됩니다. 열 손가락 중에 두 손가락은 빼딱하게 보지만 나머지 여덟 개는 모두 똑같이 한 방향을 보고 있습니다. 이 두 손가락은 죽을 때까지 내 마음에 들지 않는 것이 있다는 것입니다.

첫째는 모든 사람들은 자기가 옳다고 주장합니다. 둘째, 이 세상에 내 마음에 들기 위해 태어난 사람은 아무도 없습니다. 이 두 가지를 알아야 인간관계가 원만해집니다. 이 두 가지 사실은 죽을 때까지 내 맘에 들지 않습니다. 인간관계를 하다보면 열 가지 중에 적어도 두 가지는 항상 부정적으로 생각할 수 있다는 사실을 미리 알아야 합니다. 그러면 서로 부딪히거나 갈등할 필요가 없습니다.

이 세상의 모든 생명체는 내 맘에 들기 위해 태어나지 않습니다. 부모도 형제도 친구도 나를 위해 태어난 사람은 없습니다. 그런데 내 맘에 들지 않는다고 싸우는 것은 어리석은 짓입니다. 인간관계를 원활히 하기 위해서는 비록 내 마음에 들지 않더라도 상대부터 잘돼라는 마음자세가 필요합니다.

스물 두 번째 강의

인간관계에서 해야 할 것과 하지 말아야 할 것

이 세상에는 해야 할 것과 하지 말아야 할 것이 있습니다. 이것은 원래부터 정해져 있는 법칙입니다. 인간관계에서는 이 법칙을 잘 지켜야 합니다. 그런데 부모들은 어릴 때부터 자녀들이 해야 할 것과 하지 말아야 할 것을 전혀 구분해서 가르치지 않았습니다. 어린이집이나 유치원에서도 학교에서도 학원에서도 이런 것을 가르치지 않습니다. 모두가 오직 성적이 올라가는 것에만 관심을 둡니다.

자녀에게 하지 말아야 할 것을 가르치지 않아서 술 먹고 밤늦게 돌아다니며 아무데서나 누워 잡니다. 이 세상은 원래부터 낮에는 일어나고 밤에는 자야 합니다. 그래서 밤낮이 있습니다. 그런데 그렇게 방치하는 게 마치 자녀를 잘 보호하는 것인 줄 착각하고 있습니다.

사람들이 모인 공원에 가면 강아지를 방치해서 똥을 싸게 만듭니다. 심지어 사람이 모인 식당이나 공공장소에 강아지를 데리고 옵니다. 그게 강아지를 보호한다고 착각합니다. 강아지는 강아지 동네에서 살아야 합니다. 자꾸 식당이나 공원에 데리고 나와 여러 사람들을 불편하게 만듭니다. 아마 강아지를 먹이고 보호하는 것만큼 자녀들에게 정성을 쏟고 가르쳤다면 모든 자녀들은 건강하게 훌륭하게 자랐을 것입니다.

또 우리는 세계적인 문화유산을 잘 보호해야 합니다. 그런 문화유산 한 가운데서 자녀들과 함께 새 모이를 던져 주고 있습니다. 온갖 새들이 다 날아와서 희귀한 문화유산에 집을 짓고 똥을 싸고, 심지어 사람 머리 위에도 똥을 쌉니다. 새들의 똥은 산성이라서 소중한 문화유산을 심하게 파손시킵니다. 사람은 사람의 동네에서 살아야 하고 새는 새들의 동네에서 살아야 합니다. 몇 천 년 동안 유지해 온 문화유산에 구멍을 파서 새들이 살아가고 있습니다.

도대체 국가의 지도자들은 문화재를 보호할 생각도 없습니다. 문화재 관리소의 관리자도 생각이 없기는 마찬가지입니다. 국가도 국민에게 해야 할 것과 하지 말아야 할 것에 대한 교육을 전혀 가르치지 않습니다. 중요한 것은 하지 말아야 할 것을 하게 되면 언젠가 그 결과는 자신에게 부메랑처럼 되돌아옵니다. 인과응보이기 때문입니다. 감자를 심으면 감자가 달리고 수박을 심으면 수박이 열리는 것이 법칙이며 진리이기 때문입니다.

새들을 새 모양으로 살게 해주지 않고 관광객들은 자꾸 먹이를 던져 줍니다. 온전하게 자라야 할 새들에게 모이를 줌으로써 자신의 역할을 하지 못하도록 만드는 것입니다. 가정에서도 마찬가지입니다. 성인이 된 자녀에게 공부하라고 강요하면서 계속 용돈을 줍니다. 그렇다고 공부를 제대로 하는 것도 아닙니다. 가장 혈기 왕성한 자녀에게 스스로 독립하고 일어설 기회를 부모가 박탈하고 있습니다. 성인이 되면 공부를 하면서도 자기 용돈 정도는 벌게 가르쳐야 합니다.

부모의 생각이 먼저 건강해야 건강한 자녀를 만듭니다. 해야 할 것과 하지 말아야 할 것을 가르쳐야 할 기본적인 책임은 부모에게 있습니다. 해서는 안 되는 일을 자녀가 하고 있음에도 그것을 묵인하고 방조하는 것은 부모 역할에 대한 직무유기입니다. 배가 고프다면 밥상을 차려줄 것이 아니라 밥을 짓는 법을 가르쳐야 합니다. 고기를 잡아 줄 것이 아니라 고기 잡는 법을 자꾸 가르쳐야 합니다.

그렇지 않으면 자녀에게 자신의 역할을 하지 못하도록 만드는 것과 똑같습니다. 성인이 되면 스스로 돈을 벌어서 학교를 다녀야 합니다. 지금은 국가장학금과 같은 사회복지 분야가 좋아져서 조금만 노력하면 스스로 자기 용돈을 벌면서도 충분히 공부를 할 수 있습니다. 부모가 자녀를 사랑한다면 자녀에게 그런 힘을 길러주어야 합니다. 그런데 거의 하루 종일 놀고 있는 대학생이나 대학을 졸업하고 취업을 못한 자녀에게 용돈을 꼬박꼬박 대주는 어리석은 부모도 많습니다. 놀고 있는데도 그냥 용돈을 주니까 열심히 공부하지도 않고 취업에 대한 갈급(渴急)한 마음도 없습니다. 그러니 스스로 힘을 기르고 경쟁력을 쌓아갈 수가 없습니다.

지금은 대학을 다녀도 충분히 자기 용돈은 벌 수 있는 시간과 공간이 있습니다. 그냥 공짜로 용돈을 대주니까 자기 실력도 기르지 않고, 인생경험도 하지 않고 공부도 제대로 하지 않습니다. 문제는 이렇게 받은 용돈으로 비싼 커피나 술을 마시고 밥만 축내고 있습니다. 이것이 많은 대학생들의 일상입니다. 물론 자기 나름대로 성장하고 발전하기 위해 여러 가지 인생경험을 하는 학생들도 있습니다. 또 열심히 돈을 벌면서 공부하는 학생들도 있습니다. 더 큰 문제는 열심히 일해서 번 돈을 주로 먹고 마시는데 지출하는 비중이 너무 큽니다.

문제는 부모가 해야 할 것과 하지 말아야 할 것을 제대로 구분하지도 못합니다. 지금 돈을 대줘야 될 때가 있고, 주어서는 안 될 때가 있습니다. 스스로의 힘으로 해야 될 때가 있고, 부모가 도와줘야 될 때도 있습니다.

그런데 부모들도 이런 교육을 한 번도 받은 적이 없습니다. 그러니 자녀에게 제대로 가르칠 수도 없습니다. 학원이나 학교에서도 이런 규칙을 가르치지 않는 것은 마찬가지입니다. 모두가 오직 성적에만 관심을 가지고 있습니다. 인간관계는 성적이 크게 좌우하지는 않습니다. 가정이나 학교에서 해야 할 것과 하지 말아야 할 것을 제대로 구분해서 가르쳐야 합니다. 왜냐하면 다른 사람에게 피해를 입히면 그 결과로 자신도 반드시 피해를 입게 되기 때문입니다. 다른 사람들에게 해로운 것은 자기에게도 해롭기 때문입니다.

스물 세 번째 강의

미묘한 인간관계

좋아하는 것과 원하는 것

우리가 말하는 좋아하는 것(Like)과 원하는 것(Want)은 좋아하는 음식과 맛있는 음식의 차이입니다. 이는 어쩌면 같은 자리에 자면서 서로 다른 꿈을 꾸는 동상이몽(同床異夢)일지도 모릅니다. 겉으로는 같이 행동하면서도 속으로는 각각 딴 생각을 하는 것과 같습니다. 좋아하는 것은 평소 자주 사용하거나 즐기는 것입니다.

예를 들어 치킨을 좋아하면 치킨을 자주 먹게 되고 돼지국밥을 좋아하면 돼지국밥을 즐겨 먹게 됩니다. 그렇지만 좋아하는 음식이거나 좋아하지 않는 음식이라 할지라도 맛은 있을 수가 있습니다. 좋아하는 음식에다가 맛까지 있는 음식이라면 심지어 과식까지 하면서도 자꾸 먹습니다. 그러나 좋아하지 않는데 맛이 있으면 조금은 먹게 됩니다. 좋아하지도 않고 맛이 없으면 아예 쳐다보지도 않고 먹지도 않게 됩니다. 좋아하는 음식과 맛있는 음식은 분명한 차이가 있습니다. 이처럼 좋아하는 것(Like)과 원하는 것(Want)에도 분명한 차이가 있습니다. 이런 것은 부모들의 양육방식이나 선생님의 교육방식 그리고 조직 리더의 사고방식에도 크게 영향을 미칩니다.

부모가 아이를 키우다 보면 가끔씩 허탈감도 느낄 수 있을 것입니다. 예를 들어 놀이터에서 다른 아이가 가지고 노는 장난감을 갖고 싶다고 졸라대서 사줬더니 금방 싫증을 내고 던져버립니다. 장난감은 순식간에 박살이 나버렸고 결국 돈만 낭비하게 되었습니다. 그렇게 원해서 장난감을 주었더니 좋아하지를 않습니다. 제대로 관리를 하지도 못하면서 왜 장난감을 사 달라고 했는지 아이가 몹시 미워집니다. 이 아이는 오직 원하는 것(Want)만 있었고 좋아하는 것(Like)은 없었던 것입니다.

인간관계에서도 상대가 원해서 주었더니 좋아하지 않을 경우 서운해집니다. 그런 이유로 조직의 리더는 조직의 구성원들에게 가끔씩 허탈감을 느낄 수밖에 없습니다.

한편 종업원들은 평소에 간절하게 원하지는 않았지만, 받으면 몹시 기쁘고 좋아하는 것이 있습니다. 예를 들면 상장이나 선물, 특별승진과 같은 것입니다. 이것은 좋아하는 것(Like)은 분명히 맞는데, 특별히 원하는 것(Want)은 없습니다. 문제는 학생들이나 종업원들 모두 나중에 뒤탈이 날까봐 겁이 나서 평소에는 적극적으로 원한다고 표현하지를 않습니다. 그러니까 주는 사람도 그렇게 적극적으로 줄 생각은 잘 하지 않습니다.

문제는 많은 사람들이, 그게 부부이든 가족이든 선생님이든 조직의 리더이든 간에 Like와 Want를 서로 같은 개념으로 착각하고 있습니다. 그래서 부부 간에도 가족 간에도 자주 갈등이 일어납니다. 예를 들어 아내는 아내가 좋아하는 반찬을 중심으로 만듭니다. 남편이나 자녀가 맛을 보고 맛있다고 하면서도 잘 먹지는 않습니다. 왜냐하면 그들이 좋아하는 반찬이 아니기 때문입니다.

또 조직의 리더는 종업원에게 원하는 것을 다 주었는데 좋아하지 않아서 괘씸하고, 종업원들은 좋아하는 것을 말하지 않으면서 주지 않는다고 자꾸 불평불만을 합니다. 그러니까 관계는 원활하게 소통되지 않습니다. 이와 유사한 것이 조직에서 리더와 종업원 간에 자주 일어나는 일입니다. 심지어는 국가와 국가 간에도 발생합니다. 그래서 서로 원하는 것을 들어주지 않으면 금융전쟁이 일어나고 경제 전쟁이 일어나고 미사일도 쏘게 됩니다.

첫 데이트를 예를 들면 한 남성이 어떤 여성을 처음 만나 호감을 느꼈지만, 서로 말도 제대로 걸어 보지 못하는 관계입니다. 그저 좋아하는 것(Like) 만 있습니다. 이 시점에서 남성이 할 수 있는 것은 오직 그 여성에 대한 막연하지만 좋은 상상뿐입니다. 이 때 그 상상에 부합되는 일이 일어나면 기분이 매우 좋을 것이고 아니면 크게 실망할 것입니다. 그러면서 시간이 조금 지나 데이터를 하면서 서로 관계가 가까워져 친밀도가 높아지면 자주 만나 밥도 먹고 커피도 마시고 영화를 봅니다. 예전에는 그저 얼굴만 보면 좋았던 그 마음이 이제 만나지 못하거나 대화를 나누지 못하면 불안하고 초조해져 매우 '간절함'으로 변합니다. 내 마음 곁에 그 사람이 있어야만 안심이 됩니다. 처음에는 좋아하는(Like) 것에서 나중에 원하는(Want) 것으로 마음이 변한 것입니다.

우리 인간의 욕망이나 선호도는 대부분 이렇게 점차 진화하는 것입니다. 처음에는 존재에 대한 아주 막연하고 추상적 생각이 좋아하는 것으로 시작하지만, 그 대상과 점점 가까워지면서 원하는 것으로 변환됩니다. 결국 좋아하는 것에서 시작해서 나중에는 원하는 것으로 변합니다.

하지만 인간관계에서 모든 것이 다 반드시 그렇게 변화되는 것은 아닙니다. 어떤 사람은 처음부터 원하는 것을 요구합니다. 이런 유형의 사람들은 이성에게 처음부터 만나자고 직접적으로 간청하다가도 정작 마음의 문을 열어 만나게 되면, 그때부터는 무관심해지는 사람들입니다. 진정으로 좋아하는 것이 없었기 때문에 상대방에게 감사나 존중은 별로 가지고 있지 않기 때문입니다. 부부의 경우에도 처음에 연애할 때에는 목숨 걸고 만나주길 요구하다가 막상 결혼을 하면 무관심해지는 사람들입니다. 이런 것은 자신이 원했던 목적 달성에만 간절하게 충실하고, 사랑이라는 좋아하는 것에는 무관심한 것입니다.

실제로 조직의 리더는 조직원들이 간절하게 원(Want)하는 대상이나 사람을 채용했는데, 사랑(Like)까지 받게 하기 위해서는 별도의 많은 노력과 시간을 기울여야 합니다. 그래서 리더의 입장에서는 구성원들이 좋아하는 것으로부터 시작은 했지만 원하는 것까지 가지 않거나 못 가는 경우까지도 생각해야 합니다.

따라서 조직원들이 무엇인가에 아주 열광하고 좋아하더라도 그것을 반드시 해결해 줘야 하는가는 별개의 문제라는 것입니다. 예를 들어 조직원들이 너무 좋아하는 A씨를 추천해서 신규채용을 했는데, 실제로 A씨가 아무 역할을 못하는 경우도 생깁니다. 또 기업들은 소비자들이 좋아하는 것만 보고 그것을 원하는 것으로 착각하여 제품을 출시했지만, 결국 팔리지 않아 큰 손실이 발생하는 것입니다. 좋아하는 것과 원하는 것은 이렇게 둘 다 분명히 다릅니다.

그렇다면 우리는 좋아하는 것과 원하는 것이 서로 다른 지향점을 가진다는 사실과 서로 다른 감정을 가질 수 있다는 것을 알아야 합니다. 더 중요한 점은 부모와 아이, 선생님과 학생, 리더와 조직구성원들의 생각이 서로 일치하고 있는지, 아니면 서로 동상이몽을 꿈꾸고 있는지를 알아야 합니다. 그리고 기업은 소비자들과 같은 생각이나 같은 감정을 가지고 있는지를 잘 분석해 볼 필요가 있습니다.

열등감과 부러움

윈스턴 처칠은 비관론자는 모든 기회 속에서 어려움을 찾아내고, 낙관론자는 모든 어려움 속에서 기회를 찾아낸다고 했습니다. 열등감을 가지는 것은 상대보다 자신의 부족함을 인정하는 부정적 표현입니다. 즉, 다른 사람이 가지고 있는 능력을 자신은 갖지 못한 것에 대해 자학하는 행위입니다. 그러니 자신을 더 이상 무가치하게 평가절하 해서는 안 됩니다. 열등감을 느끼기 보다는 자신만의 잠재력이나 소중함을 찾아내려는 부러움이 훨씬 더 창의적이기 때문입니다.

그러므로 다른 사람이 가진 것을 쫓는 데 너무 많은 에너지를 낭비하지 말아야 합니다. 설사 다른 사람에게 어떤 부러운 부분이 있다 해도 그것을 부끄러운 열등감으로 볼 것이 아니라 보다 지혜롭게 부러워해야 합니다. 부러움은 주의력과 기억력을 향상시킬 수 있습니다. 예를 들어 일을 더 잘하는 후배를 보면 '젊은 친구가 참 열정적이네!'라고 밝은 생각을 하는 것이 더 좋습니다. 그래야 자신의 내면 성장이 이루어집니다.

자신의 내면 성장을 위해서는 열등감과 부러움을 인식하고 분별할 줄 알아야 합니다. 열등감이란 자기를 다른 사람보다 더 뒤떨어진 것으로 인식하거나 자신의 존재가치를 무가치하게 낮추어 평가하는 마음입니다. 반면에 부러움은 다른 사람이 가진 그 어떤 능력을 발견하여 자기도 그렇게 되고 싶어 하거나 또는 가지고 싶어 하는 욕구를 말합니다.

따라서 열등감과 부러움은 자신보다는 다른 사람이나 사물이 더 뛰어난 어떤 부분이 분명히 존재하고 있다는 것을 의미합니다. 그러나 열등감에는 자기의 존재를 하찮게 낮추거나 짓밟으려는 생각 또는 자신의 존재가치를 부정하는 생각이 자신의 내면 밑바닥에 깔려 있습니다. 반면에 부러움에는 자신의 존재가치를 무시하지는 않습니다. 그렇다면 부럽다고 해서 다른 사람에게 지는 것이 아니라는 것입니다. 오히려 열등감을 갖는 것이 지는 것입니다. 따라서 우리는 잘 부러워 할 수만 있다면 긍정적인 에너지가 표출되어 자신의 정서적 내면 성장이 크게 확장될 것입니다.

우리 인간의 삶은 모든 것이 사회적 관계에 의해 형성됩니다. 그렇기 때문에 자신이 정말 원하는 것은 결국 내가 아닌 다른 사람들과의 인간관계에 의해 형성됩니다. 또 자신이 진정으로 무엇이 되고 싶은 욕구의 대부분은 다른 사람과의 인간관계 속에서 이해되어야 합니다. 우리는 자신의 꿈을 이루고자 하는 소망이나 미래를 생각하는 것도 결국은 다른 사람들과 관계하면서 또는 그들과 서로 비교하면서 그 성공여부를 판단하려고 합니다.

그래서 우리는 성인이나 세계적으로 검증된 훌륭한 사람들의 이야기를 책이나 강의, TV를 통해 배웁니다. 또 심지어는 아이들이나 학생들에게 인성교육을 시키기도 하고, 종업원들에게 소양교육을 하는 것입니다. 그것은 우리가 다른 사람들보다 뒤떨어진 열등감 때문에 배우는 것이 아닙니다. 자신을 위한 긍정적인 부러움을 찾아주기 위해서 배웁니다. 그렇기 때문에 부럽다는 것은 부끄러운 것도 아니고 수치스러운 것도 아니고 모멸감을 주는 것이 아닙니다.

반면에 열등감은 부끄러움이나 모멸감, 모욕감이나 수치감을 느끼게 하는 것입니다. 우리가 대화를 할 때 다른 사람의 이야기에 귀 기울이지 못하고, 자신의 주장만 하는 사람 또는 자신이 아닌 다른 사람의 이야기를 하면서 흉을 보거나 험담하는 사람들은 모두 열등감에 의해 형성된 것입니다. 이런 심리의 근본에는 많은 원인들이 있겠지만, 가장 큰 것은 인정받지 못한 어린 자아와 보호 속에서 살았으며 자신의 주장과 선택이 허락되지 않는 환경에서 자랐기 때문입니다.

부럽다는 것은 누구나 자신을 자유롭게 표현하는 과정에서 개인이든 조직이든 꿈과 소망을 가지게 하는 것입니다. 그런 꿈과 소망들을 이루기 위해서는 다른 사람들의 좋은 점을 인정할 줄도 알고 수용할 수 있어야 합니다. 그러므로 우리는 부러워하는 것을 더 이상 두려워 할 필요가 없습니다.

그런 의미에서 본다면, 자기를 필요 이상으로 낮추거나 무가치한 존재로 평가절하 하는 열등감과 자신이 성장해 갈 수 있는 가능성을 찾아나가는 출발점인 부러움 사이에는 분명한 차이가 존재합니다. 그렇다면 부모가 아이를 양육하는 것과 선생님이 학생을 교육하는 것 그리고 리더가 종업원들을 이끌어 가기 위해서는 열등감과 부러움의 관점을 분명히 이해해야 합니다.

결국 부모들이 아이를 양육하는 과정에서 다른 아이들과 비교하거나 아이의 존재가치를 무시하는 열등감과 적극적이고 창조적인 부러움의 갈림길에서 어떻게 양육하느냐에 따라 아이의 성격이 좌우되기 때문입니다. 선생님이 학생들을 지도할 때에도 이런 원리가 그대로 적용됩니다. 예를 들어 엄마가 '저 친구는 잘 하는데 너는 왜 그래?' 하고 아이를 다그치면 아이는 비교당하여 자존심이 크게 상해 상처받게 됩니다. 그 상처는 부끄러움이나 모멸감, 수치심을 일으켜 열등감을 가지게 만듭니다.

또 조직의 생산성 향상에 있어서도 리더의 사소한 말 한마디가 종업원의 사기를 크게 떨어뜨리거나 패배감을 안겨주는 열등감을 만들기도 하지만, 반면에 창조적이고 능동적인 부러움의 작용으로 생산성이 크게 향상되기도 합니다.

특히 조직에서 리더가 '저 조직은 저렇게 잘하는데 우리 조직은 왜 이렇게 형편없어?'라고 한다면 종업원의 사기가 떨어지고, 기분이 상하여 생산성도 떨어지게 됩니다. 사람은 누구나 다른 사람들, 특히 경쟁자들과 비교되는 순간부터 열등감을 느낄 수도 있기 때문입니다.

열등감을 가진 사람들의 특징 중에 하나는 다른 사람들과 비교당하거나 비약(卑弱)당하거나 비하(卑下)당하는 것만큼 자신의 존재 가치는 점점 더 무너지고 더 비참해집니다.

그래서 아이를 키우면서 엄마가 하고 싶은 말은 많아도 잠시 쉬어가는 여유가 필요합니다. 급히 밥을 지으면 설익을 수밖에 없고, 너무 센 불로 밥을 지으면 타기 마련입니다. 너무 빨리 가다보면 쉽게 지치기도 하고 놓치는 것이 많아집니다. 그러니 내 아이의 겉모양이 아닌 내 아이의 마음이 어디로 가는지, 왜 가는지도 모르게 됩니다.

따라서 아이가 하는 말을 먼저 듣고 기다려주는 연습이 필요합니다. 마찬가지로 선생님이나 조직의 리더들도 학생들이나 종업원에게 하고 싶은 말은 많을 것입니다. 하지만 선생님이나 리더는 패배의식을 주는 열등감보다는 부러움 자체에만 집중하고 더 이상의 이야기들은 참을 줄도 알아야 합니다. 나머지 부족한 부분들은 아이나 학생, 종업원들이 스스로 채워갈 수 있게 기회를 주어야 하는 것입니다. 부모나 선생님, 리더가 자신의 조급증 하나만 자제한다면, 우리는 부러움이 가지는 긍정적 효과를 크게 기대해 볼 수 있을 것입니다.

같은 듯 서로 다른 자신감과 자만심

부모들은 자신들의 아이에게 늘 자신감을 가지라고 말합니다. 선생님들은 학생들에게 자기주도학습을 요구하면서 자신감을 강조하고 있습니다. 우리가 읽는 수많은 자기개발 서적이나 각종 인터뷰, 특강이나 강연들도 대부분 '자신감'을 가지라고 강조합니다. 국가의 지도자들은 국민이 믿고 따를 수 있도록 자신감 있게 국정을 펼쳐 나가겠다고 말합니다. 그리고 조직의 리더는 조직의 규모화, 투명화 및 생존을 위한 역동적인 기능을 충실히 수행하기 위해 자신감을 갖게 해주길 요구합니다. 하지만 자신감은 자만심의 경계와 관련된 심리적인 요인입니다. 자신감과 자만심의 공통점은 앞으로 '그 일이 어떻게 될 것'이라고 미리 확신하는 것을 의미합니다.

하지만 자신감과 자만심은 둘 다 어떤 원인이라기보다는 오히려 사후 결과에 대한 해석입니다. 둘 다 똑같이 확신에 찬 상태라 하더라도 결과에 따라 성공하면 자신감이 되는 것이고, 실패하면 자만심이 되는 것입니다.

지혜로운 리더라면 이런 현상을 좀 더 적극적으로 이용해 볼 수 있습니다. 예를 들어 리더에게는 분명하고 확신에 차 있지만, 조직원들은 자신감을 상실해 있다면 리더의 입장에서는 큰 고민거리가 됩니다. 이때 리더는 업무와 무관한 작은 일이라도 빠르고 쉽게 잘할 수 있는 다른 일을 맡겨보면 기대보다 더 큰 효과를 얻게 됩니다. 개인이든 조직이든 초반에 직관적 자신감을 가지게 되면 이후의 많은 일들에 대해 대체로 낙관적으로 변하게 됩니다. 그래서 현재의 자신감은 미래에 대한 근거 없는 예측치에 불과합니다. 하지만 동시에 없는 힘을 만들어낼 수도 있는 묘약이 될 수 있습니다.

상황에 맞는 당근을 써야 한다

당근과 채찍(take a carrot and stick approach)은 회유와 위협이라는 뜻입니다. 당근(Carrot)은 달고 맛있는 것을 상징하고 채찍(stick)은 아프고 두려운 것을 나타냅니다. 당근을 유인책으로 쓴 이유는 그 대상이 당나귀였기 때문입니다. 당근을 무척 좋아하는 당나귀는 고집이 너무 세서 일을 부릴 때마다 골칫거리였습니다. 그래서 생각해 낸 것이 당나귀가 가장 좋아하는 당근과 채찍을 동시에 적절히 사용하는 것이었습니다. 당나귀의 입에 닿을 듯 말듯 당근을 매달아 놓고 엉덩이에는 호된 채찍질을 가하면 당나귀는 눈앞에 아른거리는 당근의 유혹과 동시에 엉덩이에서 호된 채찍의 통증 때문에 뛰어간다는 실험이었습니다. 이렇게 당나귀에게 주로 쓰이던 당근과 채찍은 시간이 지나면서 인간관계에 적용된 것입니다.

당근과 채찍은 부모가 아이를 키울 때나, 선생님이 학생들을 교육시킬 때나 조직의 리더가 구성원들을 독려하기 위해, 국가와 국가간의 회유와 강경 내지는 위협적인 수단으로도 사용되고 있습니다. 당근과 채찍은 어르고 달래면서 원하는 목적을 이루려고 하는 것입니다. 우리 속담에 '병 주고 약 준다'는 상황을 연상하게 합니다. 그러나 당근의 유인책으로 어떤 것을 선택하느냐에 따라 그 효과가 다릅니다. 그래서 어떤 상황에서 어떤 유인방법을 적용할 것인지는 고민해 보아야 합니다.

인간관계에서 가장 많이 그리고 자주 사용하는 당근은 돈입니다. 아이들에게 주는 용돈, 구성원들에게 주는 월급이나 특별보너스와 같은 유인책입니다. 우리들은 직장에서 네 가지 종류의 당근 유인책으로 일을 접하게 됩니다.

첫째, 당근 유인책으로 급여를 인상하는 경우

만약 현재의 매월 급여가 3,764,350원인데, 다음 달부터 임금인상률이 7%라고 한다면 끝자리부터 하나씩 순차적으로 곱하여 263,505원이 됩니다. 실제로 5원은 사용하지 않아 인상액이 월 263,510원이 되어 다음 달 월급은 4,027,860원이 됩니다. 그러면 내 월급이 얼마쯤이 되는지도 쉽게 알 수 있습니다. 이것은 단순한 계산으로 해결되는 일입니다. 이런 단순한 사고들은 금전적인 인센티브를 강하게 주면 줄수록 사람들이 일에 더 집중하고, 일도 잘 해냅니다.

하지만 발상의 전환이 필요한 업무나 창의성이 필요한 업무는 고품질의 사고가 요구됩니다. 고품질의 사고를 요구하는 업무들은 돈으로 유인하는 당근 정책은 오히려 역효과를 불러오기도 합니다. 왜냐하면 금전적인 문제는 사람들의 시야를 좁히고 사람이 돈에 엮여 매이게 되기 때문입니다.

따라서 돈으로 유인을 할 때에는 주의를 해야 합니다. 이런 고품질의 업무에는 발상의 전환이 일어나기 전에는 돈이라는 당근 유인책을 사용하는 것은 최대한 자제해야 합니다. 그러나 발상의 전환이 이미 일어나 목표를 향해 달려 나가는 것만 남았다면 돈은 효과적인 유인책이 될 수도 있습니다.

둘째, 직책이나 직위를 사용한 당근 유인책

직책이나 직위를 이용한 당근의 유인책은 돈보다도 훨씬 더 눈에 잘 드러납니다. 그래서 이 방법도 써야 할 때가 따로 있습니다. 조직 구성원들간의 상호비교가 가능합니다. 조직에서 성과를 이룬 구성원에게 직책이나 직위의 상승을 당근으로 주면 비슷한 위치의 다른 구성원들, 특히 경쟁자에게는 패배감과 질투심을 유발할 수도 있습니다. 특히 조직 내에서 동일한 게임의 법칙에 의해 구성원들이 서로 비교되는 경우에는 그 후 유증이 크게 생길 수도 있습니다.

다만, 조직 구성원 중에 누군가의 특별한 장점이나 신제품 개발, 발명이나 특허, 독특한 기술로 특별한 성과를 달성했다면 구성원들이 '롤모델'로 삼아 서로 배우려고 노력할 것입니다. 그래서 조직을 위한 특별한 성과 달성에는 직책이나 직위가 중요한 당근이 될 수도 있습니다. 그러나 객관적인 근거도 없이 주는 당근은 구성원들간에 상호 불신만 조장할 수도 있습니다.

셋째, 인정하는 것이 보다 성숙된 당근 유인책

어떤 일에 있어서는 '이 사람이 최고다'고 보장해주고 인정해 주는 것입니다. 인정을 위해서는 별도의 인정 칭호를 사용하는 것이 효과적입니다. '마스터나 명인, 명장, 기능장' 등이 대표적인 사례입니다. 하지만 이런 호칭 부여에도 세심한 주의가 뒤따라야 합니다. 중요한 것은 말로만 인정하는 사탕발림식의 순간 위기모면으로 사용되지 않아야 합니다. 그렇게 되면 일정시점이 지나면 묻혀 지나가거나 잊혀버리기 때문에 유인책으로는 실패하게 됩니다.

넷째, 미래에 대한 보장

가장 좋은 당근은 '미래에 대한 보장'입니다. 우리 회사는 '미래가 없다'는 말을 자주 듣게 됩니다. 미래가 없다는 것은 시간이 부족할 때는 더 자주 듣습니다. 따라서 일을 잘 하는 사람, 열심히 하는 사람에게는 더 많은 시간을 주어 스스로 더 창의적이 되게끔 유인해야 합니다. 자신의 업무에 최선을 다하는 사람은 동기가 충만한 사람이라고 합니다. 이들이 여유로운 시간과 만나면 창조를 위한 최적의 조건이 됩니다. 그래서 안식연도 주고 보너스로 해외시찰도 시켜주는 것입니다. 반면에 동기가 충분하지 않은 구성원들에게는 오히려 시간을 줄여줌으로써 작은 업무라도 이루어 나가면서 조직에 기여하게 합니다.

따라서 당근과 채찍은 시간적인 문제입니다. 당근은 숲을 보게 하고 채찍은 나무를 보게 하는 것입니다. 돈으로부터 출발해 시간에 이르는 당근은 후자로 갈수록 더 추상적이고 거시적인 유인정책입니다. 단기적인 유인정책도 때에 따라서는 필요하겠지만, 그것보다는 본질적 목적에 더욱 부합하기 위해서는 장기적으로 시간을 주면서 이루어야 합니다. 돈이나 지위는 그 결과로 자연스럽게 따라가기 때문입니다.

부러움을 인정하면 이기는 거다

피해의식에 젖은 사람들의 특징은 열등감과 함께 늘 다른 사람의 눈치를 보면서 살아갑니다. 우리 인간의 부러움은 본능과 같은 하나의 감정입니다. 나보다 잘난 사람을 보면 나도 저렇게 되고 싶어 하고 부러워하는 게 당연합니다. 부러움은 부끄러운 것과는 다릅니다. 부러운 것은 나도 저렇게 되고 싶어 하는 긍정적인 소망이 담겨 있습니다. 그러나 부끄러운 것은 나의 존재가치를 무시하는 수치심이 내면에 깔려 있습니다. 따라서 부러운 것이 지는 것이 아니라 부끄러운 것이 지는 것입니다.

부러워하는 감정은 부정적인 것이 아닙니다. 오히려 나보다도 더 좋은 점들을 배우고 싶다는 의미가 들어 있습니다. 그러나 부끄러워하는 것은 자기개발에 큰 장애물이 될 수도 있고, 사람에 따라서는 큰 걸림돌이 되기도 합니다. 그렇기 때문에 부러워하는 것을 내가 인정하고 포용하게 되면, 내 생각을 더 넓게 더 깊게 더 높게 펼쳐나갈 수 있습니다.

인간관계에서는 어떤 것이든 나보다도 더 좋은 점이 있으면 부러워하면서도 나의 발전으로 접목시켜 자기개발로 이루어내면 자신의 능력을 인정받을 수 있습니다. 그러나 부러움을 인정하지 않거나 부러워하는 것이 지는 것이라고 생각하는 것은 일종의 피해의식입니다.

피해의식은 열등감 때문에 생깁니다. 피해의식에 젖어 있는 사람들은 상대를 인정하려 하지 않습니다. 피해의식의 특징은 자신의 부족한 탓을 자꾸 상대의 탓으로 돌리거나 환경의 탓으로 돌리거나 변명하는 습성을 가지고 있습니다. 그래서 우리는 피해의식이 있는 사람을 가까이 하지 않으려고 합니다. 피해의식이 있는 사람은 자신은 물론 주변 사람에게도 부정적인 영향을 주기 때문입니다.

그런데 자신의 부족함을 인정할 줄 아는 사람은 오히려 긍정적이고 자기개발을 충분히 할 수 있는 사람입니다. 그러나 자기 합리화와 자기 책임을 자꾸 상대의 탓으로 전가시키거나 매사에 비관적이며 스스로 노력은 하지 않고 불평불만을 하는 사람은 피해의식에 젖어 있기 때문입니다.

피해의식에서 벗어나려면 자기의 잘못이나 또는 부족한 것을 인정할 줄 알아야 합니다. 자신의 부족함이 상대의 탓이 아니라 자신의 탓임을 인정하는 것입니다. 잘난 사람은 잘난 대로 인정하는 것입니다. 그리고 그들에게 한 수를 배워야 합니다.

잘된 사람들은 잘될 수밖에 없는 이유가 따로 있습니다. 피나는 노력 끝에 성공을 이루어 낸 친구들도 있고, 또 타고난 재능을 가진 친구들도 있고, 배경이 좋은 친구도 물론 있습니다. 중요한 것은 재능과 배경이 있는 사람이라도 그 재능과 배경을 함부로 남용하지 않고 끊임없이 발전하기 위해 노력하여야만 성공할 수 있습니다. 운은 노력하는 사람에게만 주어집니다. 그것이 바로 '기회'입니다. 노력 없이 운만으로 이루어지는 성공은 결코 있을 수 없습니다. 노력은 절대 배신하지 않습니다. 세상은 자신의 노력과 주위의 도움에 의해 돌아갑니다. 이것이 이치입니다.

따라서 운이 없어서 성공하지 못한다는 말은 일종의 핑계거리입니다. 노력하지 않으면서 그 탓을 운으로 돌리는 것은 피해의식을 가진 사람의 전형적인 변명거리입니다. 물고기는 물이 차가우면 차가운 대로, 따뜻하면 따뜻한 대로, 바람이 불어 출렁이면 출렁이는 대로, 급류를 타고 흐르면 흐르는 대로 굽이굽이 회오리치면서 돌아가면 돌아가는 대로 언제나 물에 의해 함께 살아갑니다. 물고기는 그저 물과 함께 있는 것만으로도 감사하기 때문입니다. 그렇다고 물고기가 물한테 부끄러워하거나 열등감을 가지지도 않고 그냥 물의 흐름에 따라 잘 적응하며 살아갑니다. 그러니 물고기는 물과 절대로 다투지 않습니다. 그런데 피해의식을 가진 사람은 함께 어울리지도 못하면서 상대를 탓합니다.

그러니 나보다 잘난 사람의 노력을 '그들은 부모를 잘 만나서, 또는 운이 좋아서'라고 비하시키지 말고 있는 그대로 인정해주고 그것을 배워서 내 것으로 만들어야 합니다. 그러기 위해서는 배울 점이 있는 사람들을 많이 만나야 합니다. 세계적으로 검증된 사람들, 검증된 기술자, 크게 성공한 사람, 지금 행복하게 사는 사람들을 많이 만나면 언제나 새로운 기회를 찾아가는 신선한 자극이 됩니다.

누구나 배우는 데 있어서는 우선순위가 없습니다. '조금만 더 노력하면 저 정도는 나도 할 수 있어'라고 자신감과 힘을 주는 동기부여가 될 것입니다. '저 사람이 저렇게 했는데, 도대체 나와 다른 게 뭐지?' 하고 나의 부족한 부분에 대해 사색해 보는 새로운 계기가 될 것입니다. 나보다 더 훌륭한 사람을 보면서 열등감을 느끼고 좌절할 것이 아니라 그들을 세상의 스승으로 보고 한 수를 배우겠다는 마음자세가 중요합니다. 그러기 위해서 자존감을 가지고 노력하는 것이 무엇보다 중요합니다. 열등감과 부러움의 공통점은 나보다 더 나은 상대가 있다는 것입니다. 이 두 가지 감정은 인생항로에 노를 저어가는 방향이나 태도의 차이가 있을 뿐입니다.

스물 네 번째 강의

자기소개서도 경쟁력이다

우리가 컴퓨터나 스마트폰이 단순히 터치만 해도 움직일 것이라고 아무도 생각하지 않았습니다. 그러나 도전하고 또 도전하고 수많은 실패를 거쳐서 터치로 움직이게 하는데 성공했습니다. 그런데 도전하지 않는 생각은 아무런 쓸모가 없습니다. 레오나르도 다빈치는 이 지구상에서 가장 도전적인 일을 하여 성공한 사람입니다. 다빈치의 자기소개서는 인간관계에서 충분한 경쟁력을 갖고 있습니다. 그래서 다빈치의 자기소개서[1]를 안내합니다.

"이루 말할 나위 없이 빛나는 존재이신 각하, 자칭 거장이요 전쟁 무기의 발명가라고 일컫는 자들의 제반 보고서를 면밀히 검토해본 결과, 그들의 발명품과 소위 기구라는 것들이 흔히 쓰이는 물건들과 모든 면에서 크게 다를 바 없음을 알게 되었으므로, 다른 사람에 대한 편견 없이 용기를 내어 저만의 비밀을 각하께 알려드리려고 합니다. 각하의 편하신 시간에, 언제라도 다음에 기록한 일부 사항들을 직접 보여드릴 수 있기를 간곡히 부탁합니다."

1. 저는 물건을 쉽게 운반할 수 있는 매우 가볍고 튼튼한 기구의 제작 계획안을 갖고 있습니다.
2. 어떤 지역을 포위했을 때 물을 차단할 수 있는 방법과, 성곽 공격용 사다리를 비롯한 헤아릴 수 없을 만큼 많은 여러 가지 도구를 만드는 방법을 알고 있습니다.

---

1 레오나르도 다빈치(Leonardo da Vinci)가 1482년에 밀라노의 루도비코 스포르차에게 보낸 편지 중 일부, 인터넷에서 발췌

3. 높고 튼튼한 성벽으로 포격을 가해도 요새를 무너뜨릴 수 없는 경우, 반석 위에 세운 성곽이나 요새라 할지라도 무너뜨릴 방책을 갖고 있습니다.

4. 대단히 편리하고 운반하기 쉬우며, 작은 돌맹이들을 우박처럼 쏟아낼 포를 만들 계획안들을 갖고 있습니다.

5. 해전이 벌어질 경우, 공격과 방어 양쪽 모두에 적당한 여러 가지 배의 엔진을 만들 계획안이 있으며, 위력이 대단한 대포와 탄약과 연기에 견딜 수 있는 전함을 만들 계획안도 갖고 있습니다.

6. 또한 적에게 들키지 않고 땅 밑이나 강 밑으로 굴이나 비밀 통로를 만들어 통과하는 방법을 알고 있습니다.

7. 또 쉽게 공격 받지 않는 안전한 차량을 만들 수 있습니다. 대포를 갖춘 적이 밀집한 곳이라도, 이 차량으로 밀고 들어가면 적은 흩어지지 않을 수 없을 겁니다. 그리고 차량 뒤를 따라서, 보병 연대가 어떤 피해도 없이 적의 반격을 물리치고 진군할 수 있습니다.

8. 또 필요하다면 대포와 박격포, 가벼운 포까지 만들 계획안을 가지고 있습니다. 이것들은 흔히 쓰이는 일반적인 대포들과는 전혀 다르게, 멋있고 세련된 모양을 갖추게 될 것입니다.

9. 대포를 사용할 수 없는 곳이라면, 사출기와 덫을 비롯해서 놀라운 효과를 발휘하는 특별한 엔진을 만들어 사용할 수 있습니다. 간단히 말해 다양하고 무한히 많은 종류의 공격과 방어용 엔진을 공급할 수 있습니다.

10. 평화시에는 공공건물이나 개인용 건물을 건축하는데, 그 누구보다도 각하께 만족을 드릴 수 있다고 믿는 바입니다. 그리고 어느 곳에서든, 다른 곳으로 물길을 낼 수도 있습니다.

11. 또한 대리석이나 청동, 진흙으로 조각상을 만들 수 있으며, 그림 또한 그릴 수 있습니다. 제 작품은 어느 미술가의 작품과 비교해도 뚜렷한 차이를 드러낼 것입니다.

12. 더욱 저는 청동 기마상을 만들고 싶습니다. 이 기마상은 각하의 아버님이 황태자님과 명예롭고 훌륭한 스포르차 가문을 영원토록 추억하시게 할 기념물이 될 것입니다.

위에 말씀드린 사항 중에서 의심이 가거나 실용적이지 않다고 생각하시는 내용이 있다면, 각하의 공원이나 각하가 원하시는 어느 장소에서든 제가 직접 시험해 보여드릴 수 있습니다. 이루 말할 수 없는 겸허한 마음으로 각하께 제 자신을 추천하는 바입니다.

나를 알고 싶으면 나를 활용하라는 것입니다. 진정한 자기소개서입니다. 이 편지는 훌륭한 자기소개서의 면모를 갖추고 있어 상대방의 마음을 움직였습니다. 자신에 대해 무엇을 이야기해야 하는지 명확히 알고 있고 자기소개서를 읽는 사람이 무엇을 원하는지도 알고 있습니다.

우리는 누구나 그 기능을 할 수 있습니다. 다빈치도 했으니까 누구나 다빈치처럼 할 수 있습니다. 자신의 이름과 장점을 알리는 자기 PR의 중요성은 나날이 증대되고 있습니다. 자신을 명품으로 경쟁시장에 팔기 위해 남들의 주목을 받아야만 살 수 있습니다. 그런 점에서 자기소개서는 처음 서너 줄에서 승부할 것, 자신의 장점을 최대한 부각시킬 것, 상대의 기본 정보를 꼭 알아야 할 것입니다.

다빈치는 밀라노의 스포르차 가문에 자신의 가치를 나타낼 수 있는 편지를 보냈고 다빈치의 편지에 감명받은 스포르차 가문은 그를 후원하기로 결정했습니다. 다빈치가 표현한 대로 이루어진 것입니다. 아무리 뛰어난 재능이 있어도 그것을 효과적으로 표현하지 못하면 가치를 인정받을 수 없습니다.

누구나 실제로 도전할 수만 있다면 자신의 무한한 가능성을 쓸 수 있게 됩니다. 머리 속에 있는 것, 생각만 하는 것은 아무 의미가 없습니다. 내 경험을 통해 밖으로 활용해야 지혜로워집니다. 머리에 생각으로만 두면 단순한 지식쪼가리에 불과하여 무용지물(無用之物)입니다. 머리속으로 이해하고 있는 것을 가슴으로 느껴 한 단계를 거쳐 나오게 되면 무한한 지혜가 나옵니다.

처음부터 끝까지 다빈치가 사용한 전략은 간단합니다. 그것은 바로 자기가 가지고 있는 장점의 나열입니다. 개인이나 기업이나 인간관계에 있어서 투자에 관한 기본 원리는 같습니다. 투자를 받고 싶으면 남들과 차별되는 경쟁력과 역량을 갖추어야 합니다. 그리고 그 가치를 보여주는 것은 남들보다 뛰어난 장점입니다. 다빈치는 자신이 가진 장점을 말하였고 그 장점들은 충분히 매력적이었기 때문에 다빈치는 가치를 인정받을 수 있었습니다.

콩알 하나가 수없이 많은 열매를 가져오는 이치와 같습니다. 머리로 받을 때는 하나만 받았지만 가슴으로 느껴 나올 때는 여러 가지로 응용이 되어 나옵니다. 그러기 위해서는 도전을 하여야 합니다. 건강이 준비되지 않으면 내면 안에 있는 것을 움직일 수 없습니다. 그냥 생각일 뿐입니다. 심리적으로 그렇게 되어 있습니다. 몸이 준비가 되어 있지 않으면 그것을 실천할 수가 없습니다.

몸을 편안히 이완시켜 마음을 되찾고, 동시에 마음을 편안히 하여 몸을 이완시켜야 합니다. 균형잡힌 몸과 훌륭한 성품과 뛰어난 역량이 있어야 자기의 가치를 충분히 발휘할 수 있습니다.

조한석

창신대학교 교수
창원심리치료연구소 소장

김순향

창원심리치료연구소 소장
포항심리상담연구소 소장

주요저서

나는 가슴이 있어요! 못질하지 마세요.(김순향·조한석, 신성출판사, 2010)
심리치료의 실제(김순향 · 조한석, 창원심리치료연구소, 2013)
눈물하나(김순향 · 조한석, 이너북스, 2014)
심리상담사 핵심문제(조한석 · 김순향 외 3, 정민사, 2014)
울지 못하는 새(김순향 · 조한석, 신아사, 2015)
낭떠러지 위에서의 외줄타기(김순향 · 조한석, 유북스, 2015)

인간관계의 심리

1판 1쇄 발행 _ 2015년 8월 31일
2판 1쇄 발행 _ 2017년 8월 31일

저　　자 · 조한석 · 김순향
발 행 인 · 정 현 걸
발　　행 · 신 아 사
인　　쇄 · 예지인쇄
출판등록 · 1956년 1월 5일 (제9－52호)
주　　소 · 서울특별시 은평구 통일로 59길 4 (2F)
전　　화 · (02)382－6411 · 팩스 (02)382－6401
홈페이지 · www.shinasa.co.kr
E－MAIL · shinasa@daum.net

ISBN: 978-89-8396-910-1 (03180)

정가 13,000원